北海学園札幌高等学校

〈収録内容〉

■ 2024年度入試の問題・解答解説・解答用紙・「合否の鍵はこの問題だ!!」、2025年度入試受験用の「出題傾向の分析と合格への対策」は、弊社HP の商品ページにて公開いたします。
■ 英語リスニング問題は音声の対応をしておりません。

2024 年度 ……………………2024 年 10 月 弊社 HP にて公開予定
※著作権上の都合により、掲載できない内容が生じることがあります。

2023 年度 ……………………一般（数・英・理・社・国）

2022 年度 ……………………一般（数・英・理・社・国）

2021 年度 …………………… 学校の都合により非公表。

2020 年度 ……………………一般（数・英・理・社・国）

2019 年度 ……………………一般（数・英・理・社・国）

2018 年度 ……………………一般（数・英・理・社・国）

解答用紙データ配信ページへスマホでアクセス！ ⇒ 

※データのダウンロードは 2025 年 3 月末日まで。
※データへのアクセスには、右記のパスワードの入力が必要となります。 ⇒ 924865

〈合格最低点〉

※学校からの合格最低点の発表はありません。

本書の特長

実戦力がつく入試過去問題集

▶ 問題 …………… 実際の入試問題を見やすく再編集。
▶ 解答用紙 …… 実戦対応仕様で収録。
▶ 解答解説 …… 詳しくわかりやすい解説には、難易度の目安がわかる「基本・重要・やや難」の分類マークつき（下記参照）。各科末尾には合格へと導く「ワンポイントアドバイス」を配置。採点に便利な配点つき。

入試に役立つ分類マーク

基本 確実な得点源！
受験生の 90%以上が正解できるような基礎的、かつ平易な問題。
何度もくり返して学習し、ケアレスミスも防げるようにしておこう。

重要 受験生なら何としても正解したい！
入試では典型的な問題で、長年にわたり、多くの学校でよく出題される問題。
各単元の内容理解を深めるのにも役立てよう。

やや難 これが解ければ合格に近づく！
受験生にとっては、かなり手ごたえのある問題。
合格者の正解率が低い場合もあるので、あきらめずにじっくりと取り組んでみよう。

合格への対策、実力錬成のための内容が充実

▶ 各科目の出題傾向の分析、合否を分けた問題の確認で、入試対策を強化！
▶ その他、学校紹介、過去問の効果的な使い方など、学習意欲を高める要素が満載！

解答用紙ダウンロード 解答用紙はプリントアウトしてご利用いただけます。弊社ＨＰの商品詳細ページよりダウンロードしてください。トビラのＱＲコードからアクセス可。

UD FONT 見やすく読みまちがえにくいユニバーサルデザインフォントを採用しています。

北海学園札幌高等学校

▶交通　東豊線学園前　徒歩２分
南北線中島公園　徒歩15分
南北線中の島　徒歩15分
南北線平岸　徒歩15分
東西線菊水　徒歩20分

〒062-8603　札幌市豊平区旭町４丁目1-42
☎011-841-1161
https://www.hgs.ed.jp

沿　革

1920年、札幌商業学校として開学。1947年、札幌商業高等学校となる。1999年、普通科開設。2004年、学科転換により、北海学園札幌高等学校へと校名変更。

教育方針

「国際理解教育」「充実した進学教育」を柱に、「21世紀社会のリーダーとなりうる、国際感覚を備えた人材育成」を目指す。

学習課程

「学ぶことで成長できる。」を第一とし、生徒の潜在能力を引き出し「育てる学び舎」を実践するため、２年生から４つのコースを導入。

「特進コース」

国公立大学合格を最終目標とし、３年間を通して計画的な学習指導を展開。受験対策として、放課後進学講習や長期休暇進学講習を実施。また、学習方法のアドバイスや進路選択のための個別面談も随時実施。

「総進コース」

私立大学・短期大学・専門学校進学および就職決定を最終目標とし、生徒の個性を活かした指導を展開。各種検定対策授業をはじめ、中国語・会計学・IT 教育など進路に合わせた教科が履修できる。また、大学から中国語、韓国語の先生を招き、一年を通して学ぶことができるカリキュラムも用意されている。

「グローバルコース」

国際理解に必要な“実践的な英語”を重点的に学ぶ。また、英語を用いたさまざまな活動を通して、語学力の向上とともに思考力や行動力など幅広い能力の習得を目指す。２年次には、約３週間のポートランド州立大学への語学研修も実施。

「メディカルプレップコース」

将来、看護師、薬剤師、理学療法士、作業療法士、介護福祉士、管理栄養士などの医療従事者を目指すコース。学力向上はもちろん、さまざまなボランティア活動を体験することで、豊かな人間つくりにも重点を置いた、より実践的な教育を実施。

進　路

北海学園大学74名、北海商科大学20名への推薦制度も整っていて、大学での授業体験や講和会なども実施される。

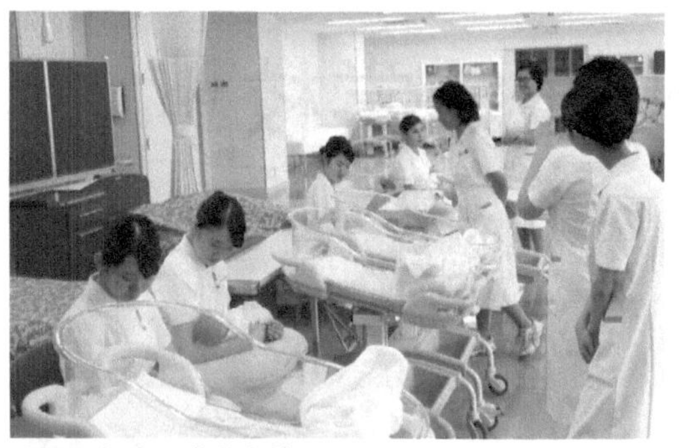

●2023年度の進学実績

【国公立大学】

北海道大学１、小樽商科大学１、北海道教育大学３、室蘭工業大学２、北見工業大学４、公立千歳科学技術大学３、弘前大学４、札幌市立大学２、旭川市立大学２、山形大学１、新潟大学１、青森公立大学１、岩手県立大学１、秋田県立大学１、高崎経済大学１

【私立大学】

(道内)北海学園大学83、北海商科大学12、日本医療大学20、北海道医療大学５、北星学園大学10、北海道文教大学16、札幌保健医療大学７、北海道科学大学19、酪農学園大学７、藤女子大学４、札幌学院大学10　など

(道外)駒沢大学、神奈川大学、関東学院大学、千葉工業大学、東京農業大学、東京工科大学、日本大学、拓殖大学、國學院大学

【短期大学】

北海道武蔵女子短期大学、北星学園大学短期大学部、札幌大谷大学短期大学部、上智大学短期大学部　など

部活動

札幌市内で唯一の相撲部をはじめ、スキー部やボクシング部などオリンピック選手を輩出している部活がある。北海道初のブラスバンドとして誕生した吹奏楽部は80年余りの歴史がある。ゴルフ部、陸上部、ホッケー部、ボクシング部、相撲部、少林寺拳法部、弁論部、珠算部、競技かるた部などは全国大会出場常連校でもある。

●運動部

野球、相撲、ボクシング、女子バレーボール、バスケットボール、硬式テニス、バドミントン、ゴルフ、陸上ホッケー、陸上、卓球、スキー、少林寺拳法、サッカー

●文化部

競技かるた、吹奏楽、茶道、美術、弁論、簿記、珠算、自然科学、文学研究、青少年赤十字、インターナショナルクラブ、アニメーション研究部、放送局、図書局、囲碁同好会、医療福祉研究同好会、生徒会

年間行事

学校が一体となって楽しむ学校祭は、クラスごとのステージ発表や模擬店など、まさにお祭りムードの２日間が繰り広げられる。

グローバルビレッジ(1泊2日)は、多くの国の人たちと交流し、視野を広げる絶好の機会である。

５月	学園創立記念日 グローバルヴィレッジ(1年)
６月	支笏湖遠足、運動会
７月	学校祭
10月	芸術鑑賞
11月	グローバルコースポートランド州立大学研修旅行(2年)、研修旅行(沖縄・シンガポール)(2年)、著名人講話会
３月	球技大会、台湾海外研修

◎2023年度入試状況◎

学　　科	特　　進	総　　進
募　集　数	400	
応 募 者 数	1588	
受 験 者 数	1588	
合 格 者 数	1531	

過去問の効果的な使い方

① **はじめに**　入学試験対策に的を絞った学習をする場合に効果的に活用したいのが「過去問」です。なぜならば，志望校別の出題傾向や出題構成，出題数などを知ることによって学習計画が立てやすくなるからです。入学試験に合格するという目的を達成するためには，各教科ともに「何を」「いつまでに」やるかを決めて計画的に学習することが必要です。目標を定めて効率よく学習を進めるために過去問を大いに活用してください。また，塾に通われていたり，家庭教師のもとで学習されていたりする場合は，それぞれのカリキュラムによって，どの段階で，どのように過去問を活用するのかが異なるので，その先生方の指示にしたがって「過去問」を活用してください。

② **目的**　過去問学習の目的は，言うまでもなく，志望校に合格することです。どのような分野の問題が出題されているか，どのレベルか，出題の数は多めか，といった概要をまず把握し，それを基に学習計画を立ててください。また，近年の出題傾向を把握することによって，入学試験に対する自分なりの感触をつかむこともできます。

過去問に取り組むことで，実際の試験をイメージすることもできます。制限時間内にどの程度までできるか，今の段階でどのくらいの得点を得られるかということも確かめられます。それによって必要な学習量も見えてきますし，過去問に取り組む体験は試験当日の緊張を和らげることにも役立つでしょう。

③ **開始時期**　過去問への取り組みは，全分野の学習に目安のつく時期，つまり，9月以降に始めるのが一般的です。しかし，全体的な傾向をつかみたい場合や，学習進度が早くて，夏前におおよその学習を終えている場合には，7月，8月頃から始めてもかまいません。もちろん，受験間際に模擬テストのつもりでやってみるのもよいでしょう。ただ，どの時期に行うにせよ，取り組むときには，集中的に徹底して取り組むようにしましょう。

④ **活用法**　各年度の入試問題を全問マスターしようと思う必要はありません。できる限り多くの問題にあたって自信をつけることは必要ですが，重要なのは，志望校に合格するためには，どの問題が解けなければいけないのかを知ることです。問題を制限時間内にやってみる。解答で答え合わせをしてみる。間違えたりできなかったりしたところについては，解説をじっくり読んでみる。そうすることによって，本校の入試問題に取り組むことが今の自分にとって適当かどうかが，はっきりします。出題傾向を研究し，合否のポイントとなる重要な部分を見極めて，入学試験に必要な力を効率よく身につけてください。

数学

各都道府県の公立高校の入学試験問題は，中学数学のすべての分野から幅広く出題されます。内容的にも，基本的・典型的なものから思考力・応用力を必要とするものまでバランスよく構成されています。私立・国立高校では，中学数学のすべての分野から出題されることには変わりはありませんが，出題形式，難易度などに差があり，また，年度によっての出題分野の偏りもあります。公立高校を含め，ほとんどの学校で，前半は広い範囲からの基本的な小問群，後半はあるテーマに沿っての数問の小問を集めた大問という形での出題となっています。

まずは，単年度の問題を制限時間内にやってみてください。その後で，解答の答え合わせ，解説での研究に時間をかけて取り組んでください。前半の小問群，後半の大問の一部を合わせて50%以上の正解が得られそうなら多年度のものにも順次挑戦してみるとよいでしょう。

英語

英語の志望校対策としては，まず志望校の出題形式をしっかり把握しておくことが重要です。英語の問題は，大きく分けて，リスニング，発音・アクセント，文法，読解，英作文の5種類に分けられます。リスニング問題の有無(出題されるならば，どのような形式で出題されるか)，発音・アクセント問題の形式，文法問題の形式(語句補充，語句整序，正誤問題など)，英作文の有無(出題されるならば，和文英訳か，条件作文か，自由作文か）など，細かく具体的につかみましょう。読解問題では，物語文，エッセイ，論理的な文章，会話文などのジャンルのほかに，文章の長さも知っておきましょう。また，読解問題でも，文法を問う問題が多いか，内容を問う問題が多く出題されるか，といった傾向をおさえておくことも重要です。志望校で出題される問題の形式に慣れておけば，本番ですんなり問題に対応することができますし，読解問題で出題される文章の内容や量をつかんでおけば，読解問題対策の勉強として，どのような読解問題を多くこなせばよいかの指針になります。

最後に，英語の入試問題では，なんと言っても読解問題でどれだけ得点できるかが最大のポイントとなります。初めて見る長い文章をすらすらと読み解くのはたいへんなことですが，そのような力を身につけるには，リスニングも含めて，総合的に英語に慣れていくことが必要です。「急がば回れ」ということわざの通り，志望校対策を進める一方で，英語という言語の基本的な学習を地道に続けることも忘れないでください。

国語

国語は，出題文の種類，解答形式をまず確認しましょう。論理的な文章と文学的な文章のどちらが中心となっているか，あるいは，どちらも同じ比重で出題されているか，韻文(和歌・短歌・俳句・詩・漢詩)は出題されているか，独立問題として古文の出題はあるか，といった，文章の種類を確認し，学習の方向性を決めましょう。また，解答形式は，記号選択のみか，記述解答はどの程度あるか，記述は書き抜き程度か，要約や説明はあるか，といった点を確認し，記述力重視の傾向にある場合は，文章力に磨きをかけることを意識するとよいでしょう。さらに，知識問題はどの程度出題されているか，語句(ことわざ・慣用句など)，文法，文学史など，特に出題頻度の高い分野はないか，といったことを確認しましょう。出題頻度の高い分野については，集中的に学習することが必要です。読解問題の出題傾向については，脱語補充問題が多い，書き抜きで解答する言い換えの問題が多い，自分の言葉で説明する問題が多い，選択肢がよく練られている，といった傾向を把握したうえで，これらを意識して取り組むと解答力を高めることができます。「漢字」「語句・文法」「文学史」「現代文の読解問題」「古文」「韻文」と，出題ジャンルを分類して取り組むとよいでしょう。毎年出題されているジャンルがあるとわかった場合は，必ず正解できる力をつけられるよう意識して取り組み，得点力を高めましょう。

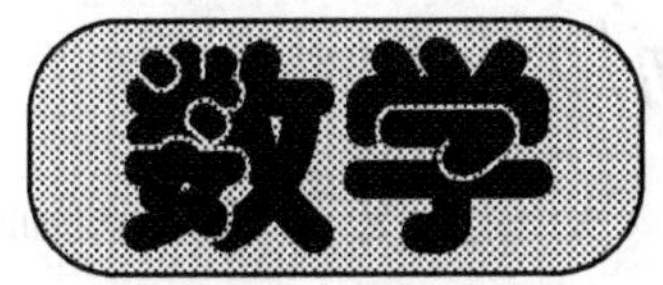

出題傾向の分析と合格への対策

●出題傾向と内容

本年度の出題は，大問6題，小問数にして25題で，昨年と同様であった。

出題内容は，1は数・式の計算，平方根の計算，因数分解，2は二次方程式，二次方程式の応用問題，3は場合の数と確率，4は図形と関数・グラフの融合問題，5は平面図形の計量問題，6は統計の問題であった。

難問はなく，全般的に基礎的な内容が身についているかどうかを試す出題になっている。

学習のポイント

教科書の基礎事項の学習に力を入れた後，問題を読みながら問題内容を理解できるように読解力を身につける練習をしておこう。

●2024年度の予想と対策

来年度も，出題数，難易度にそれほど大きな変化はなく，全体的に基礎的な問題を中心とした出題になると思われる。中1から中3までの広い分野からの出題になるので，しっかり復習しておこう。

まずは，教科書の内容を理解することが大事である。例題・公式・図・グラフなどをノートにまとめ基本事項を覚えるとともにその使い方をつかんでおこう。

例年，出題パターンに変わりがないので，過去問集を利用して，時間配分に気をつけながら，しっかり演習しておくことが大事である。

▼年度別出題内容分類表 ……

出題内容			2018年	2019年	2020年	2022年	2023年
数と式		数の性質		○			
		数・式の計算	○	○	○	○	○
		因数分解				○	○
		平方根	○	○	○	○	○
方程式・不等式		一次方程式	○	○	○	○	
		二次方程式	○	○	○	○	○
		不等式					
		方程式・不等式の応用	○		○		○
関数		一次関数	○	○	○	○	○
		二乗に比例する関数			○	○	○
		比例関数			○		
		関数とグラフ	○	○		○	○
		グラフの作成					
図形	平面図形	角度				○	
		合同・相似					○
		三平方の定理	○		○		
		円の性質		○			
	空間図形	合同・相似					
		三平方の定理				○	
		切断					
	計量	長さ	○		○	○	○
		面積	○	○	○	○	○
		体積			○	○	
		証明					
		作図					
		動点					
統計		場合の数	○				○
		確率	○	○	○	○	○
		統計・標本調査	○	○	○	○	○
融合問題		図形と関数・グラフ	○	○		○	○
		図形と確率			○		
		関数・グラフと確率					
		その他					
その他							

北海学園札幌高等学校

出題傾向の分析と 合格への対策

●出題傾向と内容

本年度はリスニング問題，会話文問題，長文読解問題2題の計4題の出題だった。例年，同様の出題形式となっている。比較的平易な問題が多いため，過去問で傾向をつかみたい。長文読解問題は，比較的短めの文章量だが，内容一致問題が必ず出題されているため，文章内容をきちんと把握しながら読み進めなければならない。また，英文と和文が書かれた問題では，例年，単語に関する知識が問われている。全体を通して40問以上と，問題数が多いため，基本的な問題が多いが，すばやく処理をする力が必要となる。

学習のポイント

比較的基本的な出題内容だが，問題数が多い。そのため，教科書に出てくる単語，英文をきちんと身につけよう。

●2024年度の予想と対策

英文と和文が書かれた問題では，該当する英文と和文をきちんと対応できるようにしたい。日ごろから和文と照らし合わせる練習をしよう。長文読解中心の出題だが，英文自体は，比較的読みやすいものとなっている。したがって，教科書に出てくる単語や，代表的な例文に関しては暗記したい。また，内容一致問題が例年出題されているため，過去出題された問題や問題集を用いて，同形式の問題をすばやく処理できるように練習を重ねるようにしたい。

▼年度別出題内容分類表 ……

	出題内容	2018年	2019年	2020年	2022年	2023年
話し方・聞き方	単語の発音					
	アクセント					
	くぎり・強勢・抑揚					
	聞き取り・書き取り	○	○	○	○	○
語い	単語・熟語・慣用句	○	○	○	○	○
	同意語・反意語					
	同音異義語					
読解	英文和訳(記述・選択)				○	
	内容吟味	○	○	○	○	○
	要旨把握					○
	語句解釈				○	
	語句補充・選択	○	○	○	○	○
	段落・文整序					
	指示語	○	○		○	
	会話文			○	○	○
文法・作文	和文英訳					
	語句補充・選択					
	語句整序	○	○	○	○	○
	正誤問題					
	言い換え・書き換え					
	英問英答					
	自由・条件英作文					
文法事項	間接疑問文					
	進行形					
	助動詞			○	○	
	付加疑問文					
	感嘆文					
	不定詞	○	○	○	○	○
	分詞・動名詞			○		
	比較	○	○	○		
	受動態		○	○		
	現在完了					○
	前置詞	○	○		○	
	接続詞	○	○	○	○	○
	関係代名詞		○			○

北海学園札幌高等学校

出題傾向の分析と 合格への対策

●出題傾向と内容

本年度は問題数は大問が7題で，小問30題程度であった。昨年度と小問数はほとんど変わらなかった。試験時間は50分である。

出題範囲に関しては，理科の4分野すべてからの出題で，出題に偏りはない。教科書レベルの問題が大半で，基礎的な知識がしっかりと身についているかを見る良問であった。理科全般の知識を幅広く理解する必要がある。また，今年度もすべての分野で計算問題が出題された。

試験時間は50分で問題数が多く，計算問題も多いので，時間配分に気を配りながら解くことが重要である。

学習のポイント

教科書の要点をしっかりと理解し，必要な事項は確実に覚えよう。

●2024年度の予想と対策

教科書を中心とした学習をまず行うこと。具体的には，難問が出題されることはなく，問題集で必ず取り上げられる内容の問題が出題されるため，教科書やワークレベルの問題を多く解き，基礎的な計算や重要語句などをしっかりと覚えることが大切である。各分野に計算問題が出題されるので，見慣れた問題は素早く解けるようにしておきたい。

出題範囲に偏りがなく，理科の全分野の知識が求められる。そのため，苦手分野を作らないようすることが大切である。重要事項をノートにまとめたり，苦手分野の計算問題を何度も解き直したりする努力をしてほしい。

▼年度別出題内容分類表 ••••••

	出題内容	2018年	2019年	2020年	2022年	2023年
第一分野	物質とその変化			○		○
	気体の発生とその性質			○	○	
	光と音の性質		○		○	
	熱と温度					
	力・圧力	○	○	○	○	○
	化学変化と質量	○			○	○
	原子と分子					
	電流と電圧		○			○
	電力と熱	○				
	溶液とその性質	○	○		○	○
	電気分解とイオン		○			
	酸とアルカリ・中和					
	仕事					
	磁界とその変化			○		
	運動とエネルギー				○	
	その他					
第二分野	植物の種類とその生活					
	動物の種類とその生活					
	植物の体のしくみ			○		
	動物の体のしくみ			○		
	ヒトの体のしくみ	○				○
	生殖と遺伝				○	
	生物の類縁関係と進化	○				
	生物どうしのつながり		○		○	○
	地球と太陽系		○	○		○
	天気の変化	○	○		○	○
	地層と岩石			○		○
	大地の動き・地震	○			○	○
	その他		○			○

北海学園札幌高等学校

社会

出題傾向の分析と合格への対策

●出題傾向と内容

大問数は，地理，歴史，公民ともに各2題ずつで，昨年より1題少なくなっている。配点は，地理と公民が各33点，歴史が34点であった。解答形式は記号選択と語句記入が半々で記述形式の出題は本年度もみられない。

地理は，日本と世界の諸地域の特色を中心に，気候や地形，各国の特徴を問う出題であった。歴史は，略年表と史料をもとに日本の政治・外交史や重要人物を問う出題であった。公民は，文章資料をもとに経済生活や政治のしくみを考えさせる出題であった。

✓学習のポイント

地理：諸地域の特色を理解しよう。
歴史：歴史の動きを理解しよう。
公民：政治経済のしくみを理解しよう。

●2024年度の予想と対策

本校の問題は基本的内容が中心なので，教科書の重要事項をまんべんなく学習していこう。

地理は，日本と世界の諸地域を地図と関連付けて学習したい。地形・気候・人口，産業などを中心に，地図帳や資料集の主要な資料，インターネットの情報などを活用した学習をしよう。歴史は，政治・外交史を中心に時代ごとに整理をすると同時に，各種史料も分析していこう。公民は，政治経済のしくみを中心に，現代社会における問題なども分析して関心を高めよう。そのために，インターネットの主要な内外の報道に注目し，内容を正確に理解するとともに自分の意見をまとめておこう。

▼年度別出題内容分類表……

		出題内容	2018年	2019年	2020年	2022年	2023年
地理的分野	（日本）	地形図					
		地形・気候・人口	○	○		○	○
		諸地域の特色			○	○	○
		産業		○	○	○	
		交通・貿易	○		○		○
	（世界）	人々の生活と環境		○		○	
		地形・気候・人口	○		○		○
		諸地域の特色	○			○	○
		産業	○	○		○	○
		交通・貿易	○			○	○
	地理総合						
歴史的分野	（日本史）	各時代の特色	○			○	
		政治・外交史	○	○	○	○	○
		社会・経済史		○	○	○	○
		文化史		○	○	○	
		日本史総合					
	（世界史）	政治・社会・経済史	○	○	○		
		文化史	○		○		
		世界史総合					
	日本史と世界史の関連		○	○	○	○	○
	歴史総合						
公民的分野	家族と社会生活						
	経済生活		○	○		○	○
	日本経済						
	憲法（日本）		○	○	○	○	
	政治のしくみ		○		○	○	○
	国際経済			○			
	国際政治		○		○	○	
	その他					○	○
	公民総合						
各分野総合問題							

北海学園札幌高等学校

出題傾向の分析と合格への対策

●出題傾向と内容

本年度も，論理的文章の読解問題が1題，文学的文章の読解問題，古文の読解問題が1題の計3題の大問構成であった。

文学的文章では小説が採用され，人物の心情や行動の理由を問う設問とともに，主題に通じる設問も出題されている。論理的文章では随筆が採用され，内容をまとめる設問や，理由を問う文脈把握，大意を読み取らせる設問が中心となっている。漢字の読み書きや語句の意味などの知識問題は，大問に含まれて出題されている。

古文では，仮名遣いや語句の意味，現代語訳など幅広い内容が問われている。

いずれの大問でも30～50字程度の記述式が採用されている。

学習のポイント

問題集などを使ってさまざまなジャンルの文章に読み慣れておこう。国語の知識は，資料集などを使ってまとめて覚えるのが効果的だ。

●2024年度の予想と対策

論理的内容と文学的内容を含む現代文の読解問題と古文の読解問題という大問構成が続くと予想される。表現力を問う設問が多く出題されているので，自分なりの言葉でまとめる力を身につける必要がある。

文学的文章の読解問題では，人物の言動に着目して心情や，心情の理由を読み取る練習を重ねておこう。論理的文章の読解問題では，指示語や言い換えに注目して，文脈把握の力を身に付けることが大切だ。さらに，筆者の主張をとらえられるような実力を養っておきたい。

古文では，基本的な古語や文法をおさえた上で，問題集などを利用して，できるだけ多くの文章に触れて読み慣れておこう。

漢字など知識問題は，得点源となるようふだんから着実な練習を重ねよう。

▼年度別出題内容分類表 ……

出題内容			2018年	2019年	2020年	2022年	2023年
内容の分類	読解	主題・表題		○		○	○
		大意・要旨	○	○	○	○	○
		情景・心情	○	○	○	○	○
		内容吟味	○	○	○	○	○
		文脈把握	○	○	○	○	
		段落・文章構成					
		指示語の問題		○		○	○
		接続語の問題					
		脱文・脱語補充	○	○	○	○	○
	漢字・語句	漢字の読み書き	○	○	○	○	○
		筆順・画数・部首					
		語句の意味	○		○	○	○
		同義語・対義語					
		熟語					
		ことわざ・慣用句				○	○
	表現	短文作成					
		作文(自由・課題)					
		その他					
	文法	文と文節		○			○
		品詞・用法		○			
		仮名遣い	○	○		○	○
		敬語・その他					
	古文の口語訳		○	○	○	○	○
	表現技法						○
	文学史			○			
問題文の種類	散文	論説文・説明文	○	○	○		○
		記録文・報告文					
		小説・物語・伝記		○		○	
		随筆・紀行・日記	○		○	○	○
	韻文	詩					
		和歌(短歌)					
		俳句・川柳					
	古文		○	○	○	○	○
	漢文・漢詩						

北海学園札幌高等学校

2023年度 合否の鍵はこの問題だ!!

数学 4

(1)　$y=\frac{1}{3}x^2$に$x=6$を代入して，$y=\frac{1}{3}\times 6^2=12$　　点Dのy座標は12

(2)　$y=x^2$に$x=-1$，2を代入して，$y=(-1)^2=1$，$y=2^2=4$　　よって，A$(-1,\ 1)$，B$(2,\ 4)$　　直線ABの傾きは，$\frac{4-1}{2-(-1)}=\frac{3}{3}=1$　$y=x+b$に点Aの座標を代入して，$1=-1+b$　　$b=2$　　よって，直線ABの式は，$y=x+2$

(3)　点Dのx座標をdとすると，D$\left(d,\ \frac{1}{3}d^2\right)$　　点Aは，$3-(-1)=4$より，x軸方向へ4移動しているから，$d=2+4=6$　　(1)から，D(6, 12)　　点Bは，$12-4=8$より，y軸方向へ8移動しているから，点Cのy座標は，$1+8=9$

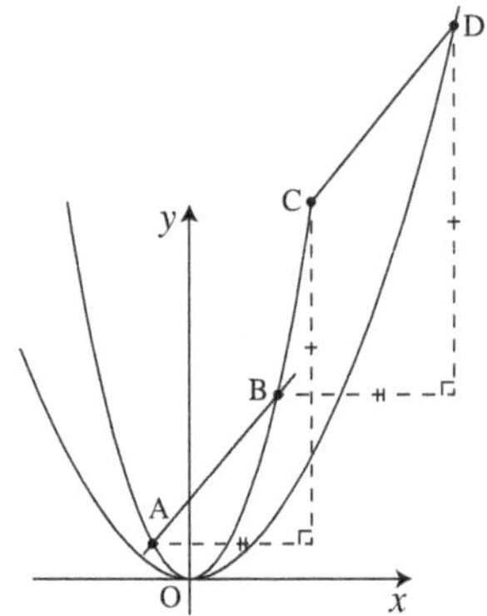

◎図形と関数・グラフの融合問題は例年出題されているので，座標や直線の式の求め方など，しっかり演習しておこう。

英語 Ⅳ

読解問題で確実に得点できるようにすることが，合格への近道である。その中でも，Ⅳの長文読解問題は比較的長い文章なので，正確に読み取る必要がある。長文読解に取り組むときには以下の点に注意をして取り組みたい。

①本文中の英単語には印がついていないため事前に[注]に目を通す。

②設問に目を通し，空欄や下線部以外の問題がないかどうか確認する。本問においては問6，7，8が該当する。

③英問英答の問題は，疑問文を日本語訳する。本問においては問6が該当する。

④段落ごとに読み進める。

⑤その段落に問題となる部分があれば，その場で読んで解く。

以上のように読み進めれば，すばやく問題を処理できるだろう。また，読むときにはきちんと日本語に訳しながら読むことが大切である。問題形式には大きな変更がないため，過去問を中心に学習し，出題傾向になれるようにしたい。

理科 [1], [6]

今年度は大問が7題で，各分野からの出題であった。問題のレベルは教科書程度で，標準的であり難問はない。試験時間が50分で，計算問題も多めなので時間の余裕はない。今回合否を分ける鍵となった問題として，[1]の問6，問7および[6]の問4，問5を取り上げる。

[1]問6は細胞質流動の速度を求める問題である。葉緑体が12秒間に接眼ミクロメーターで18目盛り分移動した。1目盛りの長さが0.0025mmなので，18目盛りでは0.0025×18mmを12秒かかって移動した。1分あたりの移動速度を求めるので，速度は0.0025×18÷0.20＝0.225(mm/分)である。

問7は倍率を2倍に上げると，接眼ミクロメーターの1目盛りの大きさが2分の1になるので，倍率を4分の1倍にすると，1目盛りの大きさが4倍になる。

[6]問4では，海抜0mに換算した大気圧が996hPaであり，標高が10m上がるたびに大気圧が1.2hPa下がるので，530mでは1.2×53＝63.6(hPa)下がる。実際の標高での大気圧は996－63.6＝932.4(hPa)になる。

問5は湿度の問題である。14℃での湿度が30％で，このときの空気中の水蒸気量は，14℃の飽和水蒸気量が12g/m^{2}なので12×0.3＝3.6(g/m^2)になる。このままの水蒸気量で22℃になるので。その湿度は(3.6÷19)×100＝18.94≒18.9(％)になる。

各分野で計算問題が出題されていた。ほとんどが問題集などで取り上げられる典型的な内容の問題であるが，問題量が多いので素早く問題を解く力が必要である。そのためにも教科書や標準レベルの問題集を使って基本例題をまずしっかりと理解し，さらに類題を解いて自信をつけるようにしてほしい。また，広く知識を問われるので，要点をノートにまとめるなど，普段から知識を増やすための自分なりの工夫を行ってほしい。

社会 [2] 問4，[4] 問6

[2]　問4　公民の司法に関する出題であるが，司法制度改革の中で身近なものを問う時事問題ともいえる。法テラスのHPを見たことがある者なら答えられるであろう。借金，離婚，相続等身近な法的トラブルの際，どうすればよいか，わからない。こうした問題解決への道案内をするのが法テラスの役目である。全国相談窓口が統一されてないために情報にたどりつけない，経済的理由で弁護士に相談ができない，といった問題があり，これまでの司法は，人々にとって機能しているとはいえなかった。そうした背景の中，刑事・民事を問わず，法的トラブル解決に必要な情報やサービスの提供をスピーディーに受けられる構想のもと，総合法律支援法に基づき，平成18年4月設立されたのが日本司法支援センター(法テラス)である。

[4]　問6　歴史の頻出の出題である。江戸時代中期の三大改革と田沼の改革は，それらの共通点と相違点を考えさせる設問で，歴史的思考力を評価するのである。三大改革と田沼の改革は，細かな点まで正確に理解しておきたい。この問題は，最後の改革となった天保の改革の政策を問うている。この改革では，倹約令，株仲間の解散，人返しの法，上知令などが行われたが，1843年，水野忠邦の失脚により改革も失敗する。選択肢のエは，松平定信が，生活苦におちいった旗本や御家人を救うために行った棄捐令のことであり，寛政の改革で行われた政策である。結局，どの改革をもってしても，この頃の江戸幕府の累積赤字は，解消されず，歴史の流れを止めることはできず，幕府は衰退していくのである。

国語 1 問8

★合否を分けるポイント

四題の記述式のうち，本文中の言葉を用いるのではなく，自分の言葉を補ってまとめる唯一の設問なので，この問題に答えられるかどうかが合否を分けるポイントとなる。設問で問われている内容をしっかりと把握した上で，「具体的に」答えることを心がけよう。

★こう答えると「合格」できない！

直前の文に着目しても，傍線部(7)と同様の内容を述べており，「花の中には何が包まれているのか，読む者こそがその香りをかぐのである」という比喩表現の具体的な内容をとらえるのは難しい。直前の文の「この場面で折られた枝」が，誰のどのような気持ちによって折られたのかを読み取ることから始めよう。

★これで「合格」！

直前の文の「この場面で折られた枝」が，傍線部(7)の「花の中」に「包まれている」ものに通じることを確認しよう。直前のだん落に「心が包まれている」という表現があるように，「この場面で折られた枝」は，信如が美登利に頼まれて折ったものの周囲に対する恥ずかしさで投げつけた枝で，枝を折ってにっこりしながら美登利に渡すことができない思春期特有の真如の気持ちが，「花の中」に「包まれている」にたとえられるものだ。また，「読む者こそがその香りをかぐ」は，直前の文の「私たち読者に渡された」から，読者が解釈すべき立場にあるということをたとえており，この内容を加えてまとめよう。読み返しは必須だ。不自然なつながりがないことを確認すれば，「合格」だ！

MEMO

大切なことはメモしておこうネ！

T.G

ダウンロードコンテンツのご利用方法

※弊社 HP 内の各書籍ページより，解答用紙などのデータダウンロードが可能です。

※巻頭「収録内容」ページの下部 QR コードを読み取ると，書籍ページにアクセスが出来ます。（ Step 4 からスタート）

Step 1 東京学参 HP（https://www.gakusan.co.jp/）にアクセス

Step 2 下へスクロール『フリーワード検索』に書籍名を入力

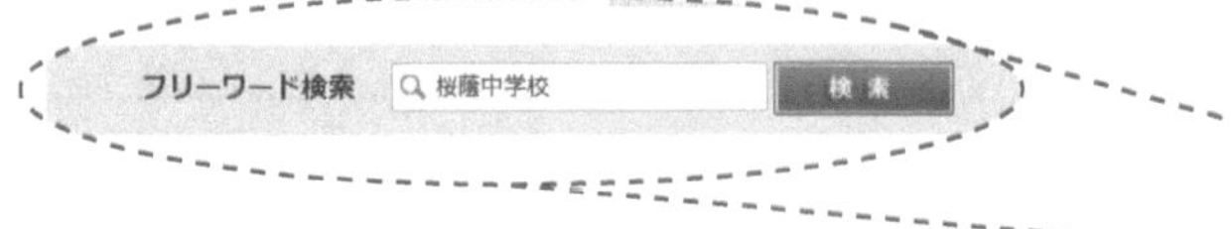

Step 3 検索結果から購入された書籍の表紙画像をクリックし，書籍ページにアクセス

Step 4 書籍ページ内の表紙画像下にある『ダウンロードページ』を
クリックし，ダウンロードページにアクセス

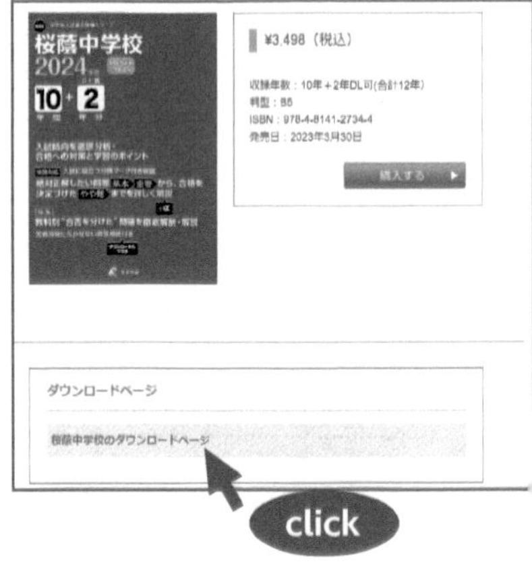

Step 5 巻頭「収録内容」ページの下部に記載されている
パスワードを入力し，『送信』をクリック

解答用紙・+αデータ配信ページへスマホでアクセス! ⇒ 

＊データのダウンロードは 2024 年 3 月末日まで。

＊データへのアクセスには，右記のパスワードの入力が必要となります。 ⇒ ●●●●●●

書籍を購入したお客様

「ダウンロード」ページを閲覧したい場合は，書籍に記載されているパスワードを入力してください。
「ダウンロード」ページでは，各学校のリスニングデータや書籍に収まりきらなかった問題・解答・解説などがダウンロードできます。

送信

Step 6 使用したいコンテンツをクリック

※ PC ではマウス操作で保存が可能です。

2023年度

★★★★★★★★★★★★★★★★★★★★★★★

入　試　問　題

2023年度

北海学園札幌高等学校入試問題

【数　学】（50分）　　＜満点：100点＞

【注意】 1．定規・分度器・コンパスの使用はできません。

2．答えは，最も適切な形で記入しなさい。

1 (1)~(5)を計算しなさい。(6)は因数分解しなさい。

(1) $\frac{1}{3}-\frac{1}{4}-\frac{1}{5}$　　(2) $-2^2\times(-5)^2-(-3)^2\div(-3)$

(3) $(\sqrt{112}-\sqrt{8})(\sqrt{175}+\sqrt{98})$　　(4) $\frac{7x-2}{3}-2x+1$

(5) $(x-8)(x+7)-(x+5)(x-8)$　　(6) $ax^2-12ax-85a$

2 次の問いに答えなさい。

(1) 2次方程式 $2x^2+4x+1=0$ を解きなさい。

(2) 長さ12cmの線分ABがある。点PはAから出発して，Bまで動く。線分ABの中点を通過後，線分AP，PBを1辺とする2つの正方形の面積の和が74cm²になるのは，点Pが何cm動いたときか求めなさい。

3 A，B，C，D，E，Fの6人から2人の委員を選ぶとき，次の問いに答えなさい。

(1) 選び方は全部で何通りあるか求めなさい。

(2) A，Bの2人が選ばれる確率を求めなさい。

(3) Cが選ばれ，Dが選ばれない確率を求めなさい。

(4) EもFも選ばれない確率を求めなさい。

(5) EかFの少なくとも1人は選ばれる確率を求めなさい。

4 右の図のように，関数$y=x^2$のグラフ上に2点A，Bがあり，それぞれのx座標は-1，2である。また，$y=\frac{1}{3}x^2$のグラフ上に点Dがあり，そのx座標は正である。このとき，次の問いに答えなさい。

(1) 点Dのx座標が6のとき，y座標を求めなさい。

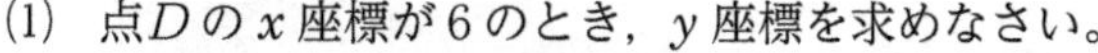

(2) 直線ABの式を求めなさい。

(3) 線分ABを，点Bが点Dに移るように平行移動したとき，点Aが移る点をCとする。点Cのx座標が3のとき，y座標を求めなさい。

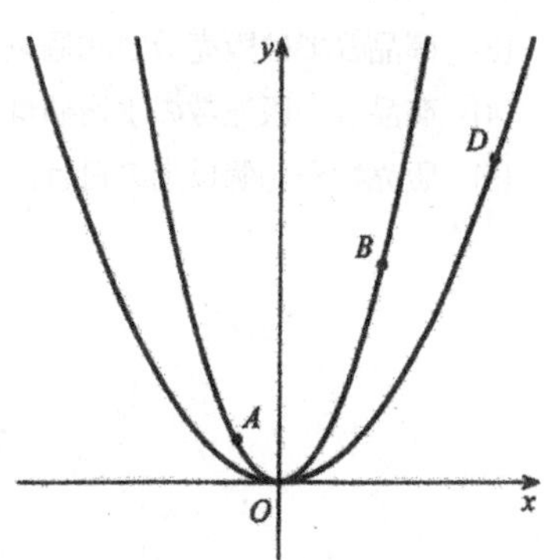

5 下の図の四角形$ABCD$は$AD=BC=6$となる平行四辺形である。AD上に$AE=4$となる点Eをとり，BEの延長線とCDの延長線の交点をF，ACとBEの交点をGとするとき，次の比を求めなさい。ただし，最も簡単な整数比で答えなさい。

(1) $BG:GE$

(2) $BE:EF$

(3) $BG:GE:EF$

(4) $\triangle ABG:\triangle CFG$

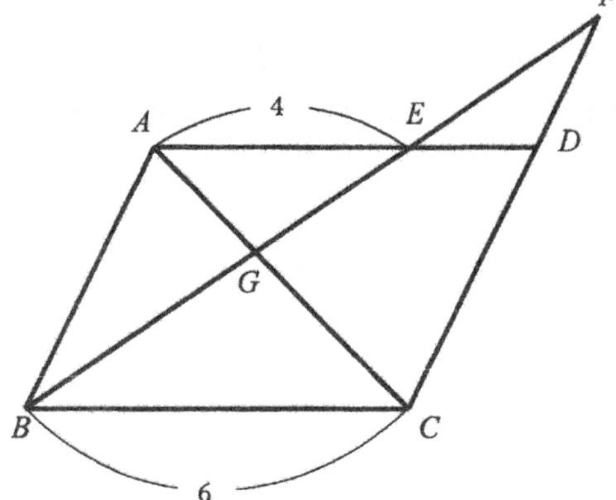

6 下の図は，商品Aと商品Bの60日分の販売数のデータの箱ひげ図である。以下の(1)~(5)のそれぞれにおいて，箱ひげ図から確実にいえるものには○，そうでないものには×で答えなさい。

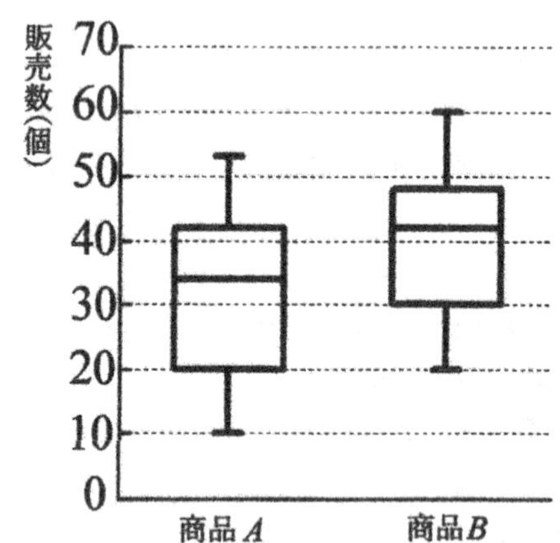

(1) 商品Aの中央値は，30個以下である。

(2) 商品Aと商品Bの第３四分位数を比べたとき，商品Bの値の方が大きい。

(3) 商品Bでは販売数が50個以上の日が15日以上ある。

(4) 商品Bの販売数の平均値は40個以上である。

(5) 販売数が40個以上の日は，商品Bよりも商品Aの方が多い。

【英　語】（50分）　<満点：100点>

I　次の問いの要領にしたがって，放送される英文を聞きなさい。（リスニング問題）

問１　［１］～［６］の順に短い会話が一度だけ読まれます。その会話の応答として最も適切なものをＡ～Ｃより選び，記号で答えなさい。

［１］ A. I will do so.
B. I want to buy some books.
C. I met my friend there.

［２］ A. I don't think so.
B. It's for my bicycle.
C. Looks nice.

［３］ A. You should study Enghsh.
B. That was great!
C. Yes, please.

［４］ A. He came back soon.
B. Sorry, he wont't be back today.
C. He usually calls me.

［５］ A. Because I like it.
B. I've never visited Italy.
C. That's a good idea.

［６］ A. I'm going to go to the beach.
B. You should take the bus and train.
C. Hakodate is my favorite place.

問２　［１］～［３］の順に英文が読まれます。それに続いてその内容に関する質問が読まれます。次に同じ英文と質問をもう一度繰り返します。その質問に対する答えとして最も適切なものをＡ～Ｄより選び，記号で答えなさい。

［１］ A. Nancy's grandparents did.
B. Nancy did.
C. Nancy and her sister didn't go.
D. Nancy's sister did.

［２］ A. Because he watches a movie.
B. Because he leaves his house early.
C. Because he has to be on a school trip.
D. Because he doesn't do anything.

［３］ A. She wants to study Japanese.
B. She joined an international program.
C. She wants to be a Japanese teacher.
D. She has been in Japan for a month.

※リスニング放送台本は非公表です。

Ⅱ 次の会話文は，高校生のSakiと神戸に住む中国から来た留学生Wongの会話です。これを読んで，後の問いに答えなさい。

Saki：Thank you for your time today. I'm very happy to see you.

Wong：I am also very happy to introduce the city of Kobe to you. Today, we have enough time to see the downtown. [A] I can take you there.

Saki：Well, this is my first visit to Kobe. So, I don't know about it so much. Where is your favorite place?

Wong：One of my favorite places is Nankinmachi area. It is a famous sightseeing spot for tourists and local people.

Saki：Sounds good! What can we do there?

Wong：It feels like China and there is a lot of delicious Chinese food. I also often go there when I miss my hometown.

Saki：Cool. I love Chinese food. I really want to go! [B]

Wong：Actually, we are already near there. Can you see the big red gate? It's the entrance to Nankinmachi. ①[walk / takes / just five minutes / it / from / to] here.

Saki：Oh, really? I have to go! Anyway, [C]

Wong：It has a long history. It goes back to the *Meiji Jidai*. When Japan opened Kobe port to foreign countries, many Chinese people lived near here. It's the origin of this town.

Saki：That's good to know. We not only enjoy the food but also learn the history.

Wong：If we have time, I want to take you to the *Kanteibyou*. Do you want to try Chinese style *omikuji*? In China, they draw *omikuji* in a different way from Japan.

Saki：(②) course! Today is going to be a wonderful day!

［注］ downtown：繁華街　sightseeing spot：観光地　miss：恋しい　entrance：入口　port：港
origin：起源　*Kanteibyou*：関帝廟（かんていびょう）（1948年に建てられた寺院）　draw *omikuji*：おみくじを引く

問１ 空所Ａ～Ｃに当てはまる最も適切な表現を次のア～ウより選び，記号で答えなさい。

[A] ア．Where do you want to go?　イ．When did you come?
ウ．Which do you like better?

[B] ア．What do you think about it?　イ．Could you help me?
ウ．How do we get there?

[C] ア．why is there a Chinatown?　イ．how much is an *Omikuji*?
ウ．what did you say?

問２ 下線部①が意味の通る英文になるように，［ ］内の語を並べかえなさい。ただし，文頭で使われる語も小文字になっています。

問３ 空所②に入る最も適切な語を次のア～エより選び，記号で答えなさい。

ア．To　イ．Of　ウ．In　エ．At

問4　次の各文のうち，本文の内容に合うものには○，合っていないものは×で答えなさい。

1．Wong is glad to take Saki around the city of Kobe.
2．Saki has been to Kobe before.
3．Wong and Saki will enjoy Chinese food and learn the history of China.
4．The history of Nankinmachi began in *Meiji Jidai.*
5．The way to draw *omikuji* China and Japan is the same.

Ⅲ　次の英文と日本語訳文を読んで，後の問いに答えなさい。

New Zealand Looks to Reduce Gas Emission from Farm Animals

Scientists in New Zealand are looking (A) a way to stop cows from burping. A burp is a kind of gas that an animal releases (B) its digestive system through its throat.

To some, a cow burp might seem (C) a small thing. But in New Zealand, cows outnumber people two to one. (D) are only five million people in New Zealand. The nation is home to 10 million cows and 26 million sheep. Cows do not easily digest the grass they eat. Instead, the ferment it in multiple parts of their stomach. The process releases a lot (E) gas. So, ever time someone eats beef (F) drinks milk, they process of getting that products comes at a high cost to the environment.

The cows produce methane gas. The gas does not last as long in the atmosphere as carbon dioxide, while it has a much stronger effect on global warming. The scientists in New Zealand are working on ways to reduce the amount of gas (G) comes out of the cows. They are considering changing the food the animals eat, putting a device on the cows that changes the methane into something safer, or even giving them a vaccine. There is (H) talk of feeding the cows a special red seaweed or giving them a food addition known as a probiotic, which would help them digest the grass.

The fight against methane is serious in New Zealand. The country promised (I) reduce the gas produced by farm animals by up to 47 percent (J) the year 2050.

≪日本語訳文≫

ニュージーランド，家畜からのガス排出を削減する方法を模索

ニュージーランドの科学者たちは，牛のげっぷを止める方法を探しています。げっぷとは，動物が消化器官から喉を通ってガスを放出することです。

ある人にとっては，牛のげっぷは小さなことのように思えるかもしれません。しかし，ニュージーランドでは，牛は２対１で人間より数が多いのです。ニュージーランドには500万

人しかいません。1,000万頭の牛と2,600万頭の羊が暮らしています。牛は食べた草を簡単に消化することができません。その代わり，胃の中の複数の部分で発酵させます。その過程で大量のガスを放出します。つまり，誰かが牛肉を食べたり，牛乳を飲んだりするたびに，それらの製品を生産する過程において，環境に高いコストがかかっているのです。

牛はメタンガスを発生させます。このガスは二酸化炭素ほど大気の中では長持ちしませんが，一方で地球温暖化には，はるかに強い影響を及ぼします。ニュージーランドの科学者たちは，牛から出るガスの量を減らす方法を研究しています。牛が食べる餌を変えたり，メタンを安全なものに変える装置を牛につけたり，あるいはワクチンを打ったりすることさえも検討しています。特殊な赤い海藻を食べさせることや，草を消化するのを助けるものですが，プロバイオティクスと呼ばれる食品添加物を与えようという話もまたあります。

ニュージーランドでは，メタンとの戦いが深刻です。同国は，2050年までに家畜から発生するガスを最大47％削減することを約束しています。

問１　日本語訳文の内容になるように，（A）～（J）に入る語として最も適切なものを，次の１～10より選び，記号で答えなさい。ただし，文頭にくる語も小文字にしてあります。また，同じ語を２度使用することはできません。

１．that　２．of　３．to　４．there　５．for
６．or　７．also　８．from　９．by　10．like

問２　次の日本語に該当する英語を，指定された語数で英文中からそのまま抜き出しなさい。

１．排出（１語）　２．～を発酵させる（１語）　３．食品添加物（３語）

問３　次の英語に該当する日本語を，指定された字数で日本語訳文中からそのまま抜き出しなさい。

１．digestive system（４字）　２．atmosphere（２字）　３．global warming（５字）

Ⅳ　長崎県にある端島（軍艦島）に関する以下の英文を読んで，後の問いに答えなさい。

In 2015, ①*Hashima* known as *Gunkanjima* became a World Heritage Site. So, a lot of people all over the world are now interested in the island. *Hashima* is called *Gunkanjima* because the island looks like a battleship. It is in Nagasaki Prefecture. It is a small island, a little bigger than the Tokyo Dome.

Nobody Eves on *Hashima* now, but there were people living on the island until 1974. The island was famous (②) coal. Coal was first found on the island in 1810. Many workers and their families started to move to the island. In 1959, more than 5,000 people lived there, and the population density was the highest in the world at that time.

What was the life like on *Hashima*? Half of the island was used for the working of the mine, the other half was used for houses, schools, restaurants, shops, a hospital and a movie theater. They also made a garden on the top of an apartment. It was a new idea in Japan.

In April 1974, the mine was closed, because oil became the main energy source in Japan. So, people on *Hashima* had to leave the island. After that, people couldn't go to the island (③) a long time, because the island was closed. (④), the island was opened to tourists in 2009. Now, most visitors are tourists. They can go to the island by ship if they join a tour. On the island, they can enjoy ⑤(see) some old buildings including the Japan's first tall steel-framed concrete apartment built in 1916. ⑥It has [about 50 years / left / since / the island / been / the people]. Some buildings are in danger of collapsing. The first tall steel-framed concrete apartment is also going to collapse. Now is the time to visit the island. It is now or never.

[注] World Heritage Site：世界遺産　prefecture：県　Tokyo Dome：東京ドーム　coal：石炭
population density：人口密度　at that time：当時　mine：鉱山　oil: 石油
energy source：エネルギー源　including：～を含めて
steel-framed concrete：鉄筋コンクリート製の　in danger of ～：～の恐れがある
collapse：崩壊する　now or never：今しかない

問１　下線部①について，「端島」が「軍艦島」として知られている理由を示す箇所を，本文中から６語でそのまま抜き出しなさい。

問２　空所②，③には同じ語が入ります。その語を書きなさい。

問３　空所④に入る最も適切な語を次のア～エより選び，記号で答えなさい。

ア. If　イ. Because　ウ. However　エ. When

問４　下線部⑤を適切な形に変えなさい。

問５　下線部⑥が「住民が島を離れてから約50年が経ちました」という意味の英文になるように，[ ] 内の語又は語句を並べかえなさい。

問６　次の英文に対する答えとして最も適切なものを次のア～エより選び，記号で答えなさい。

Q: Who lives on *Hashima* now?

ア. Coal miners who work there.

イ. No one lives there.

ウ. Tourists who stay there.

エ. Nagasaki public workers who work there.

問７　端島で作られた日本初のものは鉄筋コンクリート製の高層アパートともう１つは何か。本文中から８語でそのまま抜き出しなさい。

問８　本文の内容に合うものを次のア～キより３つ選び，記号で答えなさい。

ア. There were no places to have fun on *Hashima*.

イ. It is not necessary for tourists to join a tour to visit *Hashima*.

ウ. The population density of *Hashima* was the highest in the world in 1959.

エ. People on *Hashima* left the island because the oil became the main energy source.

オ. Only one building on the island is going to collapse.

カ. There were not any schools for children on *Hashima*.

キ. *Hashima* became a World Heritage Site and many people got interested in it.

【理　科】（50分）　＜満点：100点＞

1　下の文章は，姉のゆり（高校生）と妹のもえ（中学生）が顕微鏡の実験についての会話文である。あとの問いに答えなさい。

もえ：今日，中学校で$_{ア}$顕微鏡を使っての観察実験を２つ行ったよ。高校生になってから行うことが多い実験だけど，みなさんならできるよって先生が言ってくれたんだ。

ゆり：へー。どんな実験を行ったの？

もえ：１つ目の実験は『細胞質流動』を観察する実験だったよ。『細胞質流動』は生きている細胞で見られ，細胞質に含まれる物質が一定の方向に流れる現象らしいの。

ゆり：材料は何をつかったの？

もえ：オオカナダモ（アナカリス）という水生植物を使ったんだ。$_{イ}$小さな緑色の粒が流れているのがはっきりと見えたんだ。

ゆり：それはよかったね。ところで，倍率は何倍で観察したの？

もえ：最終的に観察した時は，接眼レンズが10倍で対物レンズが40倍だったはずだから，拡大倍率は（　A　）倍になるね。観察は低倍率から行うから，最初は４倍の対物レンズを使用し，ピントを合わせてから観察したい部分が視野の中央に来るように調節するんだ。その後（　B　）をまわして対物レンズの$_{ウ}$倍率を上げていったよ。そうしたらピントの調節がうまくいかなくて，先生に手伝ってもらったんだ。

ゆり：そうなんだね。顕微鏡の倍率を上げていくと視野の明るさは（　C　）なるよね。だから，反射鏡（光源）や（　D　）を調節することで観察しやすいようにするんだよ。プレパラートはどのように作ったの？

もえ：スライドガラスの中央にオオカナダモの葉を置き，スポイトで水を一滴たらしたあとにカバーガラスをかけて作ったよ。その後に『細胞質流動』の速度を求めたよ。接眼ミクロメーターという器具を使って流動距離を測ったんだ。$_{エ}$観察では緑色の粒が接眼ミクロメーター18目盛りを進むのに12秒かかったよ。先生が言うには（　A　）倍の倍率では接眼ミクロメーター１目盛りの大きさが0.0025㎜らしいよ。

ゆり：私も高校でミクロメーターの実験をやったよ。接眼ミクロメーターは接眼レンズの中に入れて使ったよ。$_{オ}$倍率によって接眼ミクロメーターの１目盛りの大きさが異なるから，計算が大変だった。でも，法則があって，倍率を２倍あげれば接眼ミクロメーター１目盛りの大きさが２分の１になるんだ。２つ目の実験はなんの実験だったの？

もえ：２つ目の実験は細胞分裂の観察だったよ。材料はタマネギの根を使用したよ。

ゆり：観察はうまくできたの？

もえ：根の先端部を見たけど，ここは（　E　）といわれ，根の（　F　）を保護しているところで，細胞分裂はほとんど見られなかったんだ。でも，$_{カ}$根の（　F　）から離れていくほど細胞分裂をしている細胞が減り，細胞自体が大きくなっていることが分かったよ。ただ，（　F　）付近の細胞も離れた場所の細胞も，核の大きさはほとんど変わらなかったことが観察できたよ。

問１　文中の（A）～（F）にあてはまる数値や語句を答えなさい。

問２　下線部アについて，顕微鏡の使い方について誤っているものを，次の①～⑥から１つ選び記号で答えなさい。

① 顕微鏡を運ぶときには，一方の手でアームをにぎり，他方の手で鏡台を支える。

② 顕微鏡は水平な台の上におく。

③ 試料がステージ中央になるようにプレパラートをクリップで止め，横から見ながら調節ねじをまわし，対物レンズとプレパラートを近づける。

④ 試料の観察の前には，対物レンズを高倍率のものにし，反射鏡を調節して視野を明るくする。

⑤ 反射鏡には直射日光が当たらないようにする。

⑥ 接眼レンズをのぞきながら調節ねじをまわして，対物レンズとプレパラートを遠ざけながらピントを合わせる。

問３　下線部アについて，図１のように極めて小さく「お」と書いた紙をスライドガラスの上に置き，カバーガラスをかけてプレパラートを作った。そのプレパラートは低倍率では図２のように観察することができた。同じように「P」と書いた紙でプレパラートを作った場合，顕微鏡でどのように観察することができるか。解答欄に図示しなさい。

図１　　図２

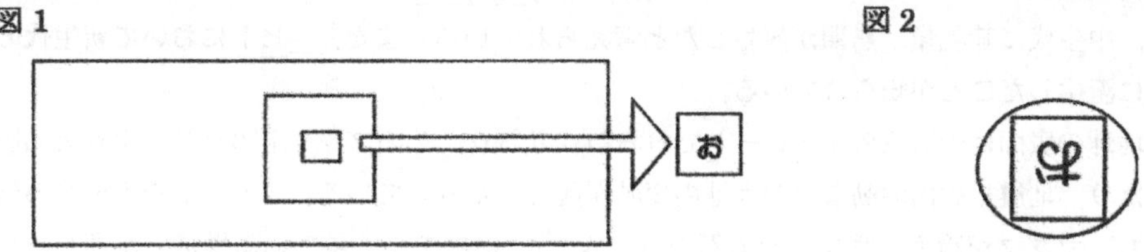

問４　下線部イについて，この小さな緑色の粒の大きさを計測したところ，接眼ミクロメーター２目盛り分の大きさであった。この緑色の粒の名称と大きさ（mm）をそれぞれ答えなさい。

問５　下線部ウについて，対物レンズの倍率をあげると対物レンズとプレパラートの距離はどのように変化するか答えなさい。

問６　下線部エについて，この実験においての細胞質流動の速度を答えなさい。ただし，単位はmm/分で答えること。

問７　下線部オについて，この実験において対物レンズの倍率を10倍に変更した場合，接眼ミクロメーター１目盛りの大きさ（mm）を答えなさい。

問８　下線部カについて，考えられることとして最もあてはまるものを，次の①～④から１つ選び記号で答えなさい。

① 根の先端部から離れた細胞の方が，細胞の体積に対しての核の占める割合が小さい。

② 根の先端部から離れた細胞の方が，細胞の体積に対しての核の占める割合が大きい。

③ 根の先端部から離れた部位の方が，生命活動を停止している細胞の割合が大きい。

④ 根の先端部から離れた部位の方が，生命活動を停止している細胞の割合が小さい。

2　**下の操作は，酸とアルカリにおける実験を示したものである。あとの問いに答えなさい。**

操作１：水酸化カリウムを水に溶かし，水酸化カリウム水溶液を調製した。
操作２：操作１で調製した水溶液にBTB溶液を加えた。
操作３：操作２で調製した溶液に少しずつうすい硫酸を加え，pHをちょうど7にした。

問１　水酸化カリウムや硫酸のように，水に溶かしたときに電離する物質を何というか答えなさい。

問２　**操作１**で調整した水溶液の中で水酸化カリウムが電離している様子を，イオンの記号を用いた反応式で答えなさい。

問３　**操作３**では水溶液の色が変化した。何色から何色に変化したか答えなさい。

問４　**操作３**でpHがちょうど７となったとき，水溶液中に存在するカリウムイオンと硫酸イオンの数の比を最も簡単な整数比で答えなさい。

3　**下の文章は，地球の歴史についてのものである。あとの問いに答えなさい。**

地球は$_{ア}$太陽系の惑星の１つで，今から約46億年前に誕生した。地質学的な記録は約40億年前から始まり，それ以前の岩石は地球上にはほとんど残っていない。また，最初の生物が誕生したのが約38億年前と推定されている。地球の歴史は$_{イ}$示準化石などをもとにして，いくつかの年代に区分されており，新しいものから順に，新生代，中生代，古生代，先カンブリア時代（古生代以前の代）と呼ばれている。古生代に$_{ウ}$脊椎動物の魚類，両生類，は虫類が順に誕生し，中生代に哺乳類，鳥類が誕生したと考えられている。また，$_{エ}$ヒトにおいて新生代の第四紀に誕生したことが知られている。

地球の表面は十数枚の$_{オ}$プレートでおおわれており，そのプレートの移動により大山脈ができたり，地震や火山活動などの大地の変動が起こったりしている。プレートを形成する岩石のうち，マグマが冷えて固まった岩石を（　A　），地層をつくっている堆積物が押し固められてできた岩石を（　B　）という。（　A　）のうち，マグマが地下深くでゆっくりと冷えて固まった岩石を（　C　）といい，（　D　）組織をもち，岩石の種類としては花こう岩やせん緑岩，（　E　）岩がある。水平に堆積した地層は，長期間大きな力を受けると地層が波打つように曲げられ，しゅう曲があらわれたり，地層がたち切られて（　F　）ができたりすることがある。

問１　上の文中の（A）～（F）にあてはまる語句を答えなさい。

問２　下線部アについて，太陽系での惑星の数は何個か答えなさい。

問３　下線部アについて，太陽をつくる主な気体は２つあり，1つは水素である。もう１つは何か気体の名称を答えなさい。

問４　下線部イについて，古生代の示準化石として適当なものを，下の語群より２つ選び答えなさい。

語群	ビカリア	マンモス	シソチョウ	サンヨウチュウ
	アンモナイト	アノマロカリス	カモノハシ	フズリナ

問５　下線部ウについて，ほ乳類の心臓は２心房２心室であるが，は虫類や両生類は２心房１心室である。は虫類や両生類は，哺乳類と比べて心室での血液の状態にどのような不利な点があるか簡単に答えなさい。

問６　下線部エについて，ヒトが合成して分泌する消化酵素として誤っているものを，次のページの①～⑤から１つ選び記号で答えなさい。

① アミラーゼ　② 胆汁　③ トリプシン　④ リパーゼ　⑤ ペプシン

問７　下線部オについて，日本列島は何枚のプレートの上にあると考えられているか答えなさい。

4　**図１のように，軽いばねにおもりをつり下げ，おもりの質量とばねののびとの関係を調べたところ，図２のグラフのようになった。あとの問いに答えなさい。**

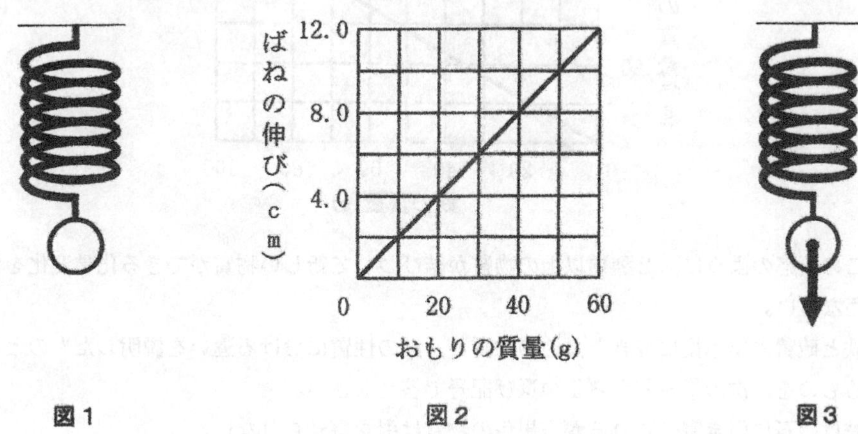

図１　**図２**　**図３**

問１　図２から，ばねの伸びはばねに加わる力の大きさに比例することがわかる。この法則を発見者の名にちなんで何というか答えなさい。

問２　図３は，おもりにはたらく重力を力の矢印で図示したものである。これに，ばねからおもりにはたらく力の矢印を書き加えたものとして最も適当なものを，下の①～④から１つ選び記号で答えなさい。ただし，ばねとおもりは静止しているものとする。

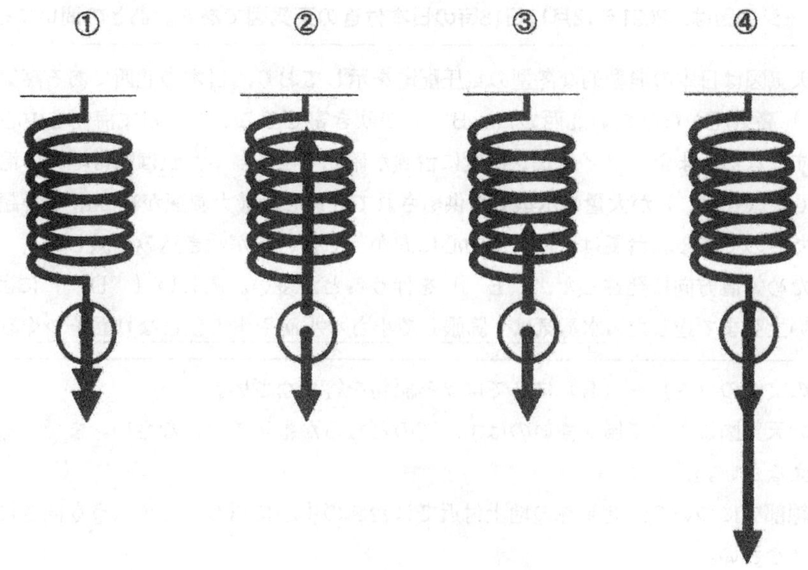

問３　ばねの伸びが8.0cmのとき，おもりの重さは何ｇか答えなさい。

問４　おもりの重さが80ｇのとき，ばねの伸びは何cmか答えなさい。

5 下の図は，鉄とちょうど反応する硫黄の質量を表したグラフである。鉄と硫黄が反応した後には黒色の物質ができていた。あとの問いに答えなさい。

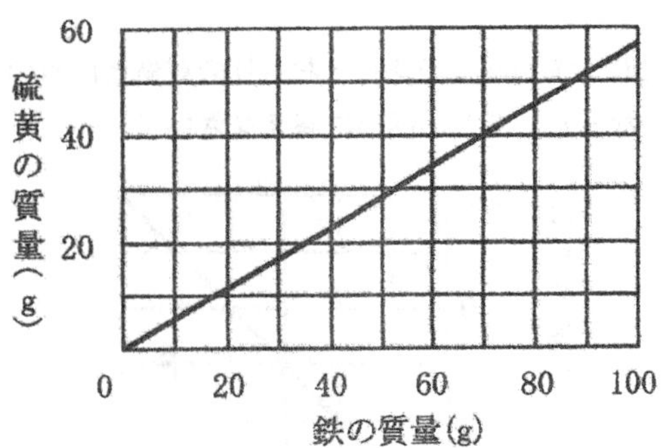

問１　この反応のように，２種類以上の物質が結びついて新しい物質ができる化学変化を何というか答えなさい。

問２　鉄と硫黄の反応後にできた黒色の物質と，鉄の性質における違いを説明したものとして誤っているものを，次の①～④から１つ選び記号で答えなさい。

① 鉄は磁石に引き寄せられるが，黒色の物質は引き寄せられない。
② 鉄は純粋な物質であるが，黒色の物質は混合物である。
③ 鉄は単体であるが，黒色の物質は化合物である。
④ 鉄には特有の光沢が見られるが，黒色の物質にはない。

問３　8.4ｇの鉄を硫黄と反応させたとき，黒色の物質は何ｇできるか答えなさい。

6 次のページの図は，2021年12月17日18時の日本付近の天気図である。あとの問いに答えなさい。

この天気図は日本の典型的な冬型の気圧配置を示しており，日本の北西にある高気圧である（　A　）高気圧から冷たい北西の（　B　）が吹き寄せることで，日本海側を中心に大雪が降りやすくなる。また，フィリピン付近に台風が確認できる。ア台風は熱帯地方の温かい海上で発達した（　C　）が大量の水蒸気を供給されて発達し，最大風速が17.2m/ｓを超えるようになったものである。台風は，地上で中心に向かって強い風が吹き込み，激しい（　D　）を生じるため鉛直方向に発達した（　E　）を伴うことが多い。激しい（　D　）によってイ気圧の低い上空まで達したウ水蒸気は，膨張して小さな水滴や氷の粒となり雲をつくる。

問１　上の文中の（A）～（E）にあてはまる語句を答えなさい。

問２　上の天気図において風が強いのは①，②のどちらか番号で答えなさい。また，その理由も簡単に答えなさい。

問３　下線部アについて，北半球の地上付近では台風の中心に対してどのような向きに風が吹き込むか答えなさい。

問４　下線部イについて，気圧の表し方は測定した場所の高さによって生じる気圧の差をなくすために，海面と同じ高さの気圧に補正して表示する。天気図によると，2021年12月17日18時の札幌付近の気圧は996hPaであったことが推定できる。札幌市にある藻岩山の標高が530mとしたとき，藻岩山の山頂での気圧は何hPaか計算して答えなさい。ただし，気圧は測定地点が海面から

10m上がるごとに1.2hPaずつ下がるものとする。

問５　下線部ウに関連して，空気１m³中に含むことのできる水蒸気の最大量を飽和水蒸気量といい，温度によってその量が決まっている。温度が14℃で湿度が30％の状態から，温度を22℃まで上げた場合湿度は何％になるか答えなさい。ただし，飽和水蒸気量は14℃において12ｇ，22℃では19ｇとし，小数点第２位を四捨五入して答えなさい。

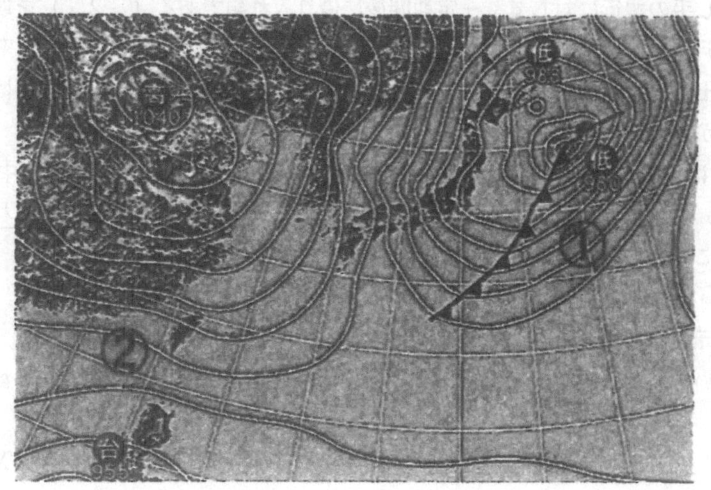

天気図（日本気象協会）より

7　下の図は，電気抵抗がそれぞれ10Ωの抵抗R_1，R_2，R_3を用いた回路である。あとの問いに答えなさい。

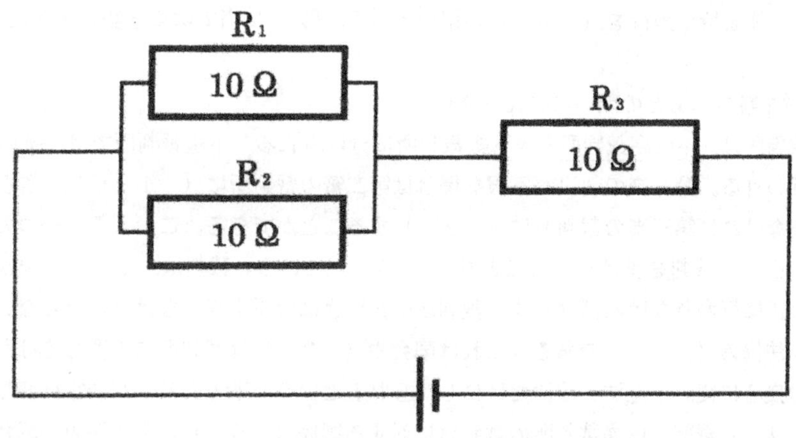

問１　抵抗を流れる電流の大きさは，抵抗の両端に加わる電圧の大きさに比例する。この法則を発見者の名にちなんで何というか答えなさい。

問２　この回路全体の合成抵抗は何Ωか答えなさい。

問３　この回路に電流を流した時，R_3で消費される電力は，R_2で消費される電力の何倍か答えなさい。

【社　会】(50分)　　＜満点：100点＞

1　次の文章を読み，あとの問いに答えなさい。

銀行には，都市銀行や（　1　）銀行などいくつかの種類がある。しかし，人々の貯蓄を預金として集め，それを家計や企業に貸し出すことを仕事としている点では同じである。

資金の借り手は貸し手の銀行に対して，一定期間後に借り入れ額である（　2　）を返済するだけでなく，毎年（毎月）利子を支払わなければならない。（　2　）に対する利子の比率を利子率という。銀行は貸し出し先から利子を取り，預金者には利子を支払う。貸し出し利子率は預金利子率を上回り，その差が銀行に（　3　）をもたらす。

通常，世界の国々は中央銀行と呼ばれる特別な働きをする銀行があり，わが国の中央銀行は（　4　）銀行である。（　4　）銀行は，①紙幣を発行するほか，②国の資金の出し入れを行うことや，③一般の銀行に不足する資金の貸し出しを行うなどの役割を果たしている。

問1　文中の（1）～（4）に当てはまる語句を㋐～㋖からそれぞれ選びなさい。

㋐ 東京　㋑ 元金　㋒ 地方　㋓ 利益率　㋔ 相互　㋕ 日本　㋖ 利潤

問2　下線部①について，わが国の中央銀行が発行する紙幣の正式名称を何というか。漢字5字で答えなさい。

問3　下線部①について，紙幣を発行する役割を持つ銀行を（　X　）銀行という。（X）に当てはまる語句を答えなさい。

問4　下線部②について，国の資金などの取り扱いをする役割を持つ銀行を（　Y　）の銀行という。（Y）に当てはまる語句を答えなさい。

問5　下線部③について，金融機関の預金口座を持ち，必要に応じて預金を受け入れたり貸し出したりする機能を持つ銀行を（　Z　）の銀行という。（Z）に当てはまる語句を答えなさい。

2　次の文章を読み，あとの問いに答えなさい。

日本の裁判所は，①最高裁判所と②下級裁判所に分けられる。下級裁判所では，その内容により第一審が行われる。第一審の判決が不服な場合は第二審の裁判所に（　1　）し，さらに第二審の判決に従えなければ第三審の裁判所に（　2　）することができる。このように一つの内容の裁判について3回まで裁判を受けられることを，（　A　）という。裁判は，正しい手続きにより中立な立場で公正に行われなければならず，裁判所や裁判官は公正中立でなければならない。そのための原則が司法権の（　B　）である。これは国会や（　3　）は裁判所に干渉してはならず，裁判官は自分の良心に従い，憲法と法律だけにしばられるという原則である。裁判官は病気や国会議員による（　4　）裁判，最高裁判所の裁判官に対する国民（　5　）による罷免(ひめん)の場合を除いて，在任中の身分が保障されている。

日本では，裁判は利用しづらく費用がかかりすぎると考えられていた。この状況を改善するために，司法制度改革が進められてきた。この改革により誰もが司法に関するサービスを受けられるように，③日本司法支援センターが設けられた。また，2009年から始まった（　C　）制度は，国民が刑事裁判に参加し，裁判官とともに被告人が無罪か有罪かを判断し，有罪の場合は刑罰の内容を決める制度である。

問1　文中の（1）～（5）に当てはまる語句を(ア)～(キ)からそれぞれ選びなさい。

(ア) 審査　(イ) 上告　(ウ) 審判　(エ) 弾劾　(オ) 控訴　(カ) 内閣　(キ) 違反

問2　下線部①について，この裁判所がある都道府県名を答えなさい。

問3　下線部②について，下級裁判所は高等裁判所・（　X　）・家庭裁判所・簡易裁判所の４種類がある。（X）に当てはまる語句を答えなさい。

問4　下線部③について，日本司法支援センターの別称を答えなさい。

問5　文中の（A）・（B）・（C）に当てはまる語句をそれぞれ答えなさい。

3　次の文章は新井白石の歴史書である『読史余論』の一節である。この文章を読み，あとの問いに答えなさい。

…武家は①源頼朝武家を開て，②父子三代天下兵馬の権を司どれり。凡三十三年〈一変〉。
北条義時③承久の乱後天下の権をとる。そののち七代凡百十二年，高時が代に至て滅ぶ〈二変〉。
④後醍醐中興の後，足利尊氏反して天子蒙塵（尊氏が謀反を起こし，⑤天皇は都から逃れた），尊氏，光明院を北朝の主となして，⑥みづから幕府を開く。子孫相継で十二代におよぶ。
凡二百三十八年〈三変〉。
足利殿の末，⑦織田家勃興して将軍を廃し，天子をいただいて天下に令せんと謀りしかど，事いまだ成らずして（凡十年がほど），⑧その臣光秀に殺された。⑨豊臣家その故智を用ひ，自ら関白となりて天下の権をほしいままにせしこと，凡十五年〈四変〉。
そののち終に徳川家の世となる〈五変〉。

問1　下線部①について，この人物に関する記述として正しいものを(ア)～(エ)から１つ選びなさい。

(ア) 現在の神戸市にあった大輪田泊を整備し，日宋貿易を行った。

(イ) 御家人に対し，軍記物である『平家物語』の作成を命じた。

(ウ) 平泉を攻め，奥州藤原氏を滅ぼした。

(エ) 桶狭間の戦いで平清盛を滅ぼした。

問2　下線部②について，鎌倉幕府の第三代将軍を答えなさい。

問3　下線部③について，承久の乱後に朝廷の監視や西国の御家人統率のために，京都に設置された幕府の出先機関を答えなさい。

問4　下線部③について，それ以前に起きたことがらを(ア)～(エ)から１つ選びなさい。

(ア) 日明貿易により多くの銅銭が輸入された。

(イ) 琉球で尚氏により琉球王国が建国された。

(ウ) 裁判の基準を示す御成敗式目が制定された。

(エ) 清少納言によって枕草子が執筆された。

問5　下線部④について，この天皇による親政を何というか答えなさい。

問6　下線部⑤について，天皇が逃れた先を(ア)～(エ)から１つ選びなさい。

(ア) 隠岐　(イ) 吉野　(ウ) 比叡山　(エ) 大宰府

問7　下線部⑥について，第三代将軍が始めた貿易は倭寇と区別するための工夫がなされた。この貿易を何というか答えなさい。

問8　下線部⑦について，織田信長が京都から追放した将軍を答えなさい。

問9　下線部⑧について，織田信長が暗殺された事件を答えなさい。

問10　下線部⑨について，豊臣秀吉が行ったことがらとして誤っているものを(ア)~(エ)から１つ選びなさい。

(ア)　キリスト教の布教をしていた宣教師を，国外に追放する法令を出した。
(イ)　一揆防止などを目的に，農民から武器を取り上げる政策を実施した。
(ウ)　全国の田畑を調べ，全国の生産力を米の量であらわす石高制を導入した。
(エ)　朝鮮に二度にわたる派兵である，文永・弘安の役が行われた。

4　次の略年表について，あとの問いに答えなさい。

年　号	で　き　ご　と
１７１６年	①徳川吉宗中心の政治が行われる
１７８２年	②天明のききんが起こり，百姓一揆や打ちこわしが多発する
１７８７年	③松平定信中心の政治が行われる
１８２５年	④（　Ｘ　）令が制定される
１８４１年	⑤水野忠邦中心の政治が行われる

問１　下線部①について，この人物が行った政策の組み合わせとして正しいものを(ア)~(エ)から１つ選びなさい。

(ア)　参勤交代の軽減・禁中並公家諸法度の制定
(イ)　最初の武家諸法度の制定・目安箱の設置
(ウ)　上げ米の制の制定・公事方御定書の制定
(エ)　株仲間の営業の承認・実学の奨励

問２　下線部②について，このできごとが起きたときの老中を答えなさい。

問３　下線部③について，この人物が行った政策として正しいものを(ア)~(エ)から１つ選びなさい。

(ア)　商品作物の栽培を奨励した。
(イ)　西洋の学問を取り入れるため，漢文に翻訳された洋書の輸入制限を緩めた。
(ウ)　軽犯罪者の更生のための人足寄場を作った。
(エ)　俵物などの輸出を拡大するために，蝦夷地の調査を行った。

問４　次の文は，下線部④の一部を現代語訳したものである。文を参考に空欄（Ｘ）に当てはまる語句を答えなさい。

どこの港でも，外国船が入港するのを見たなら，有無を言わさず，いちずに打ち払え。逃亡したら追う必要はない。　〈『徳川禁令考』より一部要約〉

問５　下線部④について，幕府の示したこの方針を批判し，処罰された人物を(ア)~(エ)から１つ選びなさい。

(ア)　大塩平八郎　　(イ)　高野長英　　(ウ)　間宮林蔵　　(エ)　吉田松陰

問６　下線部⑤について，この人物が行った政策として誤っているものを(ア)~(エ)から１つ選びなさい。

(ア)　株仲間を解散させた。

(イ) 江戸に出ている農民を村へ帰らせ，年貢の確保を試みた。
(ウ) 出版の統制をおこなうことや，ぜいたくを禁じて風紀を正そうとした。
(エ) 旗本や御家人が札差からしていた借金を帳消しにし，生活難を救おうとした。

問７ 下線部①・下線部③・下線部⑤の政治改革の組み合わせとして正しいものを(ア)~(カ)から１つ選びなさい。

(ア) ①寛政の改革 ②享保の改革 ③天保の改革
(イ) ①寛政の改革 ②天保の改革 ③享保の改革
(ウ) ①享保の改革 ②寛政の改革 ③天保の改革
(エ) ①享保の改革 ②天保の改革 ③寛政の改革
(オ) ①天保の改革 ②寛政の改革 ③享保の改革
(カ) ①天保の改革 ②享保の改革 ③寛政の改革

5 次の文章を読み，あとの問いに答えなさい。

瀬戸内海は古くから九州地方と近畿地方を水運で結ぶ通路として発達してきた。そのため沿岸では数多くの港町がみられる。江戸時代には沿岸の干潟や砂浜では（ 1 ）の生産が行われ，赤穂や伯方（はかた）などでは多くの（ 1 ）田があった。

現在，中国･四国地方で人口100万人を唯一超えるのが広島県広島市である。広島市は太田川の下流に砂や粘土が堆積してできた（ 2 ），すなわちデルタに広がる城下町として栄え，明治時代に入ると港が整備され，軍事都市の性格を持つ中国地方の中心都市として発展した。昭和20年，西暦（ 3 ）年８月６日に投下された（ 4 ）により広島市の市街地は破壊され，約14万人の犠牲者を出したといわれる。1960年代の（ 5 ）期になると瀬戸内海周辺には鉄鋼や石油化学などの工業が発達し，広島市は重工業や自動車産業を中心とする工業都市となった。1970年代になると広島市は周辺の町村との合併が進み，1980年には札幌市，川崎市，福岡市に続いて10番目の（ 6 ）都市となった。また広島市は国の出先機関や企業の支店などが置かれ，東海道・山陽（ 7 ）や航空機によって東京や大阪，福岡などの都市との結びつきが強まり，中国・四国の地方（ 8 ）都市としての重要性が高まっている。広島市は（ 6 ）都市になって以降，人口増加にともなって市内から周辺の丘陵地や太田川沿いに市街地が拡大し，都市化が進んでいった。その一方で若者の多くが進学や就職のため，工業の発達した広島市や岡山市，さらに近畿地方に転出し，中国・四国地方の山間部や離島は人口が著しく減少して（ 9 ）化が進んでいった。

問１ 文中の（1）～（9）に当てはまる語句を答えなさい。

問２ 札幌市と福岡市の雨温図を下のＡ～Ｃからそれぞれ選びなさい。

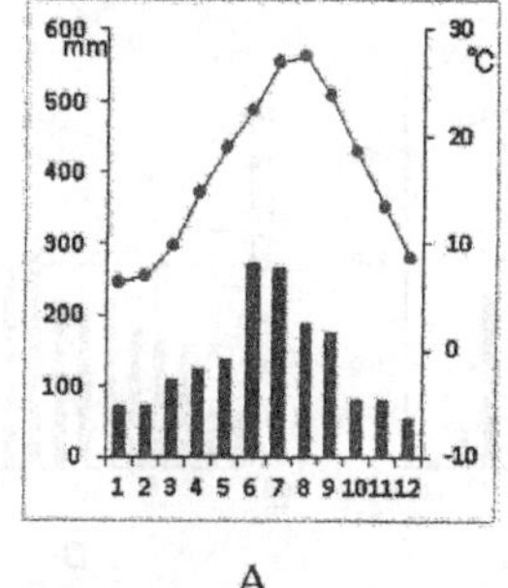

A

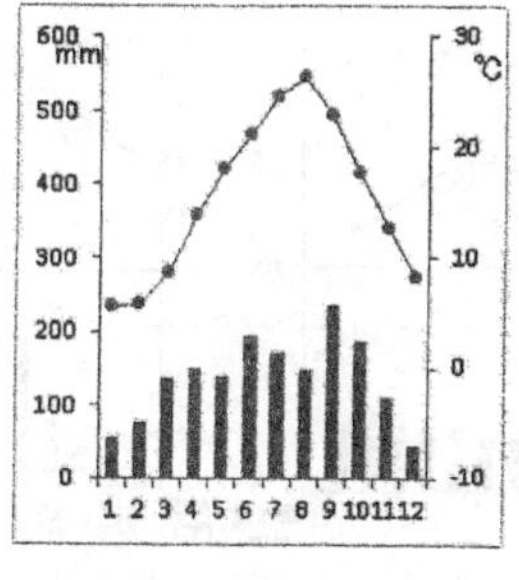

B

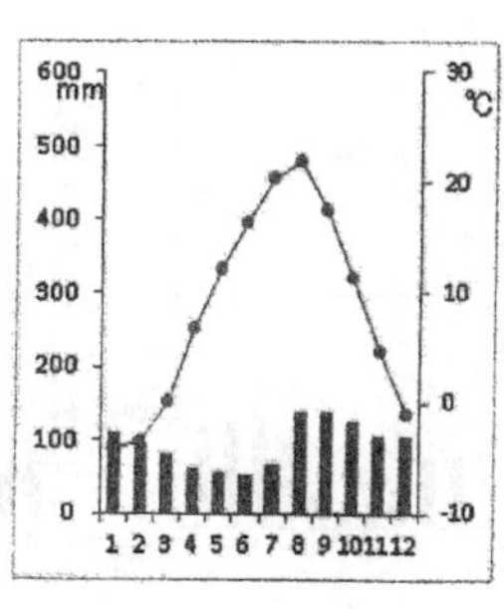

C

6　次の文章を読み，あとの問いに答えなさい。

2022年に，４年に一度のサッカーの祭典であるワールドカップが西アジアの①カタールで行われた。地域の予選を勝ち抜いてきた32か国がこの地に集い，１か月余りの戦いが繰り広げられた。日本もその１国である。日本は予選グループＥに所属し，同グループの相手国は②ドイツ・コスタリカ・スペインと強豪ぞろいであった。結果日本はこのグループを１位で通過し，決勝トーナメントへと進んだが，初戦で③クロアチアと対戦し，惜しくも敗退した。次回の2026年の④アメリカ・カナダ・メキシコ大会に期待が膨らむばかりである。熱戦を繰り広げた相手国はどんな国だったのか興味がわき調べてみた。

問１　下線部①について，カタールの位置を左下の地図の**ア**～**カ**から１つ選びなさい。

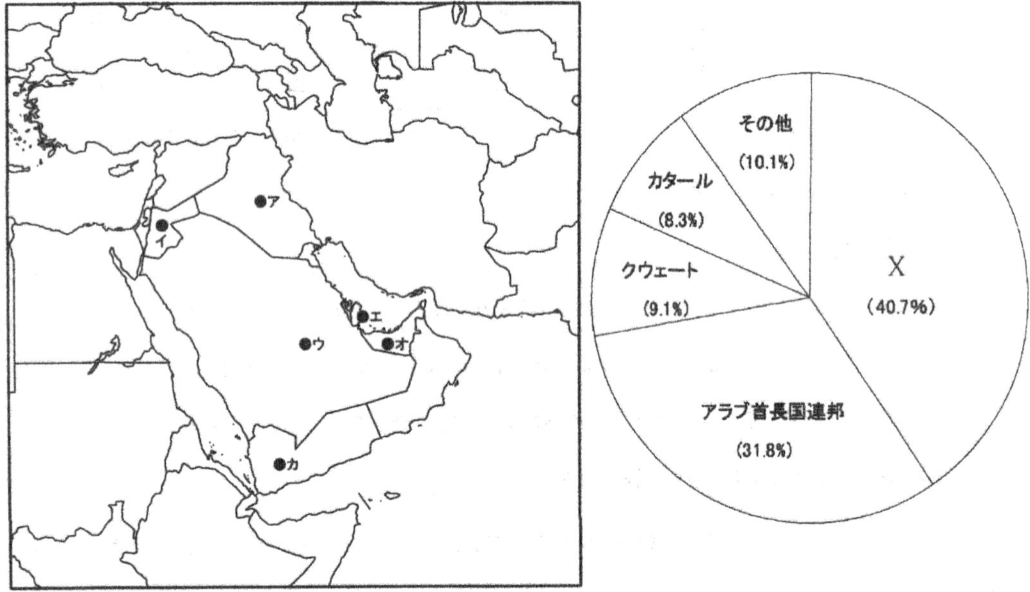

問２　日本は西アジアとの関わりが強い。特に原油の輸入においては重要な関係にある。右上の円グラフは日本の原油の輸入先（2020年財務省資料より）を表したものである。グラフ内のＸに該当する国名を答え，その国の位置を左上の地図の**ア**～**カ**から１つ選びなさい。また，原油価格の安定などを目的とし，1960年に結成された国際機関の略称をアルファベットで答えなさい。

問３　下線部②について，この３国と日本が該当する雨温図の組み合わせとして正しいものを㋐～㋓から１つ選びなさい。

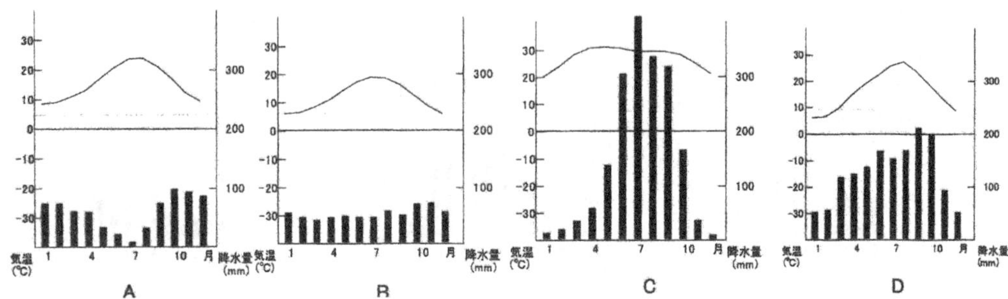

	(ア)	(イ)	(ウ)	(エ)
日本（東京）	C	B	C	D
スペイン	B	A	D	A
ドイツ	D	C	A	B
コスタリカ	A	D	B	C

問４　下線部②について，スペインのあるイベリア半島の沿岸において特殊な地形が見られる。下の特徴を読み，その地形名を答えなさい。

【特徴】

ⅰ　この地形は河川が削った山地の谷に海水が侵入し，形成された海岸地形である。

ⅱ　この地形はのこぎりの歯のような形で，日本でも三陸海岸や若狭湾が有名である。

問５　下線部②について，ヨーロッパの宗教についても調べてみた。下の文中の（１）～（３）に当てはまる語句を答えなさい。

ヨーロッパはキリスト教の信仰が多い事がわかった。キリスト教は３派に大別されている。その１派がローマを中心として古代から中世にかけヨーロッパに広まった（　１　）と聖像崇拝（すうはい）問題を契機としてローマから分裂した（　２　），16世紀にルターなどによる宗教改革により成立した（　３　）がある。スペインは（　１　）の信仰が多くドイツでは（　３　）が多い。また，コスタリカはスペインの植民地の歴史が長く（　１　）の信仰が多い。

問６　下線部②について，ドイツの工業について調べてみた。ドイツは第二次世界大戦後東西に分裂し，西ドイツは「奇跡の復興」と呼ばれる経済成長を遂げ，EU最大の工業生産力を持つようになった。この工業力を支えた要因の１つである国際河川名を答えなさい。また，ドイツ最大の工業地帯名を答えなさい。

問７　下線部③について，右の地図を参考にクロアチアの紹介文（次のページ）の空欄（１）～（５）に当てはまる語句を答えなさい。ただし，空欄（１）は８方位で答えなさい。

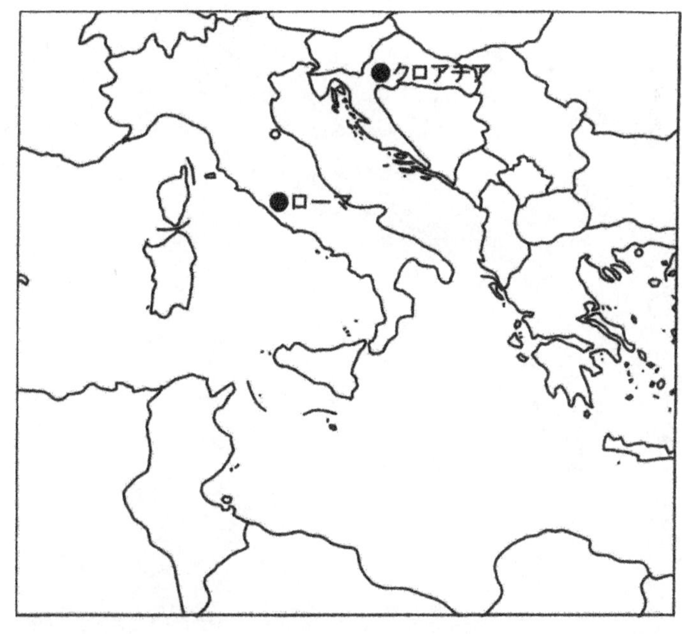

【紹介文】

クロアチア共和国はローマの（　1　）に位置し，（　2　）海の沿岸にある国である。（　2　）海の沿岸には水の都として有名な（　3　）などもあり，観光で訪れる外国人も多い地域である。クロアチア共和国は，男性会社員が身につけることの多い（　4　）の発祥の地としても有名である。気候は沿岸部ではイタリアやスペインと同じ（　5　）性気候であり，内陸部は温暖湿潤気候や大陸性気候が広がっている。

問８　下線部④について，相互の関税を大幅に引き下げた自由市場をつくることを目指し，この３国で結成された組織名をアルファベット５文字で答えなさい。

ア 太陽の下に候補者を並べ、よく確認した上で娘の相手を選ぶべきだ。

イ 太陽のように明るく、あたたかみのある者が娘の夫になってほしい。

ウ 世の中に並ぶ者がないほど素晴らしい者を、娘の結婚相手にしよう。

エ 誰もが知っている有名人が、自分の娘と結婚してくれないだろうか。

問4 空欄Ⅰには係りの助詞が入る。最も適当なものを、次の中から選びなさい。

ア ぞ　**イ** なむ　**ウ** や　**エ** か　**オ** こそ

問5 傍線部（2）「風を婿にせよ」とあるが、雲がねずみにこのように話したのはなぜか。六〇字以内で答えなさい。

問6 傍線部（3）「言ふ」・傍線部（4）「言ふ」の主語を、それぞれ次の中から選びなさい。

ア ねずみ　**イ** 日天子　**ウ** 黒き雲　**エ** 山風　**オ** 築地

問7 空欄Ⅱには同じ言葉が入る。本文中から抜き出しなさい。

問8 本文中には「　」をつけた箇所以外にも会話部分が一か所ある。その会話部分を探して、最初と最後の三字を抜き出しなさい。

問9 本文の内容に最も近いことわざを、次の中から選びなさい。

ア 良薬口に苦し　**イ** 灯台もと暗し

ウ 急がば回れ　**エ** 転ばぬ先の杖

問4　傍線部（2）「不本意」とあるが、どのような状況が「不本意」なのか。本文中から五字で抜き出しなさい。

問5　傍線部（3）「思い違い」とあるが、筆者が指摘する「思い違い」の説明として最も適当なものを、次の中から選びなさい。

ア　文章の批判を筆者に手紙で送り、自分の理論を正当化すること。
イ　文章でわからない言葉を辞書で調べもせずに、筆者を非難すること。
ウ　文章を読めていないのに、わからない部分を誤りだと判断すること。
エ　文章の内容を理解できないと決めつけて、読もうとしないこと。

問6　傍線部（4）『必然的な関係』とはどのような「関係」か。三〇字以内で答えなさい。

問7　傍線部（5）「ことば・文章を読むということの本質」とあるが、筆者の考える「本質」の説明として最も適当なものを、次の中から選びなさい。

ア　文章の意味を深く考えながら、丁寧に読み進めていくこと。
イ　文章に対する自己の意見を明確にし、筆者の論理と対比すること。
ウ　文章の意味がわからなくても、そういうものだと受け入れること。
エ　文章の意味がわからないときこそ、学ぶべき事象が見えてくること。

3　次の文章を読んで、後の問いに答えなさい。

ねずみの、娘をまうけて、「(1)天下に並びなき婿をとらむ。」と、①おほけなく思ひ企てて、「日天子（　Ⅰ　）世を照らしたまふ徳めでたけれ。」と思ひて、朝日の②出でたまふに、「娘をもちて候ふ。みめかたちなだらかに候ふ。③参らせむ。」と申すに、「我は世間を照らす(a)徳あれども、雲に会ひぬれば光もなくなるなり。雲を婿に取れ」と仰せられければ、「まことに。」と思ひて、黒き雲の見ゆるに会ひて、このよし申すに、「我は日の光をも隠す徳あれども、風に吹きたてられぬれば、何にてもなし。(2)風を婿にせよ。」と言ふ。「さも。」と思ひて、山風の吹けるに向かひて、このよし申すに、「我は雲をも吹き、木草をも吹きなびかす徳あれども、築地に会ひぬれば力なきなり。(b)築地を婿にせよ。」と(3)言ふ。「げに。」と思ひて、築地にこのよしを(4)言ふに、「我は風にて動かぬ徳あれども、ねずみに掘らるるとき、耐へがたきなり。」と言ひければ、「さては、（　Ⅱ　）は何にもすぐれたる。」とて、（　Ⅱ　）を婿に取りけり。

（『沙石集』による）

（注）＊みめかたちなだらかに候ふ…容姿も程よくございます。
＊まことに・さも・げに…本当に（仰る通りである）。
＊このよし申すに…このことの次第を申し上げると

問1　波線部①「おほけなく」・波線部②「出でたまふ」・波線部③「参らせむ」を現代仮名遣いに直し、全てひらがなで答えなさい。

問2　二重傍線部（a）「徳」の意味を漢字二字で答えなさい。また、二重傍線部（b）の読みを現代仮名遣いで答えなさい。

問3　傍線部（1）「天下に並びなき婿をとらむ」の現代語訳として最も適当なものを、次の中から選びなさい。

はこの文章は(b)ケッカン教材であると、クラス決議をし、筆者に通告することにしたとあるから、もう一度びっくりする。返事をしないのは、出来ないのだろう、といった調子である。もう大人気ないなどと言っていられる段階ではない。

それにしても、彼らの先生はどこで何をしているのか、顔さえも見えないのは不思議であるが、他のことに忙しくて生徒の自主学習的に委せているのだろうか。

つとめて感情的にならないように書いたつもりだったが、二度も腹を立てさせられているのだから、甘いことは言っていられない。諸君はこの文章が読めないのだ、ということを書いた。読めなくてもしかたがないが、わからないのは誤りだとするのは、たいへんな(3)思い違いである。不遜であるとも書いた。

「ことばとそれがあらわすものごととの間には何ら必然的な関係はない」ということがわからなかったら、一語一語、字引きを引いたりするのではなく、この文章をひっくりかえして、ことばとそれがあらわすものごととの間に必然的関係、つまり切っても切れぬ関係がある、としたらどうなるか、を考えなくてはならない。もしこのひっくりかえした文章が正しければ、さきの文は誤りになる。

(Ⅱ)、ことばとそれがあらわすものごとが切っても切れぬ関係になるとすれば、イヌということばはあの小動物と同じになる。つまり、イヌはどこの国でもイヌと呼ばれなくてはならない。実際には、イギリスのイヌはドッグ、ドイツのイヌはフントになる。つまり、イヌということばとイヌという動物の関係は任意の約束である。(4)「必然的な関係」ではない。

こんな(c)リクツを中学生にわからなくてはいけないというつもりはない。わからなくても、そういうものであると頭に入れればよい。それが読むということだ。そんな意味のことをくだくだ書いた。さすがに、もう何も言ってこなかった。

あとあと、憶い出すたびに不愉快になる〝事件〟であるが、これがきっかけになり、いつのまにか、(5)ことば・文章を読むということの本質を考えるようになったのは思わぬ収穫であった。

(外山滋比古『「読み」の整理学』による)

(注) ＊威たけ高…人に対して威圧的な態度をとるさま。
＊槍玉にあげた…非難・攻撃の目標にして責めた。
＊年端もいかない…年齢が一人前に達していない。幼い。
＊不遜…思いあがっていること。

問1　二重傍線部(a)~(c)のカタカナを漢字に直しなさい。

問2　空欄Ⅰ・Ⅱに入る語として最も適当なものを、それぞれ次の中から選びなさい。

ア　もし　イ　つまり　ウ　しかも
エ　しかし　オ　どうして

問3　傍線部(1)「教科書風に書き直した」とあるが、それはどういうことか。その説明として最も適当なものを、次の中から選びなさい。

ア　中学生にわかりやすい文章にすること。
イ　教科書検定が通るように訂正すること。
ウ　決められた字数と字体に修正すること。
エ　授業で朗読がしやすい文体にすること。

ある中学校国語科の検定教科書、三年用にわたくしの文章が載っていた。「虚々実々」という題がついているが、もともとは中学生向きに書いたものではない。教科書編集の人がはじめ教材にしたいと言ってきたとき、中学生には無理でしょうといったんは断った。しかし、どうしても載せたいと言われるので、多少、加筆したり、言い換えをしたりして、(1)教科書風に書き直した。しかし、まだ、わかりにくい文章である。

実際に、教室で使われるようになって、この文章のことがぼつぼつ伝わってくるようになった。(a)チュウショウ的でわかりにくい、おもしろくない、教えにくいなどといった苦情ばかりで、筆者としてははなはだ(2)不本意であった。やはり教材にはすべきではなかった。自分としてはぎりぎりのところまでやさしく書いたつもりであるが、あまり勉強熱心でもない生徒に読ませるのはまずかったと思っていたときである。

「この文章、間違っています。直してください」

そう言われたのである。はじめは、さほど驚きもしなかった。不適当な教材だから、こんな見当違いのことを言ってくるのだ、と軽く受け流した。というのも差出人が、三年二組クラス一同となっているのに心を許したのかもしれない。もののわからない中学生である。思いつきを、ことばも選ばずに、手紙に書いて寄こした、と思ったのである。

それにしても「間違っている」とは聞きずてならぬことばである。いやしくも検定も通った教科書である。中学生にもわかる誤りがあるはずがない、とは考えないのか。直せ、というのもこどもらしくない言い方だ。わけがわからなかったら、どういうことか説明して欲しいというのが筋だろう。頭から誤りと断定するのは乱暴である。考えているうちだんだん不愉快になった。大人気(おとなげ)なく怒って反論など書いてはみっともない、と思ったから、あえて無視することにした。手紙は説明を求めたり、返事をほしがっているのではなく、威(い)たけ高(だか)の命令調である。そんなものに、だれが返事をするものかと意地になった。にぎりつぶして、放っておいた。その中学校の生徒たちにかなり腹を立てていたから、手紙を書けば、それがあらわれることを怖れる気持ちもあった。

中学生が槍玉(やりだま)にあげたのは次の箇所である。

「ことばとそれがあらわすものごととの間には何ら必然的な関係はない」

自分で見ても、決して親切な書き方ではないし、一読してすらりと呑(の)みこめないことはよくわかる。しかし、あとの方を読んでいけば、具体例もあって、わかるようになっていると思っていた。この文だけをとりあげて「誤り」だときめつけられたのはおもしろくなかった。しかし、相手は年端(としは)もいかない中学生である。怒ったりしては大人気ない。

（　Ⅰ　）間違いだと断定したのか、はっきりしないが、彼らの手紙によると、辞書で一語一語をひいて意味を確かめたが、どうしても正しいとは考えられない。「直してください」と書いている。辞書をひけば正しい意味がとれると思うのは、中学生だからしかたがないが、文章を読む訓練を受けていないからである。辞書は単語の意味はある程度教えてくれるけれども、文章の意味のある部分は範囲外である。そういうこともわからずに辞書を使うのは辞書使いの辞書知らずである。生徒がそうであっても責めることはできない。先生だってわからない人がゴロゴロしている。

どれくらいたったか覚えていないが、同じ中学、同じクラス名で再度の手紙が届いた。なぜ返事をくれないのか、とある。実は、わがクラス

うな行為だと説明しているか。その説明として最も適当なものを、次の中から選びなさい。

ア　花を手に入れたいがために乱暴に枝を傷つけ、自分のものにする行為。

イ　花に自分の心の秘密を託し、相手に伝える、という意味を担った行為。

ウ　花のそばに行きたい、触れたいという思いのまま一途に行動する行為。

エ　大事な人に頼まれたり、何かを伝えたりするための、稀ではない行為。

問6　傍線部（5）「この歌でわかるのは、折った枝にはその人の心が移り住んでいる、ということだ」とあるが、和歌Ⅳ・Ⅴにおいて「折った枝にはその人の心が移り住んでいる」とはどういうことか。その説明として最も適当なものを、次の中から選びなさい。

ア　折った枝の香りには、花の命を断つことをためらった贈り主の優しさが偲ばれるということ。

イ　枝を折る際には、必ずその花になぞらえた一首の和歌を添えて贈らねばならないということ。

ウ　折った枝には、花が気持ちを代弁してくれることへの感謝の念が込められているということ。

エ　折った枝を受け取ると、その枝を折った人の心に秘められた恋心が伝わってくるということ。

問7　傍線部（6）「信如がにっこりしながら枝を折って、美登利を見つめながらそれを渡す、という場面に仕上げたなら、これは近代小説とはいえない」とあるが、筆者がこのように言うのはなぜか。その理由の説明として最も適当なものを、次の中から選びなさい。

ア　信如が直接枝を美登利に手渡して自分の思いを伝えたのでは、平安朝恋愛物語における型通りの和歌のやり取りにも及ばない、陳腐で情緒のない描写になってしまうから。

イ　信如が美登利に直接自身の恋心を伝えるような真似をしたのでは、折った枝に自分の心を託すという日本古来の恋愛術を、近代まで受け継いだ文芸として成立しないから。

ウ　信如が平安朝恋愛物語のような型にはまった行動で美登利に思いを伝えても、個の自我を意識した思春期の少年の微妙な心理を、みずみずしく描く作品にはならないから。

エ　信如が美登利の要望に応じて手折った枝を進んで手渡しても、枝に自分の心を託す意識がなければ、平安朝恋愛物語のロマンチックで風情のある場面を越えられないから。

問8　傍線部（7）「花の中には何が包まれているのか、読む者こそがその香りをかぐのである」とあるが、この比喩表現はどのようなことを言っているのか。六〇字以内で具体的に答えなさい。

2　次の文章を読んで、後の問いに答えなさい。

「この文章、間違っています。直してください」という手紙を受け取った。もう三十年も前のことである。

の歌を詠んでいる。人のとがめるような恋心を包んであるその、あなたの折った花の枝に、私は心惹かれる、と。

Ⅴ　折る人の心にかよふ花なれや色には出でず下に匂へる

――これは『源氏物語』「早蕨」で、匂宮が詠んだ歌である。折った人の心に沿った花なのだろうか、この紅梅は表面に咲き出さず、内側に香りを隠している、と。

この二首も、何かが隠されている。あからさまでない。心が包まれている。(5)この歌でわかるのは、折った枝にはその人の心が移り住んでいる、ということだ。こうして「枝を折る」「花を手折る」という行為は、その花に自分の心の秘密を託し、伝える、という意味を担ったのだった。

ところで信如は、喜んで美登利の願いを果たしたのではなく、(b)衆目の中、恥ずかしさでいっぱいだった。周囲の自分を見る目ばかりが気になって、適当に折って投げつけ、すたすたと歩いていってしまう。梅の花の色とか香りとか、そんなロマンチックな場面ではない。しかしもしここで、(6)信如がにっこりしながら枝を折って、美登利を見つめながらそれを渡す、という場面に仕上げたなら、これは近代小説とはいえない。それは型にはまった平安朝恋愛物語である。むしろこの場面で折られた枝は、私たち読者に渡されたのだ。(7)花の中には何が包まれているのか、読む者こそがその香りをかぐのである。

（田中　優子「樋口一葉『いやだ！』と云ふ」による）

（注）＊美登利・信如…明治の短編小説「たけくらべ」の登場人物。

＊後生…人におりいって事を頼み込むときに用いる語。お願いだから。

＊詞書…和歌の前書き。その歌の作られた事情などを簡単に紹介したもの。

＊紀友則・凡河内躬恒…『古今和歌集』の歌人。

＊薫物合わせ…よい香りを競い合う遊び。

＊光源氏・匂宮…『源氏物語』の登場人物。

＊近代小説…日本では、普通明治維新以降の文学を「近代文学」と言うが、西洋文学から学んだ新しい文学方法を提唱し、自覚された自我と社会の問題を描いた坪内逍遙や森鷗外、二葉亭四迷以降の文学を言う場合もある。

問1　二重傍線部（a）・（b）の漢字の読みをひらがなで答えなさい。

問2　傍線部（1）「誰にか見せん」の解釈として最も適当なものを、次の中から選びなさい。

ア　見せる人はいない。　イ　誰かに届けよう。

ウ　誰かには見せたい。　エ　知る人はいない。

問3　傍線部（2）「それ」とは具体的に何のことか。本文中から抜き出しなさい。

問4　傍線部（3）「これら三首には、共通した特徴がある」とあるが、「共通した特徴」とはどのような特徴か。本文中の表現を用いて四〇字以内で答えなさい。

問5　傍線部（4）「枝を折る、という行為」とあるが、筆者はどのよ

【国語】（五〇分）〈満点：一〇〇点〉

【注意】問いのうち、字数が指示されているものについては、句読点や符号も字数に含めて答えなさい。

1 次の文章を読んで、後の問いに答えなさい。

美登利と信如は同窓生である。ある日の学校帰り、「我れは一足はやくて(a)道端に珍しき花を見つくれば」、美登利は後から来る信如を待ち「これこんな美しい花が咲てあるに、枝が高くて私には折れぬ。信さんは背が高ければお手が届きましよ。後生、折って下され」と頼み込む。信如は「手近の枝を引寄せて好悪かまはず申訳ばかりに折りて、投つけるやうにすたすたと行過ぎる」のだった。

私の中にこのシーンが深く残っていたのは、ふたつの理由がある。ひとつは和歌の世界の「枝を折る」シーンと重なったからであり、もうひとつは仏教の世界の「樹下」のシーンと重なったからである。

Ⅰ　折りつれば袖こそにほへ梅の花ありとやここにうぐひすのなく　（詠み人しらず）

——花咲く梅の枝を折ると、袖にその香りが移る。そこにまるで梅の花があるかのように、袖でうぐいすが鳴いている。

「梅の花を折りて人に送りける」という詞書の後で、

Ⅱ　きみならで(1)誰にか見せん梅の花色をも香をも知る人ぞ知る　（紀　友則）

——あなた以外に（　　　）。あなたこそが、この梅の花の色も香りもわかる人だから。

両方とも『古今和歌集』の、枝を折る和歌の一部である。さらに、美登利と信如のシーン同様、「折って欲しい」と頼まれる歌もある。ある月夜、「梅の花を折りて」と、人が頼むので、そこで詠んだ歌。

Ⅲ　月夜には(2)それとも見えず梅の花香をたづねてぞ知るべかりける　（凡河内　躬恒）

——月夜には月光と白梅との見分けがつかない。香りでようやく、花のありかがわかる。

(3)これら三首には、共通した特徴がある。「そら梅が咲いているぞ」と、目の前にぐいと差し出したりはしない。梅はそこになかったり、見えなかったりする、という点だ。香りだけがあって梅はそこにはないとか、そういっている。大事なものは隠されている。(4)枝を折る、という行為は、花束を手に入れたいがために乱暴に自分のものにするという行為ではなく、「ゆかしい」という心情を表現したものなのだ。「ゆかしい」とは「行きたい」という意味である。そこまで行きたい、触れたい、しかしそうしない。枝を折るとしても、それはめったにあることではなく、大事な人に頼まれたり、大事な人に何かを伝えるためであった。

Ⅳ　花の枝にいとど心を染むるかな人のとがめん香をばつつめど

——『源氏物語』「梅枝」の、薫物合わせの場面である。光源氏がこ

大切なことはメモしておこうネ！

T.G

2023年度

解 答 と 解 説

《2023年度の配点は解答欄に掲載してあります。》

＜数学解答＞

1 (1) $-\frac{7}{60}$ (2) -97 (3) $18\sqrt{14}+112$ (4) $\frac{x+1}{3}$ (5) $2x-16$
(6) $a(x+5)(x-17)$

2 (1) $x=\frac{-2\pm\sqrt{2}}{2}$ (2) 7cm

3 (1) 15通り (2) $\frac{1}{15}$ (3) $\frac{4}{15}$ (4) $\frac{2}{5}$ (5) $\frac{3}{5}$

4 (1) 12 (2) $y=x+2$ (3) 9

5 (1) 3：2 (2) 2：1 (3) 6：4：5 (4) 4：9[2：3]

6 (1) × (2) ○ (3) × (4) × (5) ×

○配点○
各4点×25　計100点

＜数学解説＞

基本 1 (数・式の計算，平方根の計算，因数分解)

(1) $\frac{1}{3}-\frac{1}{4}-\frac{1}{5}=\frac{20-15-12}{60}=-\frac{7}{60}$

(2) $-2^2\times(-5)^2-(-3)^2\div(-3)=-4\times25-9\div(-3)=-100+3=-97$

(3) $(\sqrt{112}-\sqrt{8})(\sqrt{175}+\sqrt{98})=(4\sqrt{7}-2\sqrt{2})(5\sqrt{7}+7\sqrt{2})=2(2\sqrt{7}-\sqrt{2})(5\sqrt{7}+7\sqrt{2})=2(70+14\sqrt{14}-5\sqrt{14}-14)=2(9\sqrt{14}+56)=18\sqrt{14}+112$

(4) $\frac{7x-2}{3}-2x+1=\frac{7x-2-6x+3}{3}=\frac{x+1}{3}$

(5) $(x-8)(x+7)-(x+5)(x-8)=x^2-x-56-(x^2-3x-40)=x^2-x-56-x^2+3x+40=2x-16$

(6) $ax^2-12ax-85a=a(x^2-12x-85)=a(x+5)(x-17)$

2 (2次方程式，2次方程式の応用問題)

(1) $2x^2+4x+1=0$　二次方程式の解の公式から，$x=\frac{-4\pm\sqrt{4^2-4\times2\times1}}{2\times2}=\frac{-4\pm\sqrt{8}}{4}=\frac{-4\pm2\sqrt{2}}{4}=\frac{-2\pm\sqrt{2}}{2}$

(2) AP$=x$cm$(x>6)$とすると，PB$=12-x$　仮定から，$x^2+(12-x)^2=74$　$x^2+(144-24x+x^2)=74$　$2x^2-24x+70=0$　$x^2-12x+35=0$　$(x-5)(x-7)=0$　$x>6$から，$x=7$　よって，7cm

3 (場合の数，確率)

基本 (1) 選び方は，(A，B)，(A，C)，(A，D)，(A，E)，(A，F)，(B，C)，(B，D)，(B，E)，(B，F)，(C，D)，(C，E)，(C，F)，(D，E)，(D，F)，(E，F)の15通り

基本 (2) A，Bの2人が選ばれるのは1通りだから，求める確率は，$\frac{1}{15}$

(3) Cが選ばれ，Dが選ばれない場合は，(A，C)，(B，C)，(C，E)，(C，F)の4通り　よって，求める確率は，$\frac{4}{15}$

(4) EもFも選ばれない場合は，(A，B)，(A，C)，(A，D)，(B，C)，(B，D)，(C，D)の6通り　よって，求める確率は，$\frac{6}{15}=\frac{2}{5}$

(5) EかFの少なくとも1人は選ばれる場合は，(4)から，15－6＝9(通り)　よって，求める確率は，$\frac{9}{15}=\frac{3}{5}$

4 (図形と関数・グラフの融合問題)

基本 (1) $y=\frac{1}{3}x^2$に$x=6$を代入して，$y=\frac{1}{3}\times6^2=12$　よって，点Dのy座標は12

(2) $y=x^2$に$x=-1$，2を代入して，$y=(-1)^2=1$，$y=2^2=4$　よって，A$(-1, 1)$，B$(2, 4)$　直線ABの傾きは，$\frac{4-1}{2-(-1)}=\frac{3}{3}=1$　$y=x+b$に点Aの座標を代入して，$1=-1+b$　$b=2$　よって，直線ABの式は，$y=x+2$

重要 (3) 点Dのx座標をdとすると，D$\left(d, \frac{1}{3}d^2\right)$　点Aは，$3-(-1)=4$より，x軸方向へ4移動しているから，$d=2+4=6$　(1)から，D(6，12)　点Bは，12－4＝8より，y軸方向へ8移動しているから，点Cのy座標は，1＋8＝9

5 (平面図形の計量問題―平行線と線分の比の定理，面積比)

基本 (1) 平行線と線分の比の定理から，BG：GE＝BC：AE＝6：4＝3：2

(2) BE：EF＝AE：ED＝4：(6－4)＝4：2＝2：1

重要 (3) 3＋2＝5から，BEを5と2の最小公倍数10とすると，BG：GE＝3：2＝6：4　BE：EF＝2：1＝10：5　よって，BG：GE：EF＝6：4：5

重要 (4) △ABG∽△CFGで相似比は，BG：FG＝6：(4＋5)＝6：9＝2：3　よって，面積比は，△ABG：△CFG＝2^2：3^2＝4：9
(△ABG：△CFGは通常，面積比を表すが，設問の仕方に不備があったため，相似比である2：3も可とする。)

6 (統計―箱ひげ図の読み取り方)

基本 (1) 商品Aの中央値は34個だから，正しくない。

基本 (2) 商品Aの第3四分位数は42個，商品Bの第3四分位数は48個だから，正しい。

(3) 商品Bの第3四分位数が48個から，個数が多い方から15番目と16番目は48個の可能性があるので，正しくない。

(4) この箱ひげ図では，平均値を読みとることはできないので，正しくない。

(5) 商品Aの中央値は34個，商品Bの中央値は42個から，販売数が40個以上の日は，商品Bの方が多いので，正しくない。

★ワンポイントアドバイス★

5(3)のように2つの比から連比を求めるときは，まず共通な部分を見つけ，その値の最小公倍数で一致させる。しっかりコツをつかんでおこう。

<英語解答>

I　問1　[1] A　[2] B　[3] B　[4] B　[5] C　[6] A
問2　[1] D　[2] B　[3] C

II　問1　A ア　B ウ　C ア　問2　It takes just five minutes to walk from (here.)
問3　イ　問4　1 ○　2 ×　3 ○　4 ○　5 ×

III　問1　A 5　B 8　C 10　D 4　E 2　F 6　G 1　H 7　I 3
J 9　問2　1 Emission　2 ferment　3 a food addition
問3　1 消化器官　2 大気　3 地球温暖化

IV　問1　the island looks like a battleship　問2　for　問3　ウ　問4　seeing
問5　(It has) been about 50 years since the people left the island(.)　問6　イ
問7　a garden on the top of an apartment　問8　ウ，エ，キ

○配点○
I問1・II問1，問4・III・IV問2～問6　各2点×35　他　各3点×10　計100点

<英語解説>

I　リスニング問題解説省略。

II　(会話文)

(全訳) Saki　：今日時間を割いてくれてありがとう。会えてとても嬉しいです。
Wong：あなたに神戸市を紹介できて私もとても嬉しいです。今日は十分に時間があるので，繁華街を見て回ることができますよ。Aどこに行きたいですか？そこに連れて行きましょう。
Saki　：私の神戸への初めての訪問なので，あまり知らないんです。あなたのお気に入りの場所はどこですか？
Wong：私のお気に入りの場所の一つは南京町エリアです。観光客や地元の人々にも有名な観光スポットです。
Saki　：良いですね！そこで何ができますか？
Wong：そこは中国のような雰囲気があり，美味しい中華料理がたくさんあります。私も故郷が恋しくなったときによく行きます。
Saki　：すごい。中華料理大好きです。ぜひ行きたいです！Bどうやって行くんですか？
Wong：実はもうすぐ近くにいます。大きな赤い門が見えますか？それが南京町の入口です。ここから歩いてほんの5分です。
Saki　：本当に？行かなくては！Cなぜそこに中華街があるんですか？
Wong：ここの歴史は長いです。明治時代にさかのぼります。日本が神戸港を外国に開放したとき，多くの中国人がここ付近に住んでいました。それがこの町の起源です。
Saki　：それは知っておく価値がありますね。食事を楽しむだけでなく，歴史も学べます。
Wong：時間があれば，関帝廟に連れて行きたいです。中国式のおみくじを試してみたいですか？中国では，おみくじの引き方が日本とは異なります。
Saki　：もちろん！今日は素晴らしい日になるでしょう！

問1　A　この後で「そこに連れて行く」と述べているので，場所を尋ねていると判断できる。
B　この後で「実は近くにいる」と述べていることから，場所への行き方を尋ねる表現が適切である。　C　この後で，なぜ中華街がそこにあるかを説明していることから，中華街の存在理由を尋ねる表現が適切である。

問2 〈it takes ＋時間＋ to ～〉「～するのに…かかる」

基本 問3 Of course.「もちろん」

問4 1 「Wong は Saki を神戸市内に案内するのがうれしい」 Wong は Saki を神戸市内に案内するのがうれしいので適切。 2 「Saki は以前神戸を訪れたことがある」 Saki は神戸を初めて訪れたので不適切。 3 「Wong と Saki は中国料理を楽しみ，中国の歴史を学ぶ」 二人は中華料理を楽しむだけでなく，南京町の歴史も学ぶので適切。 4 「南京町の歴史は明治時代に始まった」 南京町の歴史は明治時代に始まったので適切。 5 「中国と日本でのおみくじの引き方は同じだ」 中国と日本でのおみくじの引き方は異なるので不適切。

Ⅲ （長文読解：説明文：適語選択，語句）

重要 問1 （A） 「方法を探しています」という文から，for が最も適切である。look for「～を探す」

（B） 「動物が消化器官から放出する」という文から，from が適切である。

（C） 「小さなことのように」という文から like が適切である。seem like「～のように思える」

（D） 「ニュージーランドには500万人しかいません」という文から「There」が適切である。There are で存在を示すことができる。

（E） 「大量のガスを放出します」という文から of が適切である。a lot of ～「たくさんの～」

（F） 「牛肉を食べたり，牛乳を飲んだり」という文から「or」が適切である。or は「～または～」という意味で，選択を示す接続詞である。

（G） 「牛から出るガスの量」という文から「that」が適切である。that は主格の関係代名詞。

（H） 「という話もまたあります」という文から also が適切である。

（I） 「削減することを」という文から「to」が適切である。不定詞の名詞的用法である。

（J） 「2050年までに」という文から，期限を表す by が適切である。

問2 1 排出－英文では「emission」という単語が「排出」という意味を持っている。

2 ～を発酵させる－英文で「ferment」は「発酵させる」という動詞として使われている。

3 食品添加物－英文では「a food addition」という語句が「食品添加物」として翻訳されている。

問3 1 digestive system－英文の “digestive system” は日本語で「消化器官」と翻訳されている。 2 atmosphere－英文の “atmosphere” は日本語で「大気」と翻訳されている。

3 global warming－英文の “global warming” は日本語で「地球温暖化」と翻訳されている。

重要 Ⅳ （長文読解・説明文：適語補充，語句整序[現在完了]，要旨把握，内容吟味）

（全訳） 2015年，①端島(別名：軍艦島)は世界遺産になった。そのため，世界中の多くの人々がこの島に興味を持つようになった。端島は軍艦のように見えるので軍艦島と呼ばれる。この島は長崎県にある。東京ドームより少し大きな小さな島だ。

現在，端島には誰も住んでいないが，1974年まで人々が島に住んでいた。島は石炭で有名だった。石炭は1810年に初めて島で見つかった。多くの労働者とその家族が島に移住し始めた。1959年には，5,000人以上が住んでおり，その当時の人口密度は世界で最も高かった。

端島での生活はどのようなものだったか。島の半分は鉱山の作業のために使われ，残りの半分は住居，学校，レストラン，店舗，病院，映画館のために使われていた。彼らはアパートの屋上に庭を作った。それは日本での新しいアイディアだった。

1974年4月，鉱山は閉鎖された。それは石油が日本の主要なエネルギー源となったからだ。そのため，端島の人々は島を離れる必要があった。その後，長い間，人々は島に行くことができなかった。④しかし，2009年に島は観光客に開放された。現在，ほとんどの訪問者は観光客だ。彼らはツアーに参加すると，船で島に行くことができる。島で，彼らは1916年に建てられた日本初の高い鉄筋コンクリート製のアパートを含む古い建物を⑤見て楽しむことができる。⑥島を離れてから約50年が経っている。いくつかの建物は崩壊の危険がある。鉄筋コンクリートのアパートも崩壊しそうだ。今が島を訪れるときだ。最後のチャンスかもしれない。

問1　この文は端島が軍艦のように見えるため，軍艦島と呼ばれていることを示している。

問2　be famous for ～「～で有名だ」／ for a long time「長い間」

問3　前文では島に行くことができなかったことを述べており，しかし2009年に島が観光客に開放されたと続けている。そのため However が適切。

問4　前に enjoy という動詞があるので，動名詞が適切である。

問5　〈It has been ＋時間＋ since ＋過去の出来事〉「～から…経った」

問6　「今，誰が端島に住んでいるか？」　第2段落第1文参照。「現在，端島には誰も住んでいない」と明記されている。

問7　第3段落参照。アパートの屋上に庭を作ったことが日本での新しいアイディアであったと記述されている。

問8　ア　「端島には楽しむ場所がなかった」　第3段落第2文参照。映画館があったので不適切。　イ　「観光客が端島を訪れるためにツアーに参加する必要はない」　最終段落第6文参照。ツアーに参加すると島に行けるとあるので不適切。　ウ　「1959年に端島の人口密度は世界で最も高かった」　第2段落最終文参照。「1959年には5,000人以上の人々がそこに住んでおり，その時点での人口密度は世界で最も高かった」とあるため適切。　エ　「石油が主要なエネルギー源となったため，端島の人々は島を離れた」　第4段落第1文参照。「1974年4月，石油が日本の主要なエネルギー源となったため，鉱山は閉鎖された。したがって，端島の人々は島を離れる必要があった」とあるため適切。　オ　「島の建物は1つだけが崩壊しそうだ」　最終段落第9文参照。いくつかの建物が崩壊の危機にあるため不適切。　カ　「端島には子供たちのための学校がなかった」　第3段落第2文参照。学校があったと述べられているため不適切。　キ　「端島は世界遺産になり，多くの人々がそれに興味を持った」　第1段落参照。「2015年，端島，通称軍艦島は世界遺産となった。したがって，世界中の多くの人々がこの島に興味を持つようになった」とあるため適切。

★ワンポイントアドバイス★

問題数が多いため，すばやく問題を解く必要がある。過去問や問題集を用いて，数多くの読解問題に触れるようにしたい。

＜理科解答＞

1　問1　A　400　B　レボルバー　C　暗く　D　しぼり　E　根冠　F　成長点
問2　④　問3　（図）　問4　（名称）　葉緑体　（大きさ）　0.005mm
問5　近くなる　問6　0.225mm/分
問7　0.01mm　問8　①

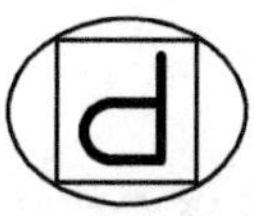

2　問1　電解質　問2　$KOH \rightarrow K^+ + OH^-$　問3　青色から緑色　問4　2：1

3　問1　A　火成岩　B　堆積岩［チャート］　C　深成岩　D　等粒状　E　はんれい
F　断層　問2　8個　問3　ヘリウム　問4　サンヨウチュウ，フズリナ
問5　酸素を多く含む動脈血と酸素をあまり含まない静脈血が混ざる点　問6　②

問7　4枚

4　問1　フック(の法則)　問2　③　問3　40g　問4　16cm

5　問1　化合　問2　②　問3　13.2g

6　問1　A　シベリア　B　季節風　C　熱帯低気圧　D　上昇気流　E　積乱雲
問2　番号　①　理由　①の方が等圧線の間隔が狭いから　問3　反時計回りの向き
問4　932.4hPa　問5　18.9%

7　問1　オームの法則　問2　15Ω　問3　4倍

○配点○

1　問1　各1点×6　問6, 問7　各4点×2　他　各2点×5(問4完答)　2　問4　4点
他　各2点×3　3　問1　各1点×6　他　各2点×6(問4完答)　4　問1, 問2　各2点×2
他　各4点×2　5　問3　4点　他　各2点×2　6　問1, 問2番号　各1点×6
問2理由, 問3　各2点×2　他　各4点×2　7　問1　2点　他　各4点×2　計100点

＜理科解説＞

1　(その他―顕微鏡の使い方)

基本　問1　A　顕微鏡の倍率は，接眼レンズの倍率×対物レンズの倍率である。10×40＝400(倍)になる。
B　対物レンズを取り付ける部分をレボルバーという。これを回転させてレンズの倍率の大きいものに換える。　C　顕微鏡の倍率を上げると，視野は暗くなる。
D　反射鏡の角度を変えたり，しぼりを調節して光の量を増やす。
E　根の先端部分を根冠という。根冠は成長点を保護する。
F　根冠の上の部分を成長点といい，細胞分裂が活発に起こっている場所である。

問2　試料を観察するときは，初めは低倍率で観察する部分を視野の中央に移動させ，その後倍率を上げて観察する。

重要　問3　顕微鏡に写る像は，実際の像と上下左右が逆になる。

問4　接眼ミクロメーター1目盛りの大きさが0.0025mmなので，2目盛りでは0.0025×2＝0.005(mm)の大きさである。緑色の物体は葉緑体である。

問5　対物レンズの倍率が高くなると，レンズとプレパラートの距離が短くなる。

重要　問6　接眼ミクロメーター18目盛り分の距離は18×0.0025mmである。これを進むのに12秒つまり12÷60＝0.2(分)かかるので，細胞質流動の速度は18×0.0025÷0.2＝0.225(mm/分)である。

重要　問7　倍率を2倍に上げると，接眼ミクロメーターの1目盛りの大きさが2分の1になる。対物レンズの倍率を40倍から10倍にするので倍率が4分の1になり，接眼ミクロメーターの1目盛りの大きさが4倍になる。よって接眼ミクロメーター1目盛りの大きさは，0.0025×4＝0.01(mm)になる。

問8　根の先端部分から離れた細胞は，核の大きさは変わらないが細胞が大きくなるので，細胞の体積に対して核の占める割合が小さい。

2　(酸とアルカリ―酸とアルカリの性質)

基本　問1　水に溶けてイオンに分かれる物質を電解質という。

重要　問2　水酸化カリウムは，水に溶けてカリウムイオンと水酸化物イオンに電離する。イオン反応式は次のとおり　$KOH \rightarrow K^{+} + OH^{-}$

基本　問3　BTB溶液はアルカリ性で青色，中性で緑色，酸性で黄色になる。アルカリ性の水酸化カリウム水溶液に酸性のうすい硫酸を加えるので，徐々に中性に近づく。

問4　硫酸の化学式はH_2SO_4である。中和反応では，酸から生じる水素イオンとアルカリから生じる

水酸化物イオンの数が同じになる。硫酸の数を1とすると，これから生じる水素イオンは2になり，それとちょうど反応する水酸化カリウムも2になる。よってカリウムイオンと硫酸イオンの数の比は2：1になる。

3 （地学・生物総合―総合問題）

基本 問1 A マグマが冷えてできる岩石を火成岩という。 B 石や砂，泥が堆積してできた岩石を堆積岩という。 C マグマが地下の深い場所でゆっくりと冷えてできた岩石を深成岩という。マグマが急激に冷えてできる岩石を火山岩という。 D 深成岩の特長は，鉱物の大きさが同じくらいの等粒状組織である点。火山岩は，大きな鉱物の部分(斑晶)がガラス質の石基の間に混ざっている斑状組織である。 E 深成岩には，花こう岩，閃緑岩，はんれい岩があり，花こう岩は白っぽく，閃緑岩，はんれい岩になるにつれ徐々に色が黒っぽくなる。火山岩には流紋岩，安山岩，玄武岩があり，この順番に徐々に色が黒っぽくなる。 F 地層が周囲から押されたり引っ張られて，ずれが生じた部分を断層という。

重要 問2 太陽系の惑星は内側から，水星，金星，地球，火星，木星，土星，天王星，海王星の8個である。冥王星は準惑星と呼ばれる。

問3 太陽は水素とヘリウムによってできている。太陽の内部で水素原子が核融合反応によってヘリウムに変わり，その際に膨大なエネルギーが放出される。

問4 サンヨウチュウ，フズリナは古生代の示準化石である。ビカリア，マンモスは新生代，アンモナイトは中生代の示準化石である。アノマロカリスは，古生代カンブリア紀に繁栄した捕食動物である。

重要 問5 肺から酸素を多く含む動脈血が戻ってくるが，これと全身から戻る静脈血が心室で混ざり合うので，血液による酸素の運搬の点では効率が悪い。

問6 胆汁は脂肪を分解しやすい形に変える働きがあるが，消化酵素は含まない。

問7 日本列島は，太平洋プレート，フィリピン海プレート，ユーラシアプレート，北米プレートの4つのプレートの上にある。

4 （力・圧力―ばねの弾性）

基本 問1 ばねの伸びは，ばねにかかる力の大きさに比例する。この法則をフックの法則という。

重要 問2 ばねの先端におもりによる重力がかかり，それと同じ大きさで逆向きにばねの弾性力が働く。

問3 グラフより，8.0cmの伸びの時のおもりの重さは40gである。

問4 おもりの重さが2倍になるので，伸びも2倍の16cmになる。

5 （物質とその変化―鉄と硫黄の反応）

問1 2種類以上の物質が結びついて新しい物質ができることを「化合」という。

基本 問2 1種類の物質だけでできるものを純物質といい，2種類以上の物質が混ざり合ったものを混合物という。鉄も鉄と硫黄の反応でできる硫化鉄も，どちらも純物質である。

重要 問3 グラフより，70gの鉄と40gの硫黄がちょうど反応し，110gの硫化鉄ができる。8.4gの鉄から生じる硫化鉄の質量をx(g)とすると，70：110＝8.4：x x＝13.2gである。

6 （天気の変化―天気図）

基本 問1 A 冬の日本付近では，大陸のシベリア高気圧の勢力が強まり，日本列島に向かって風が吹く。 B 冬の時期には北西の季節風が吹き，日本海で水蒸気を含んだ空気が，日本海側に大雪を降らすことが多い。 C 台風は赤道付近で発生した熱帯低気圧が発達したものである。最大風速17.2m/s以上のものを台風という。 D 台風の中心に向かって周囲から風が吹き込み，中心部では激しい上昇気流が発生する。 E 上昇気流によって上空に運ばれた水蒸気を多く含んだ空気は，積乱雲となって大雨を降らせる。

問2　等圧線の間隔が狭いところほど気圧の差が大きく，風が強い。図では①の方が等圧線の間隔が狭く，風が強い。

基本 問3　北半球では，台風の中心に向かって反時計回りで風が吹き込む。

問4　標高が10m上がるごとに気圧が1.2hPa下がるので，530mでは1.2×53＝63.6(hPa)低下する。藻岩山の山頂での実際の気圧は996－63.6＝932.4(hPa)である。

重要 問5　温度が14℃で湿度が30％なので，実際の水蒸気量は12×0.3＝3.6(g/m^3)である。22℃における飽和水蒸気量は19g/m^{3}なので，このときの湿度は(3.6÷19)×100＝18.94≒18.9(％)である。

7　(電流と電圧―オームの法則)

基本 問1　抵抗を流れる電流の大きさは，抵抗の両端にかかる電圧の大きさに比例する。これをオームの法則という。

重要 問2　並列部分のR_1とR_2の抵抗の合計の大きさは5Ωであり，これとR_3を合わせた回路全体の合成抵抗の大きさは15Ωになる。

重要 問3　抵抗R_2を流れる電流の大きさをi(A)とすると，抵抗R_3を流れる電流の大きさは2i(A)である。(電力)＝(電流)×(電流)×(抵抗)となるので，R_3で消費される電力はR_2の4倍になる。

★ワンポイントアドバイス★

すべて標準的な問題であるが，問題数が多いので素早く解答する必要がある。理科全般の幅広く，確実な知識が求められる問題である。

＜社会解答＞

1　問1　1　ウ　2　イ　3　キ　4　カ　問2　日本銀行券　問3　発券
問4　政府　問5　銀行

2　問1　1　オ　2　イ　3　カ　4　エ　5　ア　問2　東京都　問3　地方裁判所
問4　法テラス　問5　A　三審制　B　独立　C　裁判員

3　問1　ウ　問2　源実朝　問3　六波羅探題　問4　エ　問5　建武の新政
問6　イ　問7　勘合貿易　問8　足利義昭　問9　本能寺の変　問10　エ

4　問1　ウ　問2　田沼意次　問3　ウ　問4　異国船打払い　問5　イ　問6　エ
問7　ウ

5　問1　1　塩　2　三角州　3　1945　4　原子爆弾[原爆]　5　高度経済成長
6　政令指定　7　新幹線　8　中枢　9　過疎　問2　(札幌市)　C
(福岡市)　A

6　問1　エ　問2　(国名)　サウジアラビア　(地図)　ウ　(機関名)　OPEC　問3　エ
問4　リアス海岸　問5　1　カトリック　2　正教会[東方正教会]
3　プロテスタント　問6　(河川名)　ライン川　(工業地帯)　ルール工業地帯
問7　1　北東　2　アドリア　3　ヴェニス[ヴェネツィア]　4　ネクタイ
5　地中海　問8　NAFTA[USMCA]

○配点○

1　各2点×8　2　問1　各1点×5　他　各2点×6　3　各2点×10　4　各2点×7
5　各1点×11　6　問2国名・機関名・問6・問8　各2点×5　他　各1点×12　計100点

＜社会解説＞

1 （公民―経済生活）

問1 (1) 銀行の筆頭に挙げられるのが発券銀行としての日本銀行である。そして，私たちが普段利用している銀行は，普通銀行と呼ばれ，都市銀行，地方銀行，第2地方銀行，外資系銀行，その他銀行などに分類される。 (2) 元金とは，住宅ローンや消費者金融などを利用しつつお金を借りた場合における，支払う利子を除いた返すべき借りたお金である。 (3) 利潤とは，利益やもうけのことである。銀行の場合，貸し出し先から利子を取り，預金者に，利子を支払う。したがって，貸し出し利率は預金利率を上回ることによって，その差が利潤となる。 (4) 日本銀行は我が国の中央銀行で，唯一の発券銀行でもある。

問2 日本銀行券とは，日本銀行の発行する銀行券である。日本の場合，紙幣の正式名称はこの「日本銀行券(日銀券)」である。たとえば，1万円札の正式名称は「一万円券」となる。

問3 発券銀行とは。銀行券を発行する権能を有する銀行であり，日本では，日本銀行が唯一の発券銀行である。

問4 日本銀行は，「政府の銀行」として，国と個人や企業との間で生じるお金のやり取りに関する業務を行っており，国の資金を政府預金として預かっている。

問5 日本銀行は，「銀行の銀行」として，金融機関との当座預金取引を通じて，各金融機関名義の当座預金口座の受払事務を行っている。

2 （公民―政治のしくみ）

問1 (1) 控訴は，第一審の判決に対して不服がある場合に，上級の裁判所に対してその判決の確定を遮断して新たな判決を求める不服申立てをいう。 (2) 上告は，第二審の判決に対して不服があるとき，上級の裁判所に対し，原判決の取消し又は変更を求める申立てをいう。 (3) 司法権の独立とは，「裁判所や裁判官は，国会や内閣などから干渉を受けずに裁判をする」という原則である。 (4) 国会議員による弾劾裁判による罷免が確定した場合は，裁判官の身分は保障されない。 (5) 最高裁判所裁判官に対する国民審査による罷免が確定した場合も，裁判官の身分は保障されない。

問2 最高裁判所は，東京都千代田区の国会議事堂となりにある。

基本 問3 下級裁判所とは，最高裁判所以外の裁判所の総称で，高等裁判所・地方裁判所・家庭裁判所・簡易裁判所の4種がある。

問4 法テラスは“全国どこでも法的トラブルを解決するための情報やサービスを受けられる社会の実現”という理念の下に，国民向けの法的支援を行う中心的な機関として設立された。それは「司法制度改革」の三本柱のひとつでもある。正式名称は「日本司法支援センター」である。

問5 (A) 三審制とは，「第一審」，「第二審(控訴審)」，「第三審(上告審)」という三つの裁判所を設けることで，原則3回まで審理を受けることができる制度である。 (B) 司法権の独立とは，裁判所の判断に他の機関が介入できないような制度のことをいう。具体的には，「裁判所の独立」と「裁判官の独立」の2つがある。 (C) 裁判員制度は，刑事裁判に，国民から選ばれた裁判員が参加する制度で，裁判員は，刑事裁判の審理に出席して証拠を聞き出し，裁判官と対等に論議して，被告人が有罪か無罪かを判断する。有罪の場合には，さらに，法律に定められた範囲内で，どのような刑罰を宣告するかを決める。（重要）

3 （日本の歴史―政治・外交史，社会・経済史，日本史と世界史の関連）

問1 源頼朝は，義経をかくまったという理由で，奥州藤原氏を滅ぼした。

問2 源実朝は，鎌倉幕府第3代征夷大将軍で，鎌倉幕府を開いた源頼朝の次男として生まれ，兄の頼家が追放されると12歳で征夷大将軍 に就いた。

問3 六波羅探題は，1221年の承久の乱後，鎌倉幕府が京都に置いた役職で，朝廷を監視し，西国の武士を取り締まるために設置された。

やや難 問4 日明貿易が始まったのは1368年，琉球王国建国は1429年，御成敗式目制定は1232年，したがって，3つとも承久の乱(1221年)以後の出来事である。

問5 建武の新政とは，1333年に後醍醐天皇が「親政」(天皇が自ら行う政治)を開始したことにより成立した建武政権の新政策である。

問6 後醍醐天皇の建武の新政は，足利尊氏の反乱によって，わずか，2年で失敗した。その後，尊氏は京都に入り，別の天皇をたてた(北朝)。それに対して後醍醐天皇は，吉野に逃れ，仮の御所をたてた(南朝)。これにより，南北朝時代が始まることとなった。

問7 勘合貿易とは，室町時代，勘合符を用いて行なった合法的日明貿易である。幕府の朝貢の形式をとったが経営は有力守護大名や寺院が行い，応仁の乱後は大内氏が独占した。

問8 室町幕府は，第15代征夷大将軍足利義昭が，織田信長によって京都から追放されたことで滅亡した。

問9 本能寺の変とは，1582年に起こった明智光秀による襲撃事件のことである。この事件によって織田信長は自害し，その後の日本が大きく揺らぐ結果となった。

問10 秀吉が行った朝鮮出兵とは，文禄の役(1592年～1593年)と慶長の役(1597年～1598年)を合わせた二つの戦役のことである。したがって，エが誤りとなる。

4 (日本の歴史―政治・外交史，社会・経済史，日本史と世界史の関連)

問1 上げ米の制と公事方御定書は，徳川吉宗による享保の改革での政策である。

問2 天明のききんが起きたときは，老中田沼意次が改革を行っていた時である。

問3 人足寄場とは，老中松平定信が，寛政の改革の政策としてつくった自立支援のための収容所のことである。たんに寄場とも言われた。無宿人，刑期を終えた浮浪人などに仕事を覚えさせ，まっとうな仕事につかせようというものであった。

問4 異国船打払令は，江戸幕府が1825年に発した外国船追放令のことである。無二念打払令，外国船打払令とも言われ，日本の沿岸に接近した外国船を見つけ次第，砲撃するよう命じたものである。

問5 高野長英は，江戸時代後期の医者・蘭学者で，江戸幕府の異国船打払令を批判し開国を説くが，弾圧を受け死去した。明治時代になった，1898年(明治31年)7月4日，その功績により正四位を追贈された。

問6 エは，松平定信の政策である棄捐令のことであり，これは，幕府が財政難に陥った旗本・御家人を救済するために，債権者である札差に対し債権放棄・債務繰延べをさせた武士救済法令である。したがって，エは誤りである。

基本 問7 徳川吉宗(天保の改革)，松平定信(寛政の改革)，水野忠邦(天保の改革)となる。

5 (日本の地理―気候，諸地域の特色，交通，その他)

問1 (1) 塩づくりの原料を海水に頼る日本では，古くから塩浜法が行われ，江戸時代には瀬戸内に入浜式塩田が発達し，全国の約八割の塩を生産していた。 (2) 三角州は，川幅の広い河口で，流れがとてもゆるやかになったところに砂や小石などがどんどん積もってできる。 (3) 太平洋戦争末期，1945年8月に，アメリカ合衆国が日本に2発の原子爆弾を投下した。(8月6日に広島，8月9日に長崎) (4) 広島に投下された原爆のコードネームは「リトルボーイ」，長崎に投下された原爆のコードネームは「ファットマン」であった。 (5) 高度経済成長期とは1955年頃から1973年のオイルショックまで続いた日本が急速な経済成長を遂げた時期のことである。

(6) 政令指定都市とは，地方自治法に基づき政令で指定され，都市計画や児童福祉，教育などについて一般の市町村よりも大きな権限を有する市のことである。 (7) 東海道・山陽新幹線とは，新幹線の東京駅－博多駅間の通称である。 (8) 中枢都市とは，各地方において中心的な機能を持つ都市のことである。 (9) 過疎化とは，ある地域の人口が急激に減少し，その地域の生活機能を維持することが難しくなる状態である。

やや難 問2 札幌は，低温で降水量の少ない北海道の気候で，Cが該当する。福岡は，四季における気候の変化が大きく，日本海側に面していながらも温暖な太平洋側気候に分類される。したがって，Aが該当する。

6 (地理―世界の地形・気候，諸地域の特色，産業，交通・貿易，その他)

問1 カタールは，アラビア半島東部にあるペルシャ湾に囲まれた半島国で，サウジアラビアと接している。

問2 日本の原油輸入先のトップはサウジアラビアで，年間6600万キロリットルもの原油が運び込まれている。次いでUAE，カタール，クウェート，イランなど中東地域諸国が並び，ロシア，インドネシアなどが続いていく。サウジアラビアの首都はリヤドで，アラビア半島の大部分を占め，紅海，ペルシア湾に面している。石油輸出国機構(略称OPEC)は，国際石油資本などから石油産出国の利益を守ることを目的として，1960年9月14日に設立された組織である。

問3 日本の大部分は温帯の温暖湿潤気候に属し，季節風の影響で夏に降水量が多い。したがって，Dが該当する。スペインは，ほとんどが地中海性気候に属し，一年を通して温暖で冬でも気温が高く晴天率も高い。したがって，Aが該当する。ドイツは，ほとんどが西岸海洋性気候に属し，高緯度のわりには温暖で，年間を通して降水量も適度にある。したがって，Bが該当する。コスタリカは熱帯で乾期と雨期があるサバナ気候に属する。したがって，Cが該当する。

重要 問4 リアス海岸は，海の水位が上がり，山や丘が海に沈んだことで谷に海水が入り込んでできた入り組んだ海岸のことである。イベリア半島沿岸はリアス海岸であり，スカンジナビア半島沿岸はフィヨルドである。

問5 カトリックと正教会はローマ帝国から分かれた姉妹教会であり，キリストから続く「使徒伝承」を大切に守り，ミサを中心にしているのに対し，プロテスタントはカトリックの使徒継承性に疑問を投げかけ「信仰のみ」「聖書のみ」「万人司祭」を中心に掲げている。

問6 ライン川沿岸は各種工業が発達した工業地域であり，とくに下流のルール工業地帯はドイツ最大の重工業地帯として発達してきた。

問7 クロアチアはバルカン半島北西部に位置し，北はスロベニアとハンガリー，東はセルビア，南はボスニア・ヘルツェゴビナと国境を接し，国土の南西部は，沿岸にヴェニスなどの有名な観光地があるアドリア海に面して美しい海岸が広がり，北部には多くの温泉がある自然豊かな国である。気候は，地中海性気候に属し，ネクタイの発祥地として世界的に有名である。

問8 北米自由貿易協定(略称：NAFTA)は，アメリカ合衆国，カナダ，メキシコによって署名され，北アメリカにおいて3か国による貿易圏を生み出した自由貿易協定である。

★ワンポイントアドバイス★

1 問5 日本銀行は市中の普通銀行との取引は行っているが，個人や一般の企業とは取引を行っていない。 4 問4 1842年に中国でアヘン戦争が起きた時，日本にも危機が及ぶことを恐れ，幕府はあわてて，異国船打払令を緩和した。

＜国語解答＞

1 問1 a みちばた b しゅうもく 問2 ア 問3 白梅[梅の花]
問4 (例) 梅はそこになかったり，見えなかったり，大事なものが隠されているという特徴。(37字) 問5 イ 問6 エ 問7 ウ 問8 (例) 折った枝を美登利に手渡さず投げつけた行動に秘めた信如の個人的感情を，読者こそが解釈すべき立場にあるのだということ。(57字)

2 問1 a 抽象 b 欠陥 c 理屈 問2 Ⅰ オ Ⅱ ア 問3 ア
問4 苦情ばかり 問5 ウ 問6 (例) ことばとそれがあらわすものごととの間の切っても切れない関係。(30字) 問7 ウ

3 問1 ① おおけなく ② いでたもう ③ まいらせん 問2 a 能力
b ついじ 問3 ウ 問4 オ 問5 (例) 雲は太陽の光を隠すことができるが，風に吹き飛ばされてしまうとどうしようもないことから，風の方が優れていると考えたから。(59字) 問6 3 エ 4 ア 問7 ねずみ 問8 我は世～に取れ
問9 イ

○配点○
1 問1 各2点×2 問2～問4 各4点×3 他 各6点×4 2 問1・問2 各2点×5 他 各4点×5 3 問5 6点 他 各2点×12 計100点

＜国語解説＞

1 (随筆―主題・表題，内容吟味，文脈把握，指示語の問題，漢字の読み書き，古文の口語訳)

問1 a 道路のかたわら。「端」の他の訓読みは「はし」「は」。 b 多くの人の見る目。

問2 ここでの「か」は，反語の意味を表す。誰に見せるだろうか，いや，誰にも見せない，という意味になるので，見せる人はいないとあるアが最も適当。

問3 直後の口語訳に「月夜には月光と白梅との見分けがつかない。香りでようやく，花のありかがわかる。」とある。したがって，月夜に香りはするが見えないものは，「白梅(梅の花)」。

問4 傍線部(3)の「共通した特徴」について，一つ後の文以降で「梅はそこになかったり，見えなかったりする，という点だ。」と述べている。その後の「大事なものは隠されている」という表現も加えてまとめる。

やや難 問5 傍線部(4)の「枝を折る，という行為」について，同じ文に「乱暴に自分のものにするという行為ではなく」とあるのでアは適当ではない。また，「そこまで行きたい，触れたい，しかしそうしない」と続けているので，ウも適当ではない。他に「枝を折る，という行為」について説明している部分を探すと，「この二首も」で始まる段落に「『枝を折る』……という行為は，その花に自分の心の秘密を託し，伝える，という意味を担った」とあるので，イが適当。傍線部(4)と同じ段落の「めったにあることではなく」に，エの「稀ではない」は合わない。

問6 Ⅳの歌の「人のとがめるような恋心を包んであるその，あなたの折った花の枝」やⅤの歌の「折った人の心に沿った花……内側に香りを隠している」という説明から，「折った枝」にはその人の恋心が込められている。この内容を述べているエが最も適当。アの「花の命を絶つことをためらった」，イの「和歌を添えて贈らねばならない」，ウの「感謝の念」が適当ではない。

重要 問7 冒頭で，美登利は信如に枝を折ってほしいと頼んでいる。しかし，信如は「恥ずかしさでいっぱい」で「周囲の自分を見る目ばかりが気になって，適当に折って投げつけ，すたすたと歩いていってしま」ったのである。ここから，美登利に好意を持ちながらも素直に愛情を表現できな

い信如の微妙な心理が読み取れ，そこが「型にはまった平安朝恋愛物語」ではない「近代小説」だと筆者は言っている。アの「型通りの和歌のやり取りにも及ばない」ためではない。「近代小説」は，イの「日本古来の恋愛術を，近代まで受け継いだ文芸」ではない。エの「枝に自分の心を託す意識」は「平安朝恋愛物語」のもので，「近代小説」のものではない。

やや難 問8 傍線部(7)の「花の中」に包まれているものは何かを明らかにした後，「読む者」が「その香りをかぐ」はどのようなことをたとえているのかをまとめる。この場面で，「花の中」に包まれているものは，折った枝を美登利に手渡さず投げつけた行動に秘めた信如の気持ちである。さらに，「読む者」が「その香りをかぐ」は，読者が解釈すべき立場にあるのだということをたとえている。この内容を簡潔に一文にまとめる。

2 **(論説文一大意・要旨，内容吟味，文脈把握，脱文・脱御補充，漢字の読み書き)**

問1 a いくつかの事物に共通なものを抜き出して把握すること。 b 欠けて足りないこと。「陥」の訓読みは「おちい(る)」「おとしい(れる)」。 c 物事の筋道や道理。

問2 Ⅰ 後に「間違いだと断定したのか，はっきりしない」とあるので，理由について疑問の意味を表す語が入る。 Ⅱ 後に「なるとすれば」とあるので，仮定の意味を表す語が入る。

基本 問3 同じ段落の「中学生向きに書いたものではない」文章を「多少，加筆したり，言い換えをしたりし」たとあることから，アの「中学生にわかりやすい文章」にしたことがわかる。

問4 傍線部(2)は「ふほんい」と読み，自分の本当の望みとは違っているという意味。同じ文の「チュウショウ的でわかりにくい……教えにくいなどといった苦情ばかり」の状況に対して言っている。ここから，適当な部分を五字で抜き出す。

問5 直前の「諸君はこの文章が読めないのだ……読めなくてもしかたがないが，わからないのは誤りだとする」から，筆者が「思い違い」だと指摘する内容を読み取る。アの「自分の理論」を中学生たちは述べていない。中学生たちは，筆者の文章を読み「辞書で一語一語をひいて意味を確かめた」とあるので，イとエも適当ではない。

やや難 問6 「必然的」は，必ずそうなるという意味。「必然的な関係」について，同じ段落の「イヌはどこの国でもイヌと呼ばれなくてはならない」という例を挙げ，「ことばとそれがあらわすものごとが切っても切れぬ関係」と説明している。この内容を指定字数に合うようにまとめる。

重要 問7 傍線部(5)「ことば・文章を読むということの本質」について，直前の段落で「わからなくても，そういうものであると頭に入れればよい。それが読むということだ」と筆者の考えを述べている。この考えにウが最も適当。他の選択肢は，この筆者の考えに合わない。

3 **(古文一大意・要旨，文脈把握，脱文・脱語補充，語句の意味，ことわざ・慣用句，文と文節，仮名遣い，口語訳，表現技法)**

〈口語訳〉 ねずみが，娘を得て，「世の中に並ぶ者がないほど素晴らしい者を，娘の結婚相手にしよう」と，身の程もわきまえず思いもくろみ，「太陽は世の中をお照らしになる能力は素晴らしい。」と思って，朝日がお出になったところを，「娘を持っております。姿が良くございます。(嫁に)差し上げます。」と言うと，(太陽は)「私は世の中を照らす能力はあるが，雲に会えば光もなくなってしまう。雲を婿に取りなさい。」と仰せになったので，(ねずみは)「その通りだ。」と思って，黒い雲が見えるのに会って，このことを申すと，(雲は)「私は日の光を隠す能力はあるけれども，風に吹かれてしまうと，どうしようもない。風を婿にしなさい。」と言う。(ねずみ)「確かに。」と思って，山風が吹くのに向かって，このことを申し上げると，(山風は)「私は雲を吹き，木や草を吹きなびかせる能力はあるけれども，土塀に会えば無力だ。土塀を婿にしなさい。」と言う。(ねずみは)「なるほど。」と思って，土塀にこのことを言うと，「私は風で動かない能力はあるが，ねずみに掘られてしまうと，耐えられない。」と言ったので，(ねずみは)「それでは，ねずみが何よりもすぐれていたのだ。」と，ねずみを婿に取ったのだった。

問1　①　歴史的仮名づかいの語頭以外のハ行は，現代仮名づかいではワ行に直す。　②「まふ」は，「もう」に直す。　③「む」は，「ん」に直す。

やや難　問2　(a)「朝日」が「世間を照らす徳」があると言っているので，「徳」は能力の意味。　(b)　土を固めて造った塀。歴史的仮名遣いでは「ついぢ」となる。

問3「天下に並びなき」は，世の中に並ぶものがないという意味。ねずみは娘が生まれ，素晴らしい婿と結婚させようと考えている。他の選択肢は「天下に並びなき」の意味に合わない。

重要　問4　文末が「けれ」と已然形で結ばれているので，係り結びの法則が用いられている。已然形を導く係助詞は，オの「こそ」。

やや難　問5　直前の「我は日の光をも隠す徳あれども，風に吹き立てられぬれば，何にてもなし。」という雲の会話に着目する。この内容を雲は太陽の光を隠すことができるが，風に吹き飛ばされてしまうとどうしようもないと訳し，その後に風の方が優れていると思ったから，などと加えてまとめる。

問6　(3)「我は雲をも吹き……築地に会ひぬれば力なきなり」と「言う」のは，エの「山風」。
(4)　山風に「築地を婿にせよ。」と言われ，「築地にこのよしを」「言う」のは，アの「ねずみ」。

問7　太陽や雲や風よりも素晴らしいと思った築地に「ねずみに掘らるる時，耐へがたきなり」と言われて，ねずみが「何にもすぐれたる」と思ったのは何かを考える。

問8　雲と風と築地の会話は，いずれも「我は」で始まっており，「朝日」の会話部分も「我は」で始まる。会話の終わりを示す「と」に注目する。

重要　問9　ねずみは娘のために「天下に並びなき婿」をとろうと太陽や雲，風，築地のもとをたずねるが，結局一番優れているのはねずみだとわかり，同じねずみの婿をとったという内容になる。この内容に，身近なことには気づきにくい，という意味のことわざが最も近い。

★ワンポイントアドバイス★

傍線部の前後に注目する，あるいは同様の内容を述べている部分の前後に注目するという基本を大切にしよう。

2022年度

★★★★★★★★★★★★★★★★★★★★★★★

入　試　問　題

2022年度

北海学園札幌高等学校入試問題

【数　学】（50分）〈満点：100点〉

【注意】1. 定規・分度器・コンパスの使用はできません。
2. 答えは最も適切な形で記入しなさい。

1　次の（1）～（5）は計算を，（6）は因数分解をしなさい。

（1）　$\frac{3}{5}-\frac{2}{3}$

（2）　$(-2)^2-2\times6+3^2-1$

（3）　$(\sqrt{48}-\sqrt{18})(\sqrt{12}+\sqrt{8})$

（4）　$\frac{x-3}{2}-\frac{3x-5}{3}-\frac{1}{6}$

（5）　$(x+3)^2-(x-2)(x-4)$

（6）　$(a-3)(a+7)+9$

2　次の問いに答えなさい。

（1）　2次方程式 $2x^2+(-2x+3)^2=27$ を解きなさい。

（2）　連立方程式 $\begin{cases}2x+y=10\\2xy=25\end{cases}$ を解きなさい。

（3）　2次方程式 $x^2-6x+3a=0$ の解の1つが $x=3+\sqrt{2}$ とわかっている。このとき，aの値を求めなさい。

3　大小2個のさいころを同時に投げるとき，次の問いに答えなさい。

（1）　出た目の和が6になる確率を求めなさい。

（2）　出た目の和が5または8になる確率を求めなさい。

（3）　出た目の積が3の倍数になる確率を求めなさい。

4　右の図のように，放物線 $y=2x^2$…① と直線$y=2x+a$…② が2点A，Bで交わり，直線②とx軸が点Cで交わっている。点Aのx座標が2のとき，次の問いに答えなさい。

（1）　点Aのy座標を求めなさい。

（2）　aの値を求めなさい。

（3）　点Bの座標を求めなさい。

（4）　$\triangle OAB$と$\triangle OBC$の面積比を求めなさい。

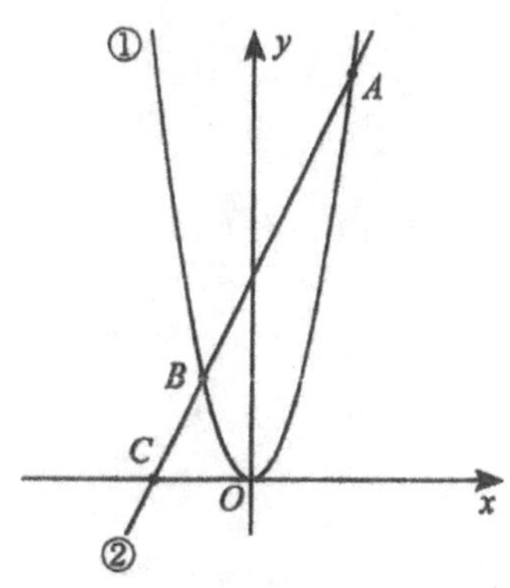

5 右の図は，底面の半径が2，母線が6の円錐の展開図である。このとき，次の問いに答えなさい。ただし，円周率はπとする。

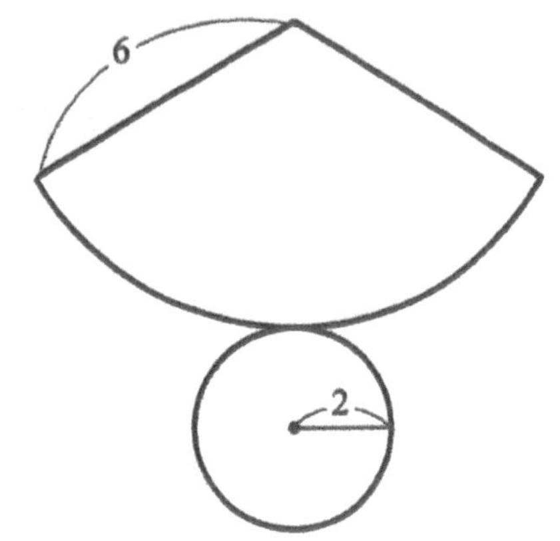

（1） 底面の円周の長さを求めなさい。
（2） 側面になる扇形の中心角を求めなさい。
（3） この円錐の表面積を求めなさい。
（4） この円錐の高さを求めなさい。
（5） この円錐の体積を求めなさい。

6 右の表は50人の生徒の通学距離を相対度数分布表に整理したものである。次の問いに答えなさい。

通学距離（m）	度数（人）	相対度数
以上　未満 200～250	6	
250～300		0.14
300～350	11	
350～400		0.16
400～450		
450～500	5	
計	50	1.00

（1） 250 m以上300 m未満の階級の度数を求めなさい。
（2） 400 m以上450 m未満の階級の相対度数を求めなさい。
（3） 最頻値を求めなさい。
（4） 次のア～ウのうち，確実にいえるものを○，そうでないものを×としたとき，適切な組み合わせを①～⑧から選びなさい。

ア．階級の幅は50（m）である。
イ．範囲は300（m）である。
ウ．通学距離が長い生徒から順に並べたとき，19番目の生徒の通学距離は400（m）以上である。

① ア○　イ○　ウ○　　② ア○　イ○　ウ×
③ ア○　イ×　ウ○　　④ ア○　イ×　ウ×
⑤ ア×　イ○　ウ○　　⑥ ア×　イ○　ウ×
⑦ ア×　イ×　ウ○　　⑧ ア×　イ×　ウ×

【英　語】（50分）〈満点：100点〉

I　次の問いの要領にしたがって，放送される英文を聞きなさい。(リスニング問題)

問1　[1]～[6]の順に短い会話が一度だけ読まれます。その会話の応答として最も適切なものをそれぞれのA～Cから選び，記号で答えなさい。

[1]

A．I live in a house with my mother.

B．It is in Hokkaido.

C．It is famous for the delicious seafood.

[2]

A．His name is Ponchan.

B．He is seven years old.

C．He likes swimming.

[3]

A．Yes. I love pizza.

B．I don't know how to play it.

C．No, I had spaghetti for lunch.

[4]

A．My bicycle is broken.

B．My mother is sick in bed.

C．I can't swim.

[5]

A．I'll take him for a walk.

B．His name is Popeye.

C．Okay. I will give him some food.

[6]

A．I am so hungry.

B．But you have to study hard too.

C．Yes, she was in the kitchen.

問2　[1]～[3]の順に英文が読まれます。それに続いてその内容に関する質問が読まれます。次に同じ英文と質問をもう一度繰り返します。その質問に対する答えとして最も適切なものをそれぞれのA～Dから選び，記号で答えなさい。

[1]

A．She wants to go to a Japanese movie.

B．She has decided to study Korean.

C．She wants to go to Japan.

D．She is interested in visiting New Zealand.

[2]

A．Tina always travels by bus.

B．Tina always meets famous people.

C．Tina always travels with her family.

D．Tina always learns some words of the language.

[3]

A．He didn't know much about his country.

B．He went for a hot spring.

C．It was interesting to go skiing.

D．He thought of learning snowboarding in Japan.

〈リスニング放送台本〉

I

問1

[1]

A：Where do you live?
B：I live in Sapporo.
A：Where is Sapporo?
B：(　　　　　　)

[2]

A：Where are you going?
B：I have to walk my dog.
A：What's your dog's name?
B：(　　　　　　)

[3]

A：What's for dinner?
B：How about pizza?
A：No thank you. How about pasta?
B：(　　　　　　)

[4]

A：Let's go to the beach.
B：That's a great idea.
A：Shall we go by bicycles?
B：(　　　　　　)

[5]

A：Did you give the cat some food?
B：Is he hungry?
A：Yes, he is waiting in the kitchen.
B：(　　　　　　)

[6]

A：Mom, I want a new phone.
B：I will think about it.
A：Please mom.
B：(　　　　　　)

問2

[1]

Tanya is a high school student in New Zealand. She studies Japanese very hard. She loves to read manga, watch Japanese movies, and wants to visit Japan. She has some Japanese friends. She likes to speak to them in Japanese.

Q：Where does Tanya want to go in the future?

[2]

Tina is an airline pilot. She flies all around the world for her job. Sometimes, she doesn't see her family for two weeks. When she is staying in a new city, she likes to visit famous places. She always tries to learn some words of the language. She thinks it is important to respect every country's culture.

Q：What does Tina always do?

[3]

John is a high school student. He joined a group to visit Japan. When he went to Japan, he stayed in Sapporo, Hokkaido. He went skiing at a resort near the city. After skiing he went to a hot spring and relaxed in the hot water.

Q：What did John do after skiing?

Ⅱ 次の英文は，札幌に住む高校生のユウタ(Yuta)と彼の家にホームステイをしている高校生のネイト(Nate)の会話です。これを読んで，後の問いに答えなさい。

Yuta：I am free on Saturday afternoon. Is there a place that you want to visit?

Nate：How about Hakodate?

Yuta：Hakodate? Why do you want to go there?

Nate：Mt. Hakodate is one of the three best night views in the world. I am really interested (①) it.

Yuta：I have been there once. It was really beautiful, but it took about four hours from Sapporo by express train.

Nate：Wow. [②] I didn't know that.

Yuta：I'm afraid, but we cannot go there. Have you ever been to Mt. Moiwa? It is a popular sightseeing spot in Sapporo.

Nate：No. But I know the name.

Yuta：It is located in the middle of Sapporo City. From the top of the mountain, we can see a wonderful scenery of Sapporo and the Ishikari Bay.

Nate：I can't imagine how wonderful it is. <u>③[to / you / me / tell / how / can] get to the top of the mountain?</u>

Yuta：We have to take the ropeway from the base to the middle and ride the mini-cable car from the middle to the top.

Nate：This will be my first time to use such vehicles.

Yuta：When I went to the mountain before, my fether drove to the top, so I have never used them (④). Let's use them this time.

Nate：Sounds good. [⑤]

[注] night views：夜景　express train：特急列車　sightseeing spot：観光地　be located：位置している
middle：(街の)中心部，(山の)中腹部　scenery：景色　Ishikari Bay：石狩湾
ropeway：ロープウェー　base：(山の)ふもと　mini-cable car：小型ケーブルカー　vehicles：乗り物

問1　空所①に入る最も適切な語をア～エから選び，記号で答えなさい。

ア．about　イ．on　ウ．for　エ．in

問2　空所②に入る最も適切な文をア～エから選び，記号で答えなさい。

ア．Did you enjoy the place?　イ．Let's go together.

ウ．Will it take so long?　エ．Can you show me the view?

問3　下線部③が意味の通る英文になるように，[　]内の語を並べかえなさい。ただし，文頭で使われる語も小文字になっています。

問4　空所④に入る最も適切な語をア～エから選び，記号で答えなさい。

ア．too　　イ．to　　ウ．either　　エ．ever

問5　空所⑤に入る最も適切な文をア～エから選び，記号で答えなさい。

ア．I'm very excited that Saturday comes.

イ．I want to go there from Saturday to Sunday.

ウ．I don't have enough time on Saturday.

エ．I am worried, because it takes a lot of time to go to Hakodate.

問6　本文の内容に合うものには○を，そうではないものには×を書きなさい。

ア．Yuta and Nate have never been to Mt. Moiwa.

イ．Yuta and Nate are free on Saturday morning.

ウ．Yuta and Nate can take a mini-cable car to the of the mountain.

エ．Mt. Hakodate is one of the most beautiful night views in the world.

Ⅲ　次の英文と日本語訳文を読んで，後の問いに答えなさい。

Why Is Pig Meat Called "Pork"?

Etymology is the study of the history and origins of words, and it is full of questions. (A) Japanese, pig meat is called "pig meat" and cow meat is called "cow meat". Compared to that, it's quite strange that in English, pig meat is called "pork", cow meat is called "beef", sheep meat is called "mutton", and deer meat is called "venison". (B) do we call these animals different names (C) we prepare them for a meal? Why is it "pig" on the farm but "pork" in a sandwich?

The answer is the Norman Conquest of Britain in 1066. When the French took over England, French words became part (D) the English language. As a result, there (E) two ways of saying a lot of words.

When animals were in the stable or on the farm, they kept their Old English names. But when they were cooked and brought (F) the table, an English version of the French word was used. This is likely because the lower-class Anglo-Saxons were the hunters, they used the Old English names for animals, while the upper-class French saw these animals (G) at mealtimes, and they used the French word to describe the prepared dishes. Today, modern English speakers — regardless of social class — have come to use (H) French words and Old English words.

The word "venison", however, is a bit more complicated. The word "venison" derives from the Latin word "venor", meaning "to hunt or pursue". Following the Norman Conquest, any hunted animal was called "venison" (I) it was killed. And probably (J) deer were hunted more than any other animal, "venison" came to mean "deer meat".

The etymological explanation of the words is sometimes difficult, but still interesting to think about.

《日本語訳文》

なぜ豚肉をporkと呼ぶのか

語源学とは，言葉の歴史や起源の研究であり，そしてそれは疑問にあふれている。日本語では，豚の肉は「豚肉」，牛の肉は「牛肉」と呼ばれている。それに比べると，英語においてpigの肉は「pork」，cowの肉は「beef」，sheepの肉は「mutton」，deerの肉は「venison」と呼ばれているのはかなり不思議議である。どうして，これらの動物の肉は食事の準備時には，別の名前で呼ばれるのだろうか。飼育場では「pig」であるのに，サンドイッチの中では「pork」なのは，なぜなのだろうか。

その答えは，1066年のノルマン人による英国征服にある。フランス人がイングランドの支配権を得たとき，フランス語の単語が英語の一部となった。その結果，多くの単語に2通りの言い方が存在した。

動物は，厩舎(きゅうしゃ)や飼育場にいるときは，古英語の名前を保持した。しかし，それらが料理されてテーブルへ運ばれると，フランス語の英語版が使われた。これはおそらく，下層階級のアングロサクソン人が猟師で，彼らは古英語の動物の名前を使い，一方上流階級のフランス人は，食事時間しか動物を見たことがなく，そして準備された料理を描写するのにフランス語の単語を使ったからである。今日，現在の英語を話す人たちは，社会階層に関係なく，両方を使うようになっているのだ。

しかしながら，「venison」という単語は少し，より複雑である。「venison」という語は，ラテン語の「venor」に由来していて，「狩ることや追うこと」を意味していた。ノルマン人の征服の後，狩られたいかなる動物も，殺された後は「venison」と呼ばれていた。そして，たぶん鹿はどの動物よりも多く狩られたため，「venison」が「鹿肉」を意味するようになったのだ

単語の語源学的な説明は，時として難しいが，それでもそれについて考えるのは興味深いものである。

問1　日本語訳文の内容になるように，（　A　）～（　J　）に入るものとして最も適切なものを次の1～10から選び，番号で答えなさい。ただし文頭にくる語も小文字になっています。また，同じ語を2度使用することはできません。

1. why　2. when　3. after　4. because　5. only
6. of　7. in　8. to　9. both　10. were

問2　次の日本語に該当する英語を，指定された語数で英文中から抜き出しなさい。

1. ～に比べて(2語)　2. 複雑な(1語)　3. ～に由来する(2語)

問3　次の英語に該当する日本語を，指定された字数で日本語訳文中から抜き出しなさい。

1. origins(2字)　2. farm(3字)　3. social class(4字)

Ⅳ 英国の旅行家であるイザベラ・バード(Isabella Bird)に関する以下の英文を読んで，後の問いに答えなさい。

Isabella Bird was born in England in 1831. She is one of the most famous travelers in the world. When she was a child, she often felt sick, so her parents took her to some hospitals in the United States. After ①those experiences, she wanted to know about other countries.

In 1857, her father died and she moved to another city in England with her mother and her younger sister. Soon here Isabella knew John Campbell, a famous scholar of the government. He loved to travel here and there. Also, he wrote some books about his travels. Isabella (②) almost all of his books and wanted to visit other countries.

When John visited Japan, he had a good relationship with Japanese government. In this trip, Colin McVean, a great scholar and interpreter between England and Japan, had influences on John and Isabella.

One day, Isabella (③) McVean with John and talked about Japan. ④She [that / was / to / surprised / Japan / hear] was a very beautiful country and decided to go to Japan.

From June to September in 1878, Isabella traveled around Japan. She (⑤) to Hokkaido, too. She communicated with the local "Ainu" people. She went to Biratori town and (⑥) some days there with Ainu people. It didn't rain during her stay, so she had very sunny days there. Local Ainu people told her that their gods are celebrating her visit to Biratori. She became happy when she heard that. This was one of the best chances for her to experience Ainu language and their way of life. ⑦She was moved to learn about them. After this trip, she wrote the travel book. In this book, she said that Ainu people had an original and beautiful culture.

She died in 1904. It is said that her book about a travel in Japan is one of the oldest books of Ainu people, but recently learning about Ainu people's culture is becoming more popular.

In July 2020, *Upopoy*, the national museum was opened and many people have been there to study ⑧it. Now we should learn important things about ethnic diversity and coexistence. Also, we should know the history which she studied.

［注］ John Campbell：ジョン・キャンベル　Colin McVean：コリン・マクビーン　scholar：学者
government：政府　here and there：あちらこちらに　relationship：関係　interpreter：通訳
have an influence on ～：～に影響を与える　Ainu people：アイヌ民族　Biratori town：平取町
celebrate：祝福する　*Upopoy*：白老町にある国立博物館の愛称　ethnic diversity：民族多様性
coexistence：共生

問１ 下線部①の内容として最も適切なものを，ア～エから選び，記号で答えなさい。

ア．外国に以前は住んでいた　イ．外国を旅して回った

ウ．外国に関する本を読んだ　エ．外国の病院へ行った

問２ 空所②③⑤⑥に入る最も適切な語を，ア～エから選び，記号で答えなさい。

ア．came　イ．spent　ウ．met　エ．read

問３ 下線部④が意味の通る英文になるように，［　］内の語を並べかえなさい。

問4　下線部⑦の内容として最も適切なものを，ア～エから選び，記号で答えなさい。

ア．アイヌの言葉や文化を学ぶために引っ越しをした

イ．アイヌの言葉や文化を学ぶ場所を他へ移した

ウ．アイヌの言葉や文化について学んで心を動かされた

エ．アイヌの言葉や文化について学ぼうと努力をした

問5　下線部⑧が示すものを，本文中から3語の英語で抜き出しなさい。

問6　本文の内容に合うものを，ア～クから2つ選び，記号で答えなさい。

ア．Isabella Bird was born at the hospital in the United States.

イ．Isabella Bird and John Campbell visited Japan together in the 19th century.

ウ．Isabella Bird visited *Upopoy* and had a good time with local Ainu people.

エ．Isabella Bird spent sunny days in Biratori town.

オ．Isabella went to Japan because there were Ainu people in Hokkaido.

カ．Isabella wrote the book about the people who met in Hokkaido.

キ．Isabella had an influence on John Campbell and Colin McVean.

ク．Isabella's travel book said that traveling all over the world was very important.

【理　科】（50分）〈満点：100点〉

1　下の生物の遺伝と進化に関する文章を読んで，あとの問いに答えなさい。

生物が子を残すとき，親の持つ様々な特徴（形質）が子に伝わる。親の形質が子やそれ以後の世代に現れることを遺伝といい，遺伝するそれぞれの形質となるものを遺伝子という。神父であった（　**ア**　）は，修道院で8年間にわたってエンドウを栽培し$_{A}$遺伝の実験を行った。そして1865年に実験結果を論文「植物雑種の実験」として発表した。

遺伝子は細胞の核内の染色体に含まれており，肺炎双球菌を用いたグリフィスとエイブリーの実験や，バクテリオファージを用いたハーシーとチェイスの実験により，遺伝子の本体が（　**イ**　）であることが証明された。この証明から約70年たった現代においては，$_{B}$人工的に様々な細胞を作り出すことが可能になってきている。

生物は長い年月をかけ遺伝子を受け継いできた。しかし，遺伝子は不変のものではなく，少しずつ形質が変化する$_{C}$進化を繰り返し現在に至っている。両生類やは虫類の前足，鳥類の翼など外形や働きは異なるが，基本的なつくりはよく似ている。このような器官を（　**ウ**　）といい，進化の道筋を見ることができる。

問1　上の文中の（　**ア**　）～（　**ウ**　）にあてはまる語句を答えなさい。

問2　下線部Aについて，純系で子葉の色が黄色のものと純系で子葉の色が緑色のものをかけ合わせたところ，子に現れた形質はすべて黄色であった。この得られた黄色のエンドウにおいて自家受粉をして孫世代を得たとき，子葉の色が黄色のものと緑色のもの比を最も簡単な整数で答えなさい。

問3　種子を丸くする遺伝子をD，しわにする遺伝子をdとしたとき，種子の形がしわの純系の遺伝子の構成はddとあらわすことができる。純系の丸い種子と純系のしわの種子をかけ合わせて得られた種子をさらに自家受粉して孫世代を得たとき，368個の種子を得た。この368個の種子のうち，遺伝子の構成がDdとなる種子の数は何個か答えなさい。

問4　栄養生殖により子孫を増やしていく生物の組み合わせとしてあてはまるものを，次の①～⑥から1つ選び記号で答えなさい。

① ヒドラ　と　プラナリア
② ミカヅキモ　と　ゾウリムシ
③ トマト　と　イソギンチャク
④ 酵母　と　ジャガイモ
⑤ プラナリア　と　アメーバ
⑥ サツマイモ　と　オランダイチゴ

問5　下線部Bに関連して，2007年に日本人がヒトの皮膚細胞から人工的に幹細胞を作り出すことに成功した。この人工的に作製された幹細胞の名前を答えなさい。

問6　下線部Cに関連して，大昔の生物に近い特徴を現代まで保っている生物を「生きている化石」という。「生きている化石」として間違っているものを，次の①～⑥から1つ選び記号で答えなさい。

① シーラカンス
② メタセコイア
③ カブトガニ
④ イチョウ
⑤ オウムガイ
⑥ カンガルー

2 **モノコードの弦の長さをいろいろ変え，弦をはじいて出る音をコンピューターに取り込んで波形を観察する実験1と実験2を行った。図1はそれぞれの実験に使用したモノコードである。あとの問いに答えなさい。**

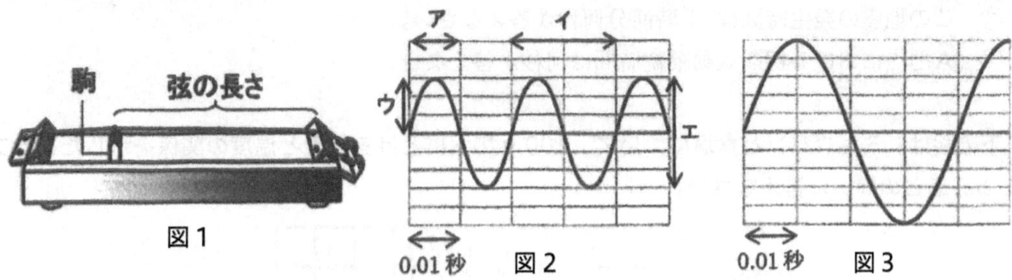

図1　図2　図3

実験1　ある弦の長さで弦の中央をはじくと，コンピューターに図2の画面が表示された。ただし横軸は時間を表しており，1目盛りは0.01秒である。

実験2　弦の張りの強さは変えず，駒の位置を動かして弦の長さと弦をはじく強さを変えて弦の中央をはじくと，コンピューターに図3の画面が表示された。

問1　**実験1**において，振幅を表しているものを図2のア～エから1つ選び記号で答えなさい。

問2　**実験1**において，音の振動数は何Hzか答えなさい。

問3　**実験2**において，弦の長さと弦をはじく強さをどのように変えたのか，正しい組み合わせを次の①～④から1つ選び記号で答えなさい。

① 弦を短くして強くはじいた。
② 弦を短くして弱くはじいた。
③ 弦を長くして強くはじいた。
④ 弦を長くして弱くはじいた。

問4　**実験2**において，聞こえる音の大きさと高さはどのように変化したか，正しい組み合わせを次の①～④から1つ選び記号で答えなさい。

① 大きく高い音に変化した。
② 大きく低い音に変化した。
③ 小さく低い音に変化した。
④ 小さく高い音に変化した。

3 **下の地震に関する文章を読んで，あとの問いに答えなさい。**

地震のときには，最初に小さなゆれを感じ，その後から大きなゆれを感じることが多い。このときの最初のゆれを初期微動といい，後の大きなゆれを（ **ア** ）という。また，地震が最初に発生した地下の場所を震源といい，震源の真上にある地表の場所を（ **イ** ）という。

日本で起きている地震に関係している太平洋プレートは，東太平洋（ **ウ** ）で生じて，日本の方向へ少しずつ移動する。やがて，太平洋プレートは水深 7000 m を超える深い谷となっている日本（ **エ** ）に沈み込むため，大陸プレートに力が加わり，地下の岩石が破壊されて地震が起こる。

問1　（ **ア** ）～（ **エ** ）にあてはまる語を答えなさい。

問2　震源からの距離が 120 km の**A**地点では 11 時 20 分 34 秒に小さなゆれが始まり，震源から 176 km 離れた**B**地点では 11 時 20 分 41 秒に小さなゆれを感じた。下の①と②の問いに答えなさい。ただし，大きなゆれを発生させるS波の速さを 5 km/s とする。

①　この地震の発生時刻は 11 時何分何秒か答えなさい。

②　**A**地点における初期微動継続時間は何秒か答えなさい。

4 **下の図は，ミョウバンと食塩について，100 g の水にとける質量と温度の関係を示したグラフである。あとの問いに答えなさい。**

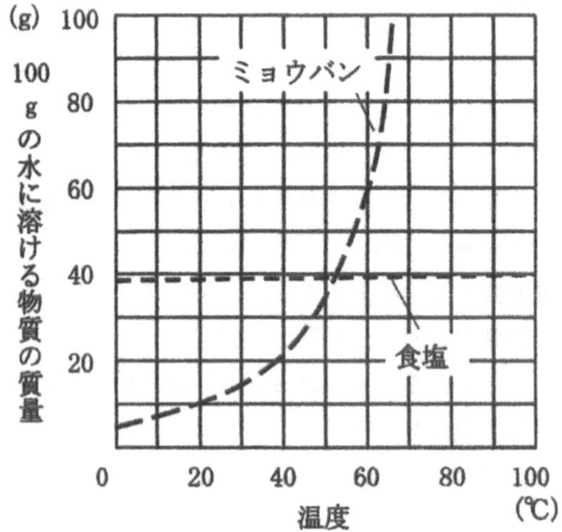

問1　物質を一度水にとかしてから，温度による溶解度の差を利用して純粋な物質を取り出す操作を何というか答えなさい。

問2　50℃の水 100 g が入った2つのビーカーに，ミョウバンと食塩をそれぞれ 30 g ずつ入れてよくかき混ぜたところ，どちらもすべてとけた。これらを 20℃まで冷やしたときミョウバンと食塩のどちらが何 g 出てくるか答えなさい。

問3　60℃のミョウバンの飽和水溶液の質量パーセント濃度は何％か答えなさい。

5 下の図は，ある海洋域の生態系の生物の個体数を模式的に示したものである。A～Dには，マグロ，動物プランクトン，イワシ，植物プランクトンのいずれかの生物があてはまる。また，下の表はA～Dの各栄養段階の生物における体重１kgあたりのDDT量を示したものである。あとの問いに答えなさい。

※DDTは農薬に含まれる化学物質で，環境汚染物質の一種である。

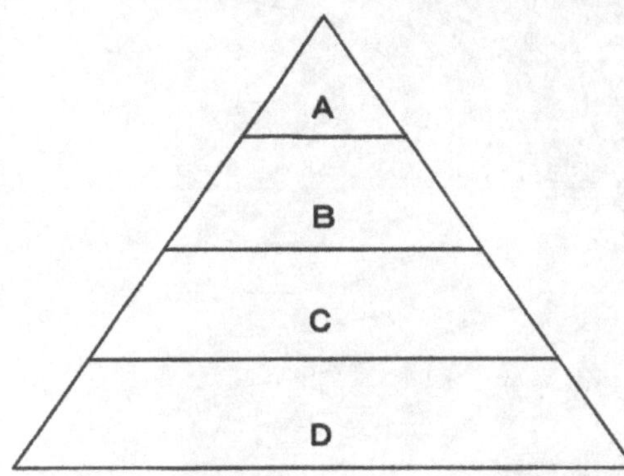

栄養段階	体重1kgあたりのＤＤＴ量
A	4.32mg
B	1.58mg
C	0.28mg
D	0.06mg

問１　上の図において，Cにあてはまる生物は，マグロ，動物プランクトン，イワシ，植物プランクトンのどれか１つ選び答えなさい。

問２　上の図において，消費者にあてはまるものを図のA～Dからすべて選び記号で答えなさい。

問３　DDTなどの物質は食物連鎖を経ると生物に蓄積されやすい。その理由としてあてはまるものを，次の①～⑤から１つ選び記号で答えなさい。

①　有害な物質である。

②　水にとけやすい。

③　脂肪と結びつきやすい。

④　水銀と結びつきやすい。

⑤　炭水化物と結びつきやすい。

問４　栄養段階AからDにおいて，生物体内のDDTは何倍に濃縮されているか答えなさい。また，Bの栄養段階が580 kg存在していたとき，蓄積されているDDT量は何ｇか答えなさい。ただし，DDT量が割り切れない場合は小数点以下第３位を四捨五入し，小数点以下第２位まで答えなさい。

6 下の文章は，理科の先生が生徒に天気図について説明している会話である。文章中の（　ア　）～（　オ　）にあてはまる語または数値を答えなさい。

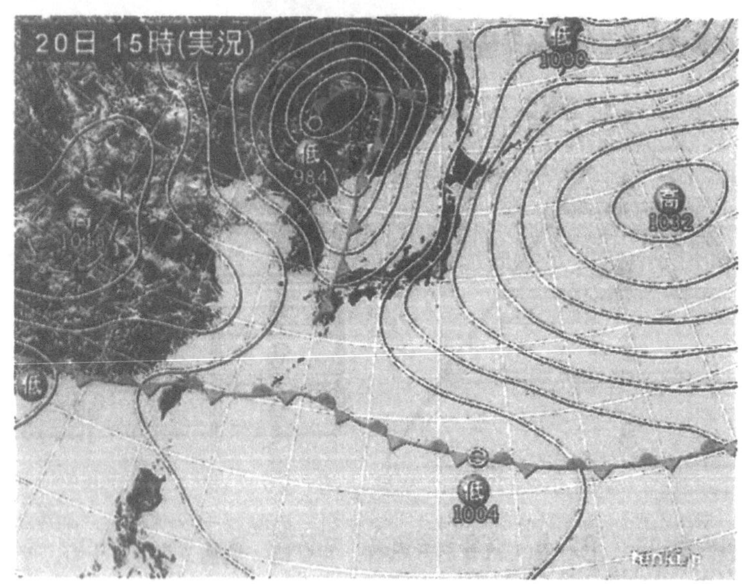

※天気図のデータは日本気象協会 tenki. jp より掲載

先生：この天気図は，2019年5月20日15時の日本周辺のものだよ。

生徒：何かたくさん線があって，何だか分かりにくいんですけど。

先生：確かに…。日本の南の海上には，（　ア　）前線が長く伸びているし，日本列島の西から低気圧が近づいてきているからね。

生徒：実際20日は，どんな天気だったんですか？

先生：（　イ　）前線がかかっている九州，特に東側の宮崎県では，猛烈な雨が降ったよ。

生徒：低気圧は東側に移動するから，私たちの住んでいる札幌もこれから雨が降りそう…。

先生：北陸地方では，この日，太平洋側から日本海側の低気圧に向かって強い風が吹き込んで，フェーン現象が起きたんだ。新潟では今年，初めての真夏日を記録したよ。

生徒：確かに（　ウ　）の幅が狭いから，風は強そうですね。

先生：すごいね。よく分かったね。

生徒：そりゃ，受験生ですから。でも，フェーン現象って何ですか？

先生：フェーン現象については，実際の例にならった問題をやって一緒に理解しよう。本当は，気圧も関係してくるんだけど，今回は気圧を考えずに単純に計算してみよう。注意点もしっかり聞いてね。さあ，これが問題だよ。

[先生から生徒への問題]

山を挟んで，風上のふもと（海抜 0m）の気温は 25℃で，ふもとの空気が山の 800m まで上がった高さで雲が発生し，山頂の 2000m まで雲があったとする。そして，山を越えると雲が消えて風下のふもと（海抜 0m）まで空気が 2000m 降下したとする。山頂と風下のふもとの気温は何℃か求めてみよう。

先生：空気についての2つの注意点をしっかり聞いてね！

1つ目の注意点

雲がなければ，高さが100 m上がるたびに，温度が1℃ずつ下がる。

逆に100 m下がるたびに，温度は1℃ずつ上がる。

2つ目の注意点

雲のあるところでは，100 m上がるたびに0.5℃ずつ下がる。

注意点をもとに，山頂と風下の気温を求めてごらん。答えが出たら，新潟が真夏日になった理由がわかるはずだよ。

生徒：よし，やってみます。(生徒は計算を始める。)

先生：うん。やってみよう！（先生は計算する生徒を見守る。)

生徒：先生できましたー！

答えは山頂の気温が（　エ　）℃で，風下のふもとの気温が（　オ　）℃ですよね。確かに，風下のふもとの方が真夏日になっています。これがフェーン現象なんですね！

7 図1のように，水平な面と水平面から30°傾いた斜面がつながった台がある。AB間は摩擦がなくなめらかな面であり，CD間は摩擦のあるあらい面である。この台の上で，重さ5Nの物体をすべらせる実験をおこなった。あとの問いに答えなさい。

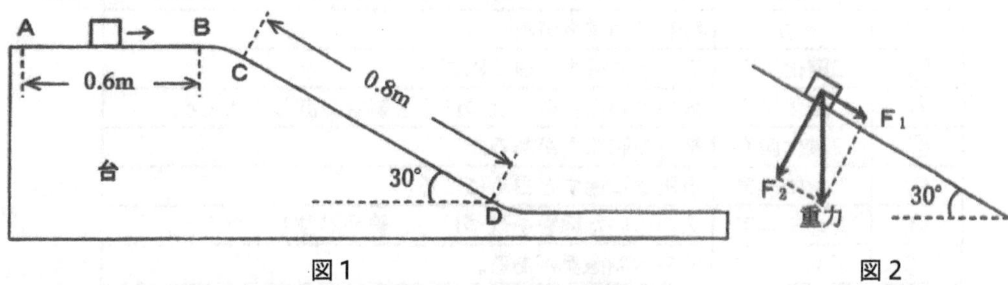

図1　　　　図2

問1　物体は水平面AB間の距離0.6 mを時間1.5秒で等速直線運動をした。このときの物体の平均の速さは何m/sか答えなさい。

問2　AB間で重力が物体にした仕事は何Jか答えなさい。

問3　物体は点Bを通過後，台から離れることなく点Dまですべり下りた。図2のように斜面上で物体にはたらく重力を，斜面に平行な力F_1と斜面に垂直な力F_2に分解した場合，F_1は何Nか答えなさい。

問4　物体が斜面部分のCD間の距離0.8 mをすべり下りる間に，重力が物体にした仕事は何Jか答えなさい。

問5　物体がCD間をすべり下りるのに4秒かかった。重力が物体にした仕事の仕事率は何Wか答えなさい。

8 下の図のように，試験管Aに炭酸水素ナトリウムを入れて加熱すると，試験管Aの口には液体がつき，試験管Bには気体が集められた。あとの問いに答えなさい。

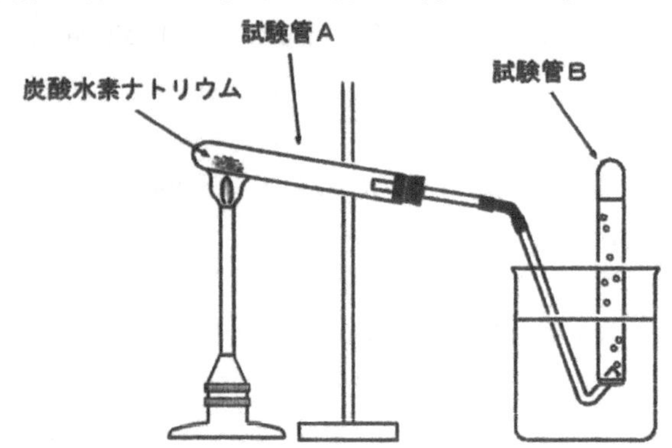

問1　このときの化学変化のように，１つの物質が２つ以上の物質に分かれる化学変化を何というか答えなさい。

問2　試験管Bに集められた気体とその確認方法の組み合わせとして最もあてはまるものを，次の①～⑨から１つ選び記号で答えなさい。

	気体	確認方法
①	酸素	石灰水に通すと白くにごる。
②	酸素	火のついた線香を近づけると線香が激しく燃える。
③	酸素	特有の刺激臭がある。
④	二酸化炭素	石灰水に通すと白くにごる。
⑤	二酸化炭素	火のついた線香を近づけると線香が激しく燃える。
⑥	二酸化炭素	特有の刺激臭がある。
⑦	アンモニア	石灰水に通すと白くにごる。
⑧	アンモニア	火のついた線香を近づけると線香が激しく燃える。
⑨	アンモニア	特有の刺激臭がある。

問3　このときの化学変化の化学反応式を答えなさい。

問4　上の実験装置で 4.2 g の炭酸水素ナトリウムを十分に加熱したところ，試験管内には 2.65 g の白い物質が残った。炭酸水素ナトリウムを 1.68 g に変えて同じ実験をした場合，白い物質は何 g 残るか答えなさい。

【社　会】（50分）〈満点：100点〉

1 次の文章を読み，あとの問いに答えなさい。

2018年現在，193か国が加盟している国際連合（国連）は，1945年に国際連合憲章を採択し創設された。本部はニューヨークにあり，①総会・安全保障理事会（安保理）・国際司法裁判所などの主たる機関が置かれている。また，国連教育科学文化機関や②世界保健機関などの専門機関も置かれ，国連と連携し活動している。

総会はすべての加盟国で構成され，世界のさまざまな問題について話し合いを行い，投票においては平等に1国1票とされている。

安保理は，世界平和と安全の維持をするために強い権限を持っているため，安保理の決定には従う義務がある。安保理は，③アメリカ・ロシア・イギリス・フランス・中国の主要5か国と，任期2年の総会で選出された10か国で構成され，主要5か国には（　X　）があり，重要な問題に対しては1か国でも反対すると否決となる。

国連は，世界平和と安全の維持を実現する役割をもち，安保理の決定に基づき，④他国への侵略をした国に対し制裁を加えることができる。また，国連は紛争を起こした地域で，停戦や選挙の監視などの⑤平和維持活動も行っている。

国連のもう一つの大きな役割としては，経済や文化，⑥環境，人権など，世界の人々の暮らしの向上のために，専門機関やその他の国際機関などと連携し，持続可能な開発を実現する取り組みを行うことがある。その一つとして，2015年に⑦持続可能な開発目標を定めた。

問1　文中の（　X　）に当てはまる語句を答えなさい。

問2　下線部①について，下記は国連総会の決議についての文章である。（　A　）・（　B　）に当てはまる語句を（ア）～（オ）から選びそれぞれ記号で答えなさい。

「国連総会の決議では各国が1票を持ち，重要な問題については3分の2以上であるが，基本は（　A　）の賛成で可決される。しかし一部の加盟国は，（　B　）に比例した票数にするべきだと主張している。」

（ア）公正　　（イ）分担金の金額　　（ウ）観点　　（エ）過半数　　（オ）一致

問3　下線部②について，「世界保健機関」の通称をアルファベットで答えなさい。

問4　下線部③について，安保理の主要5か国を何というか答えなさい。

問5　下線部④について，このような体制を何というか答えなさい。

問6　下線部⑤について，「平和維持活動」の通称をアルファベットで答えなさい。

問7　下線部⑥について，下記の（ｉ）と（ii）に答えなさい。

（ｉ）1992年に開催された「国連環境開発会議」の通称を何というか答えなさい。

（ii）国連環境開発会議で採択された基本的な考えを（ア）～（エ）から1つ選びなさい。

（ア）パリ協定　　（イ）リオ宣言　　（ウ）共同実施　　（エ）人間環境宣言

問8　下線部⑦について，「持続可能な開発目標」の略称をアルファベットで答えなさい。

2 次の文章を読み，あとの問いに答えなさい。

日本国憲法において，国の行政権は，①内閣総理大臣と国務大臣で構成される②内閣に属しており，内閣は行政権の行使について，国会に対して連帯して責任を負うものとされている。このようなしくみを「(　1　) 内閣制」または責任内閣制と呼ぶ。内閣の権限については，憲法第73条で，一般行政事務のほか，法律や予算の執行，条約の締結や予算案の作成，法律に基づく(　X　)の制定，恩赦など行政に関する権限が広く認められている。また，その中には，③衆議院を解散する権限も与えられている。衆論院によって内閣不信任案が可決，または信任の決議案を否決されたとき，衆議院を解散しない場合に内閣は，(　2　)しなければならない。このように行政権と立法権の間には抑制と均衡の関係が見られる。また，内閣は最高裁判所長官の指名権を持ち，司法部との間にも同様な関係を見ることができる。

国の行政は，各行政機関によって分担されているが，これらの行政機関は④行政委員会を別にして，内閣の決定した方針に従って活動する。国などの事務を実際に担当している公務員は，憲法第15条２項で「すべて公務員は（　3　）の（　4　）であって，一部の（　4　）ではない。」とされている。

問１　下線部①について，内閣総理大臣に関して述べた文として，適当でないものを（ア）～（エ）から１つ選びなさい。

（ア）　内閣総理大臣とその他の国務大臣は，文民でなければならない。
（イ）　内閣総理大臣は，衆参両議員の中から選出することができる。
（ウ）　内閣総理大臣は，内閣の首長であり，国務大臣を任意に任命・罷免することができる。
（エ）　内閣総理大臣と衆参両院議長は天皇が任命する。

問２　下線部②について，首相とその他の国務大臣で組織され，内閣が意思決定するために開く会議を何というか答えなさい。

問３　下線部③について，衆議院の解散に関して述べた文として，適当なものを（ア）～（エ）から１つ選びなさい。

（ア）　衆議院の解散による衆議院議員の総選挙は，解散の日から40日以内に行わなければならない。
（イ）　参議院が内閣不信任の決議案を可決したときも，内閣は衆議院を解散することができる。
（ウ）　衆議院は，内閣不信任の決議案を可決したときや内閣信任案を否決したときには，20日以内に内閣によって解散させられることがある。
（エ）　衆論院の解散は，天皇の国事行為の一つであり，内閣の助言と承認を必要としない。

問４　下線部④について，消費者の利益を守ることを目的に，独占禁止法を運用するための組織を何というか答えなさい。

問５　文中の（　X　）に当てはまる語句を（ア）～（エ）から１つ選びなさい。

（ア）　条例　　（イ）　省令　　（ウ）　政令　　（エ）　憲法

問６　文中の（　1　）～（　4　）に当てはまる語句をそれぞれ答えなさい。

3 次の略年表を見て，あとの問いに答えなさい。

年 号	で き ご と
645年	①壬申の乱が起こる
710年	藤原京から②平城京に都を移す
794年	桓武天皇が平城京から③平安京に都を移す
④1192年	⑤源頼朝が征夷大将軍に就任する
1221年	⑥承久の乱が起こる
1334年	⑦後醍醐天皇を中心とする政治が始められる
1338年	足利尊氏による⑧室町幕府の成立

問1　下線部①の戦いののち，勝利し大きな権力を握った天皇を（ア）～（エ）から1つ選びなさい。

（ア） 天智天皇　（イ） 文武天皇　（ウ） 天武天皇　（エ） 聖武天皇

問2　下線部②の平城京には存在しない建造物を（ア）～（エ）から1つ選びなさい。

（ア） 東寺　（イ） 唐招提寺　（ウ） 興福寺　（エ） 薬師寺

問3　下線部③ののち平安時代となるが，平安時代に起きたできごとを述べたⅠ～Ⅲの文について，古いものから年代順に正しく配列されたものを（ア）～（カ）から1つ選びなさい。

Ⅰ　藤原氏による摂関政治は，藤原道長とその子の頼通のころに最も栄えた。

Ⅱ　白河天皇は，天皇の位を幼少の皇子にゆずり，上皇として政治を動かす院政を開始した。

Ⅲ　菅原道真の提案によって，遣唐使の派遣が中止された。

（ア） Ⅰ－Ⅱ－Ⅲ　（イ） Ⅰ－Ⅲ－Ⅱ　（ウ） Ⅱ－Ⅰ－Ⅲ

（エ） Ⅱ－Ⅲ－Ⅰ　（オ） Ⅲ－Ⅰ－Ⅱ　（カ） Ⅲ－Ⅱ－Ⅰ

問4　下線部④の年より前に起きたできごとを（ア）～（オ）からすべて選びなさい。

（ア） 国ごとに守護を，荘園や公領に地頭が設置された。

（イ） 武士の慣習をまとめた御成敗式目が制定された。

（ウ） 運慶や快慶らの仏師によって，金剛力士像が東大寺南大門の中につくられた。

（エ） 法然の弟子に学んだ一遍は，おどり念仏を行って，人々に念仏信仰をすすめた。

（オ） 平清盛は大輪田泊を修築し，瀬戸内海の航路を整えて日宋貿易に力を入れた。

問5　下線部⑤の源頼朝の義父で，鎌倉幕府の初代執権でもある人物を答えなさい。

問6　下線部⑥のできごとで敗れた後鳥羽上皇について述べたⅠとⅡの文について，正誤の組み合わせとして正しいものを（ア）～（エ）から1つ選びなさい。

Ⅰ　承久の乱の後，佐渡へ流された。

Ⅱ　藤原定家に編集させて『新古今和歌集』が成立した。

（ア） Ⅰ－正　Ⅱ－正　（イ） Ⅰ－正　Ⅱ－誤

（ウ） Ⅰ－誤　Ⅱ－正　（エ） Ⅰ－誤　Ⅱ－誤

問7　下線部⑦の政治を何というか答えなさい。

問8　下線部⑧の室町幕府3代将軍の足利義満について述べた（ア）～（エ）の文について，誤っているものを1つ選びなさい。

（ア）　京都の室町に御所をかまえた。
（イ）　南北朝を統一して内乱を終わらせた。
（ウ）　朝貢形式による日明貿易を開始した。
（エ）　京都の東山に，禅宗の影響を受けた質素で気品ある銀閣をつくった。

4　人物に関する次のA～Cの解説文を読み，あとの問いに答えなさい。

A	豊臣秀吉

①１４６７年から始まった，幕府の実力者細川氏と山名氏の勢力争いに結びつき，多くの守護大名をまきこんだ戦乱のあと，織田信長が果たせなかった全国統一を実現し，１００年余り続いた戦国時代はようやく終わることになった。

B	徳川家康

１６００年に豊臣氏の支配をそのまま続けようとする石田三成らの大名を関ケ原の戦いで破り，全国支配を強めた。そして，１６０３年から征夷大将軍に任命され，②江戸幕府を開いた。１６１５年には豊臣秀吉を滅ぼし，③徳川氏が約２６０年にわたって全国を支配する基礎をつくった。

C	板垣退助

④征韓論を主張したが，対立し政府を去った。その後，国会の開設を求め，⑤自由民権運動を活発に展開した。１８８１年にはフランスの人権にもとづいて（　Ｘ　）をつくった。翌８２年には大隈重信がイギリスのような議会政治をめざして（　Ｙ　）をつくった。

問１　Aの豊臣秀吉が行った政策のうち，誤っているものを（ア）～（エ）から１つ選びなさい。
（ア）　百姓が刀や槍などの武器をもつことを禁止した。
（イ）　近江に壮大な安土城を築いて全国統一の拠点とした。
（ウ）　年貢を確実に集めるために，ものさしやますを統一し，田畑の広さや収穫高を調べ，石（こく）という単位を用いた。
（エ）　兵農分離を進め，その後の身分制社会の土台をつくった。

問２　下線部①のできごとを何というか答えなさい。

問３　下線部②について，下記の（ⅰ）と（ⅱ）に答えなさい。
（ⅰ）　江戸幕府が行った政策について述べた（ア）～（エ）を古いものから年代順に配列したときに，２番目になるものを（ア）～（エ）から１つ選びなさい。

(ア) 武家諸法度を定め，築城や大名どうしの結婚などに制限を設けた。
(イ) 将軍綱吉が，武力ではなく学問や礼節を重んじる政治への転換を行った。
(ウ) 将軍吉宗の，享保の改革とよばれた政策により幕府の収入が増えた。
(エ) 老中松平定信が寛政の改革とよばれる政策を行った。

(ⅱ) 江戸幕府の正学とされ，儒学の中でも，君臣の主従関係や父子の上下関係を大切にする学問を漢字3字で答えなさい。

問4 下線部③について，下記の（ⅰ）と（ⅱ）に答えなさい。

(ⅰ) 江戸時代の文化に関するⅠ～Ⅲと最も関連する人物を（ア）～（カ）から1つずつ選びなさい。

Ⅰ 富嶽三十六景　Ⅱ 風神雷神図屏風　Ⅲ 閑谷学校

(ア) 池田光政　(イ) 歌川広重　(ウ) 平賀源内
(エ) 尾形光琳　(オ) 葛飾北斎　(カ) 俵屋宗達

(ⅱ) 1867年の，将軍徳川慶喜による天皇への政権の返上を何というか答えなさい。

問5 Cの板垣退助の解説文中の（　X　）と（　Y　）の組み合わせとして正しいものを，下の表の（ア）～（カ）から1つ選びなさい。

	(ア)	(イ)	(ウ)	(エ)	(オ)	(カ)
X	立憲改進党	立憲改進党	立憲国民党	立憲国民党	自由党	自由党
Y	立憲国民党	自由党	立憲改進党	自由党	立憲改進党	立憲国民党

問6 下線部④の征韓論で，同じく政府を去った西郷隆盛が中心となって1877年に起こした武力反乱を答えなさい。

問7 下線部⑤の高まりをうけて，1880年に各地の代表者が大阪に集まって結成し，約8万7千人の署名とともに国会開設の請願書を政府に提出した政治団体を答えなさい。

5 次の地図を見て，あとの問いに答えなさい。

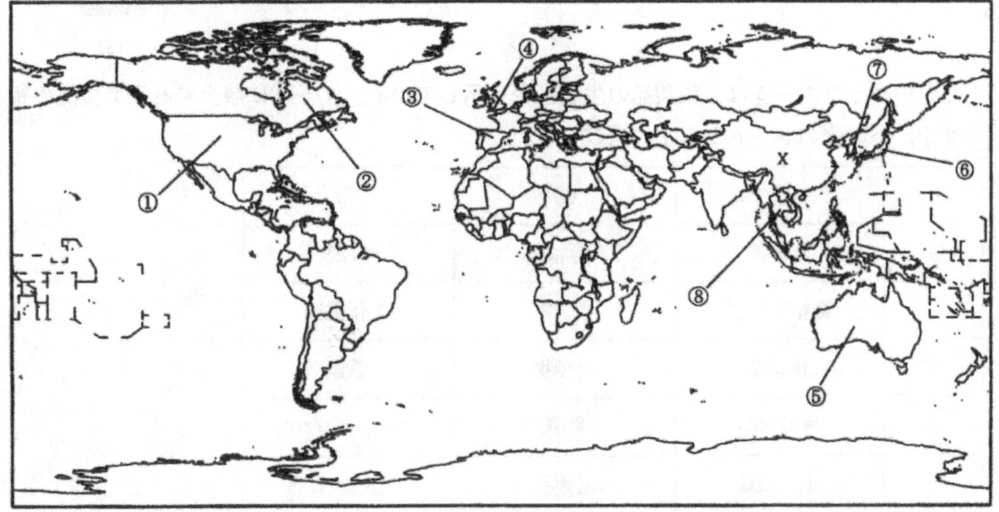

問1　表1のａ～ｄには，上の地図中の①～⑧の国のいずれかが当てはまる。ａ～ｄに当てはまる国を下のヒントを参考にし，①～⑧からそれぞれ選びなさい。

【表1】

	老年人口率（６５歳以上）％	１人当たりの国民総所得（ドル）	穀物自給率（%）	エネルギー自給率（%）	主な輸出品
a	１９．５	３８，９５０	１８９	５６	機械類・航空機・自動車
b	１６．６	４３，６６０	２０２	１７４	自動車・機械類・原油
c	１３．６	２７，６００	２５	１９	機械類・自動車・船舶
d	１５．３	５４，４２０	２７９	３０４	鉄鉱石・金・石炭

【ヒント】

ａ　この国はラテン系民族で構成され，宗教は大部分がカトリックである。小麦の輸出も多い。

ｂ　この国は多民族国家で公用語は英語・フランス語である。資源も原油以外にニッケル・銅などの鉱産資源も豊富である。

ｃ　この国は1965年に近隣国と国交を回復し援助もあり工業化が進んだ。製鉄・石油化学・電子工業などの重化学工業が発展している。1991年に国連に加盟した。

ｄ　この国は資源が豊富な国である。特に鉄鉱石の産出量では世界最大である。また，この国と日本の間でワーキングホリデイ（労働許可付きの休暇旅行制度）がある。

問2　地図中のＸ国について，あとのⅠとⅡの問いに答えなさい。

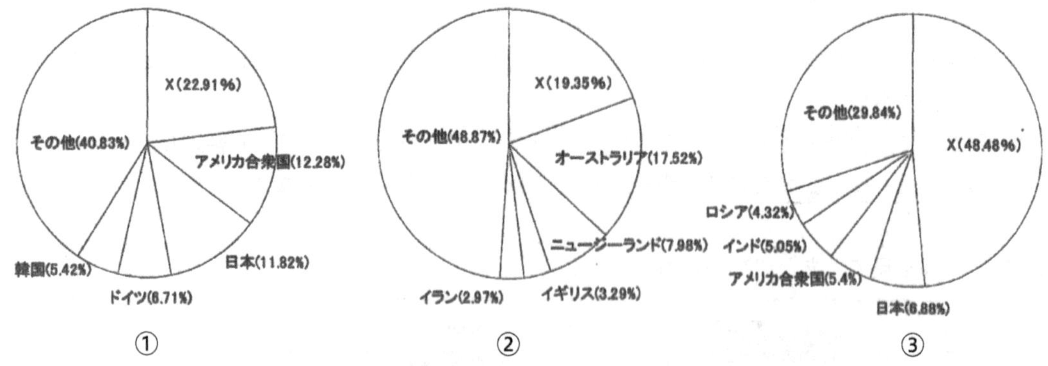

Ⅰ　上記の円グラフ①～③は工業製品の生産割合を示している。①～③に該当する工業製品の組み合わせを，下の表のａ～ｅから１つ選びなさい。

	①	②	③
a	半導体	化学繊維	綿織物
b	薄型テレビ	半導体	工作機械
c	自動車	毛織物	鉄鋼
d	携帯電話	鉄鋼	ノートパソコン
e	化学繊維	医薬品	自動車

Ⅱ　X国についての下の文章を読み，あとの（ⅰ）～（ⅳ）の問いに答えなさい。

X国の人口は，2017年で世界最大の約14億1千万人である。この国でも高齢化が進み，人口を抑制するための政策である（　1　）政策を近年中止した。また，工業化も急速に進み，1979年以降設置された外国の資本・技術の導入を目的とした特別地域である①（　2　）を沿岸部に5か所設置した。1997年にはイギリスから（　3　）が返還，1999年にはポルトガルからマカオが返還された。これによって，これまでの資本主義を一定の期間認める措置を約束し，X国の経済体系は本来の（　4　）主義の中に資本主義を認める1国2制度が開始された。国内は4つの直轄地と22省，②5つの自治区，2特別行政区からなる多民族国家となった。また，内陸部と沿岸部との格差を是正するために，③交通基盤の整備，資源開発，産業の育成，環境保全などを目的とする（　5　）が2001年から実施された。

（ⅰ）　文中の（　1　）～（　5　）に当てはまる語句をそれぞれ答えなさい。

（ⅱ）　下線部①について，沿岸部に設置した理由として最も適当なものを（ア）～（オ）から1つ選びなさい。

（ア）　沿岸部の方が，内陸部よりはるかに労働力が安いから。

（イ）　1年中降水量が少なく温和な気候であり，土地代が安いから。

（ウ）　台湾と共同し工業化を進めるために，台湾と距離が近い場所で設置したから。

（エ）　沿岸部の方が原料を輸送するのに便利であり，また，完成した製品を運び出すにも便利がいいから。

（オ）　もともと工業が盛んな地域であったため，既存の施設を使うことができたから。

（ⅲ）　下線部②について，次の説明に当てはまる自治区を答えなさい。

区都ウルムチは乾燥地域で，中央には天山（てんしゃん）山脈が走り，その南にタリム盆地が広がる。牧畜やオアシス農業が盛んで，大規模な油田開発が行われている。

（ⅳ）　下線部③について，青海（せいかい）省西寧（せいねい）市とチベット自治区の区都ラサを結ぶ鉄道名を答えなさい。

6　次の文章を読み，あとの問いに答えなさい。

オセアニアの範囲は広大で，オーストラリア大陸とニュージーランドの島々，太平洋に散在する多くの島々からなっている。オーストラリア大陸は大部分が標高500 m以下で，大きな地震や火山はない。ニュージーランドは日本と同じく太平洋を取り囲むように連なる（　1　）造山帯に属し，地震や火山が多く，3000 mを超える山脈がそびえる。また太平洋の島々は火山のはたらきによってできた火山島と，（　2　）が海面上に現れた島が多い。（　2　）でできた島々は海抜が低いため，南太平洋のツバルのように（　3　）化にともなう海面上昇によって水没の危機にある。気候的にみると，オーストラリア大陸の大部分は乾燥した大陸であるのに対して，ニュージーランドはヨーロッパ西部と同じ温帯の一つである（　4　）気候である。一方，太平洋の島々は大部分が熱帯気候となっている。

オセアニアにはもともと先住民が住んでいたが，オーストラリアやニュージーランドでは，イギリスなどのヨーロッパからの移住者の子孫が人口の大部分を占めるようになった。そのためオーストラリアでは1970年代まで白人以外の移民をしめ出す（　5　）主義の政策がとられてきた。現在ではオーストラリアやニュージーランドは，さまざまな文化が共存し互いを尊重し合う（　6　）主義を国の方針としている。また，オーストラリアやニュージーランドの農業をみると，ともに（　7　）の飼育がさかんである。

問１　文中の（　１　）～（　７　）に当てはまる語句を答えなさい。

問２　下線部について，（a）オーストラリアと（b）ニュージーランドの先住民を答えなさい。

問３　オーストラリアの首都を答えなさい。

7　次の地図を見て，あとの問いに答えなさい。

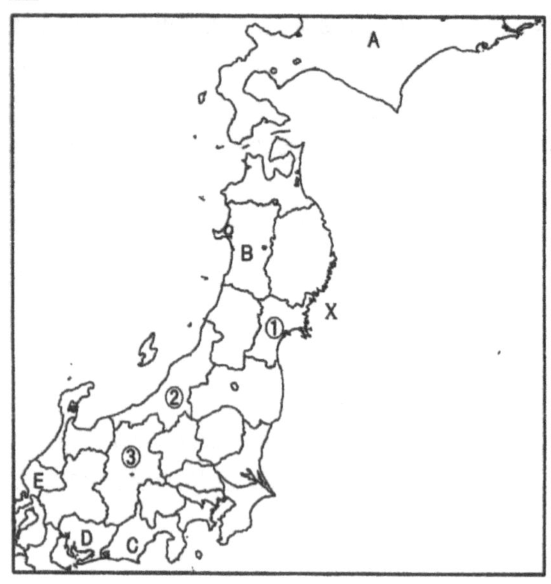

問１　地図中Xの，起伏にとんだ陸地が沈降して岬と入り江がのこぎり状に出入りする海岸地形を何というか答えなさい。

問２　下記の雨温図は地図中①～③のどの県のものか選び記号で答えなさい。

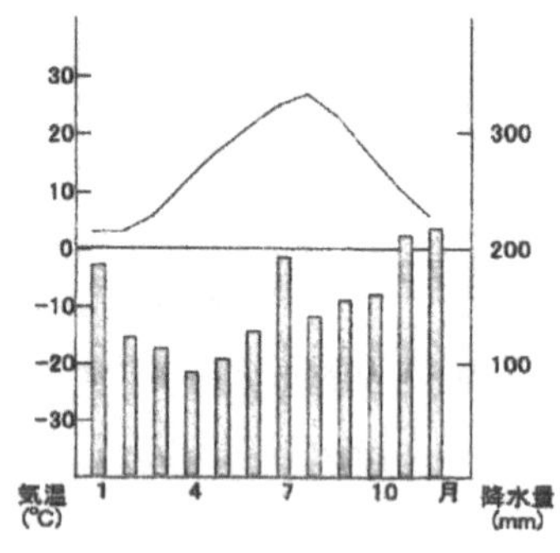

問３　次の円グラフは上の地図中のA～Eの都道府県の農産物の生産量の割合と，工業製品の生産額の割合を表している。円グラフ内のア～オに当てはまる都道府県を，地図中のA～Eの中からそれぞれ選びなさい。

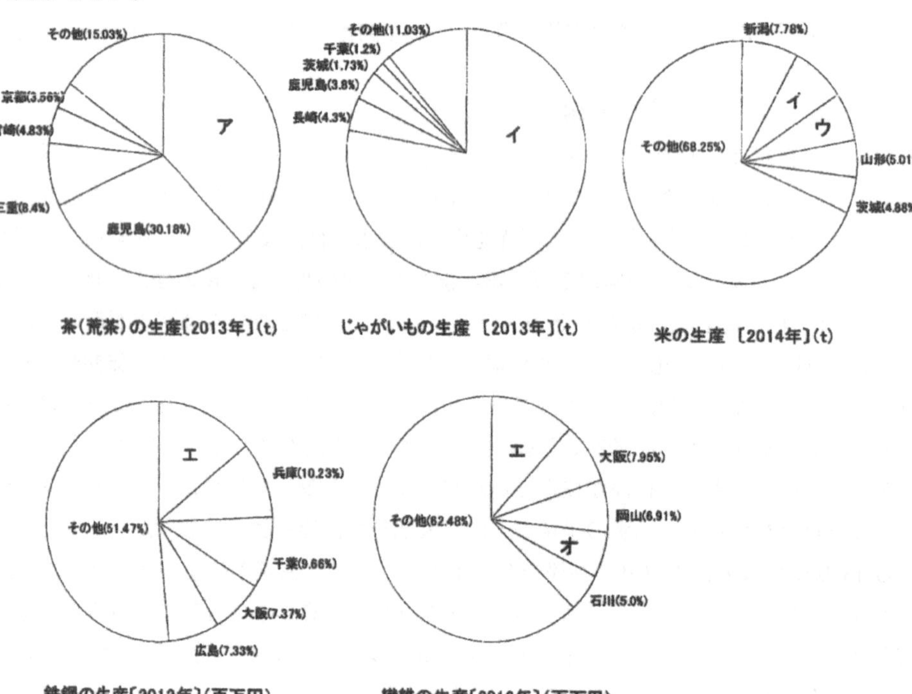

主は（　A　）「越前房は、背が高くもなく、低くもない。（　6　）」と言い直した、家主の頭の回転のはやさは、とても（　B　）だった。

問1　二重傍線部（a）～（c）を現代仮名遣いに直しなさい。

問2　波線部（A）「とりもあへず」・（B）「をかし」の本文中での意味を、それぞれ次のア～オの中から一つ選びなさい。

（A）ア　とりあえず　イ　すぐに　ウ　なんとなく　エ　しばらくして　オ　ふと

（B）ア　不思議　イ　笑えるほど　ウ　場違い　エ　みごと　オ　興ざめ

問3　傍線部（1）「にくしにくし」の現代語訳として最も適当なものを、次のア～オの中から一つ選びなさい。

ア　とても帰りにくい　イ　きっと遊びにくい

ウ　まったく集中できない　エ　とても帰りたい

オ　とても憎らしい

問4　傍線部（2）「亭主」・（4）「かたき」と同じ人物を指す文中の表現を、次のア～オの中から一つずつ選びなさい。

ア　孝道入道　イ　或人　ウ　越前房

エ　かの僧　オ　この僧

問5　傍線部（3）・（6）「よき程の者」の現代語訳の組み合わせとして適当なものを、次のア～エの中から一つ選びなさい。

ア　（3）ちょうどよい感じの人　（6）すばらしい人

イ　（3）ちょうどよい感じの人　（6）いいかげんな人

ウ　（3）いいかげんな人　（6）ちょうどよい感じの人

エ　（3）いいかげんな人　（6）すばらしい人

問6　傍線部（5）「亭主のひざをつきたり」の理由を四十字以内で答えなさい。

問7　次の①～④の各文について、本文の内容に合致しているものには○を、合致していないものには×をそれぞれ答えなさい。

①　亭主は、仁和寺に住む僧を心から尊敬している。

②　越前房は帰ったふりをして、亭主が自分を批判する内容を聞き取ろうとした。

③　越前房は双六の力量が群を抜いて優れており、それは仁和寺で修行を積んだからである。

④　筆者は亭主の臨機応変な対応力に感心している。

るが、ヨーロッパの農村集落のつくられ方の特徴を二点まとめ、それぞれ三十字以内で答えなさい。

問4 傍線部(3)「今日のパリの市民たちが、なぜあんなに苛立った表情をしているのかも、わかるような気がしました」とあるが、筆者がとらえた理由を五十字以内で答えなさい。

問5 空欄〔①〕に入る語として最も適当なものを、次の**ア**～**エ**の中から一つ選びなさい。

ア 有意義　**イ** 無責任　**ウ** 平凡　**エ** 非凡

問6 次の会話は、この文章を読んで、AさんとBさんが話し合ったものです。

空欄〈Ⅰ〉～〈Ⅳ〉に当てはまる最も適当な語を、それぞれ本文中から抜き出して答えなさい。

Aさん ヨーロッパの農村は、日本の農村のつくられ方と違うことがわかって新鮮だったよ。

Bさん うん、村を維持するために、誰もが〈　Ⅰ　〉とされて仕事ができるのって幸せだよね。

Aさん 筆者が、「村人は安心感と〈　Ⅱ　〉をもって暮らしていて、その村人の〈　Ⅲ　〉が好き。」って書いているのが、とっても印象的だったなあ。みんなが認め合い、協力できるって素敵だよね。

Bさん こういう雰囲気のなかで育つ〈　Ⅳ　〉たちも、その村を受け継いでいくんだね。

3 次の古文とその現代語訳を読んで、後の問いに答えなさい。

孝道入道（かうだうにふだう）、仁和寺（にんなじ）の家にて或人（ある）と＊双六（すごろく）をうちけるを、隣にある越前房（あちぜんばう）と(a)いふ僧きたりて、見所（けんじょ）すとて、様々のさかしらをしけるを、(1)にくしにくしと思ひけれども、物もいはで(b)うちゐたりけるに、この僧さかしらしさして立ちぬ。かへりぬと思ひて、(2)亭主、「この越前房は(3)よき程の者かな」といひたりけるに、かの僧いまだ帰らで、亭主のうしろに立ちたりけり。(4)かたき、また物いはせじとて、(5)亭主のひざをつきたりければ、うしろへ見むきて、見れば、この僧いまだありけり。この時(A)とりもあへず、「越前房は高くもなし、低くもなし。(6)よき程の者な」と(c)いひなほしたりける、心はやさ、いと(B)をかしかりけり。

（「古今著聞集」による）

（注）＊双六…奈良時代に中国から伝わった室内での遊び。二人で行う。

【現代語訳】

孝道入道が、仁和寺の自宅で、ある人と双六を打ったところ、隣に住む越前房という僧がやって来て、勝負の判定をすると言って、あれこれと余計な口出しをしたのを、孝道入道は（　1　）と思ったが、何も言わずに双六を打ち続けていたところ、この僧は、口出しするのを途中でやめて席を立った。帰ったのだと思って、家主は、「この越前房は、（　3　）なあ」と言ったところ、あの僧はまだ帰らないで、家主の後ろに立っていた。双六の相手が、もう一度家主に越前房の悪口を言わせてはいけないと思って、家主のひざをつついたので、家主が後ろを振り返って見ると、この僧がまだいた。そこで家

村の暮らしは、自分の労働を必要としている。そしてその労働をおこなっているから、自分は村人から尊重されて暮らすことができる。村にはそんな雰囲気があります。

私はこの雰囲気のなかで暮らす村人の表情が好きでした。もしかすると、村人は平凡な人生を過ごしているのかもしれません。しかし、私には彼らの日々が平凡だとはとても感じることはできませんでした。この村では、誰もがかけがえのない人生を過ごしていて、かけがえのない人生を過ごしているからこそ、誰もが無事な日々を過ごしているのです。このかけがえのない無事な暮らしが、村人の人生でもあるのです。

この村に滞在していると、私には、(3)今日のパリの市民たちが、なぜあんなに苛立(いらだ)った表情をしているのかも、わかるような気がしました。大都市の市民たちは、自分がこの社会のなかで、かけがえのない人間として生きているという実感を失っているのです。ですから、自分とは何者であるのかを、たえず探しつづけなければなりません。

ところが村では、そんなことは誰もが自然にわかってくることです。自分の労働が、村のある部分を支えている、つまり自分が村という関係のなかで〔　①　〕な人間だということは、確認する必要もないほどに明らかなのです。

そのことが農村の雰囲気に、ある種のやさしさや余裕をもたらしているような気がします。あるいはそれを、村に(c)タダヨう安心感と表現してもよいでしょう。

私がパリよりも郊外の農村を好んだのは、この雰囲気のなかに滞在していると、ここには満ち足りた時間が展開しているような気がして、いつの間にかのんびりしている自分に気づくことができたからでした。そして村の子どもたちも、この雰囲気のなかで暮らし、この雰囲気のなかで大人になっていきます。ここに、農村の子どもたちの世界が展開していきます。

（内山節『子どもたちの時間』による）

問1　二重傍線部（a）～（c）のカタカナを漢字に直しなさい。

問2　傍線部（1）「大都市に滞在するより、ずっと落ちついた時間」とあるが、そのように筆者が感じる理由として最も適当なものを、次の**ア**～**エ**の中から一つ選びなさい。

ア　ヨーロッパの農村では大都市よりも時間がゆっくりと進み、そのゆるやかな時間のなかに滞在することで、自分自身が少しずつ穏やかな気持ちに包まれていくような気分になるから。

イ　ヨーロッパの農村のどこまでも続く雄大な風景のなかに滞在することで、大都会のビルに囲まれた生活から解放され、のどかな気持ちの余裕が心の中に広がっていくように感じるから。

ウ　ヨーロッパの農村のやさしさや余裕を感じる雰囲気には安心感があり、この雰囲気のなかに滞在すると、満ち足りた時間の中でいつのまにかのんびりしている自分に気づくことができるから。

エ　ヨーロッパの農村では個々が責任感をもって自立した生活をしているので、大都会のように社会的立場や人間関係を保つための気疲れをするようなことがなく、安心感を得られるから。

問3　傍線部（2）「大きな違いは、集落のつくられ方にある」とあ

2 次の文章を読んで、後の問いに答えなさい。

パリに滞在しているときは、私はよくパリを離れて、郊外の農村にホテルを探しました。用事のあるときは、一時間くらい電車に乗ってパリに行く。そうすれば(1)大都市に滞在するより、ずっと落ちついた時間を手にすることができます。どこまでも広がる畑と、ところどころに残る林、その間を流れる小川。村の集落。教会の鐘の音が村人に時を告げています。

もっとも農村の滞在の快適さは、自然の豊かさや、のんびりした村の雰囲気だけがつくりだしたものではありませんでした。

フランスの農村風景は、日本の農村とはずいぶん異なっています。もちろん、水田と畑の違いもあります。しかし、もっとも(2)大きな違いは、集落のつくられ方にあるような気がします。日本の農村なら、村のなかに人家が点在していて、家と田畑が近接しているのが普通でしょう。ところが、フランスにかぎらずヨーロッパの農村は、集落は一ヵ所に凝縮してつくられ、そのまわりに、家一軒ない畑の景色が、地平線までひろがっていきます。

集落の入口には、道の横に「これより町」という標識をみかけることがあります。確かに集落は小さな町なのです。日本の農村なら、何分か歩かなければ隣の家に行けない、ということがよくありますが、ヨーロッパの農村集落では、窓を開ければ、隣家の人と窓越しに話ができるほどに、そこには結構(a)カミツな小さな町がつくられています。

小さな集落でも、中心にはたいてい教会が建てられています。その前は村の広場で、定期的に移動商人が集まってきて市を開いたりします。この村の広場を包みこむように、ホテルやレストラン、村人が生活するうえで必要な商店や郵便局などがあって、さらにその外側に農民の家などのあるのが普通です。

村のお店では、パン屋は朝早くからパンを焼きます。パン屋がパンを焼かなければ、村の一日もはじまらないのです。村人がパンを買いにきて、それが一区切りつくと、この店の人々は、つづいてケーキを焼いたり、チョコレート菓子をつくったりしはじめます。その頃、花屋は店先を花で埋めています。肉屋もまた村に欠かせない商店のひとつです。煙草屋(たばこや)も、ワインやミネラルウォーターを売る店も必要です。塩や砂糖や香料や、糸やボタンや、そんないろいろなものを売っている雑貨屋も村には欠かせません。カフェは、ちょっと時間があくと、村人が立ち寄っていくところです。そして、少し特別な日に、一家で夕食を楽しむレストランも、村の生活のなかではなくてはならないものなのです。

そこには村人の生活に欠かせないさまざまな店があり、この店とともにつくられた小さな町、それがヨーロッパの農村集落だといってもよいでしょう。ですから、こんな農村に滞在していると、村人がそれぞれ自分の役割をこなすことによって村が形成されている、ということがとてもよくわかります。誰もが村を維持するうえで必要な役割をこなし、そのことがわかっているから、村人は安心感と誇りをもって、村で暮らしつづけることができるのです。ちょうどパン屋がパンを焼かなければ村の朝がはじまらないように、その家族の少し特別な日に、みごとな料理を用意してくれるレストランの存在が、村の暮らしの文化の一端を(b)ニナっているように、ここでは誰もが必要な人間なのです。

ア 父の作るお弁当のおかずがいつも同じ内容なことに、うんざりする気持ち。
イ おかずを見られて家が貧乏であることが周りに知られることを恐れる気持ち。
ウ おかずに華やかさや盛りつけのかわいらしさがないことに気が引ける気持ち。
エ まずいお弁当を無理にでも食べなくてはいけないことを腹立たしく思う気持ち。

問4 空欄（①）・（②）に入る語として最も適当なものを、それぞれ次の**ア**～**エ**の中から一つ選びなさい。
（①）**ア** 嫌悪　**イ** 罪悪　**ウ** 危機　**エ** 喪失
（②）**ア** 不快　**イ** 焦燥　**ウ** 疎外　**エ** 孤独

問5 傍線部（２）「一口も食べずに、蓋をあけることすらせずに持って帰ったことが何度もある」とあるが、その理由を本文中の表現を用いて六十字以内で説明しなさい。

問6 傍線部（３）「その理由がわかったのは、私が結婚してからだ」とあるが、「その理由」を具体的に説明している一文を本文中より抜き出し、最初の五字を答えなさい。

問7 傍線部（４）「無言のメッセージ」とあるが、「メッセージ」の内容を端的に述べている最も適当な箇所を、本文中より五字以内で抜き出して答えなさい。

問8 傍線部（５）「今ならば、カレーライスの入ったお弁当だって、親子丼の入ったお弁当だって喜んで持って行くだろう。そしてきれいに空っぽにして返すだろう」とあるが、「私」がそのように述べる理由の説明として最も適当なものを、次の**ア**～**エ**の中から一つ選びなさい。
ア 当時の父の愛情を理解できなかった自分を責め、反省している気持ちを行動で示したいから。
イ お弁当に込められた意味と父の苦労を理解し、感謝のメッセージをきちんと伝えたいから。
ウ 当時と違って成長した今は恥ずかしさも薄れ、父を喜ばせる演出も抵抗なくできるから。
エ 自分も家庭を持ち、節約の大切さと食べ物のありがたさがよく分かるようになったから。

問9 本文に描かれている「私」の「父」に対する思いの説明として最も適当なものを、次の**ア**～**エ**の中から一つ選びなさい。
ア 苦労して毎日お弁当を作り、無言のメッセージを受け取りながら「私」を見守ってくれた「父」に対する尊敬と感謝の思い。
イ 娘からの誤解を恐れず、信念を持って自分なりのお弁当のスタイルを貫いた「父」の頑固さをあきれながらも称賛する思い。
ウ 娘にお弁当を作ることを自分の義務だと自覚し、休まず六年間続けた「父」の意志と責任感の強さを改めて見直す思い。
エ お弁当の意味や、残したことを怒らなかった理由を説明してくれなかった「父」の気遣いのなさを不満に感じる思い。

「せっかく作ったのに何で食べないんだ」

と怒られていたら、面倒くさくなってこっそり捨てていたかもしれない。

私は、知らず知らずのうちに父へメッセージを送り、父は黙ってそれを受け取って見守ってくれていたのだ。

夫は大抵きれいにお弁当を平らげて帰って来てくれるが、たまに残してくることもある。そんな時、夫は、

「いやー、今日は途中でお客さんが来てさ」

「今日は全くお弁当を食べる時間がなかったんだよ」

などと話してくれる。そんな話を聞くと、父の言っていることもあながち間違いではないな、とふと思う。

今は色々と話してくれる夫だが、そのうち黙ってお弁当を残してくることがあるかもしれない。

そんな時は不機嫌にならず、お弁当に込められたメッセージを読み取らなければ。

今、お弁当を作る身になって、父の苦労がよくわかる。

中学生にもなれば、

「お弁当くらい自分で作れ」

と突き放すことだって出来たのに、父は黙々と六年間お弁当作りを続けてくれた。そのおかげで父と無言のコミュニケーションをはかることが出来たのだ。

あの時は文句ばっかりで「ありがとう」の気持ちをきちんと伝えることが出来なかった。

(5)今ならば、カレーライスの入ったお弁当だって、親子丼の入ったお弁当だって喜んで持って行くだろう。そしてきれいに空っぽにして返すだろう。

「ごちそうさま。ありがとう」

のメッセージを込めて。

(宮本　輝一選『父の目方』による)

(注)　＊去来…行ったり来たりすること。消えたり現れたりすること。ゆきき。

問1　二重傍線部(a)・(b)の漢字の読みをひらがなで答えなさい。

問2　波線部(A)「舌が肥えている」・(B)「うろ覚え」の本文中での意味として最も適当なものを、それぞれ次の**ア**～**エ**の中から一つ選びなさい。

(A)　**ア**　日頃から食べ過ぎで、少量の食べ物では満足できないこと。

イ　おいしいものを食べ慣れて、味のよしあしを識別できること。

ウ　好き嫌いがないので、何がおいしいのか判断できないこと。

エ　出された料理を残さず食べることが習慣になっていること。

(B)　**ア**　その場しのぎの判断。　**イ**　見通しの甘い考え。

ウ　あやふやな記憶。　**エ**　大胆な決断。

問3　傍線部(1)「恥ずかしいやら情けないやら」とあるが、ここでの「私」の心情の説明として最も適当なものを、次の**ア**～**エ**の中から一つ選びなさい。

そのままお弁当箱にいれるのはどうか、と。

次の日、お弁当箱を開けた私はまたもや唖然とした。

今度は親子丼だ。前日の忠告を受け入れてくれたらしく、親子丼がそのままお弁当箱に詰められることはなかったが、白ご飯の横にラップでくるまれた親子丼の具が入っていた。

このラップを外して、ご飯の上に乗せて食べろと言うのか。周りのみんなが、サンドイッチやチキンや色んな具の入ったかわいいおにぎりを食べている横で、ラップを広げて汁気のない冷めた親子丼を食べろと言うのか。

父には女心なんてわからないんだ、と、その日は帰るなり部屋に入って一人で泣いた。

父がお弁当を作ってくれた六年の間には反抗期というものもあった。父に対する〔①〕感や、母が仕事でいつもそばにいてくれない〔②〕感や、将来に対する(b)漠然とした不安など、色々な思いが去来していた。

父が作ってくれたお弁当も、(2)一口も食べずに、蓋をあけることすらせずに持って帰ったことが何度もある。

その当時の私はいつも虚しくて寂しかった。本当は両親に構われたくて仕方なかったのだ。お弁当を食べなかったことも両親の気をひきたくてやったことだ。

しかし、その一方で、父が怒り出したらどうしよう、お弁当を作ってくれなくなったらどうしよう、とビクビクして様子を窺ったりもしていた。素直じゃない、本当にやっかいな娘だった。

だが、父はお弁当に手をつけない私に何も言わなかった。理由も尋ねない。もちろん責めることも怒ることもしない。私にはそれがとても不思議だった。

(3)その理由がわかったのは、私が結婚してからだ。

夫のお弁当を毎朝作っているといった私に父は言った。

「お弁当箱は(4)無言のメッセージだからね」

と。

父は、返ってきたお弁当箱にはメッセージが隠されていると言うのだ。

きれいに空っぽになっていれば、もちろん元気な証拠。いつも同じものが残っていたらそれは嫌いなもの。半分しか食べていなかったら体調が悪いのかもしれないし、途中で何か用事が入ったのかもしれない。全く食べていなかったら食べる暇がないほどすごく忙しいのか、相当心身の調子が悪いのか。

「疲れて、お弁当を残した理由も話したくない時だってあるからね」

と父は続ける。

お弁当箱を返した人が何も話さなくても、その中身は今日の状況を語ってくれているんだ、と。

「だから、お弁当を残しても絶対に怒っちゃいけない」

お弁当を残したことを怒ると、残した中身を捨ててきたりして、せっかくのメッセージが受け取れなくなってしまう、と言うのだ。

お弁当を全く食べずに帰ってきた私を父が怒らなかった理由がやっとわかった。

父は、私が持って帰ったお弁当箱から不安や迷いや怒りのメッセージを受け取ってくれていたのだ。

あの時、父から、

【国　語】〈五〇分〉〈満点：一〇〇点〉

【注意】
問いのうち、字数が指示されているものについては、句読点や符号も字数に含めて答えなさい。

1 次の文章を読んで、後の問いに答えなさい。

父は私が中学・高校生の頃、六年間お弁当を作ってくれた。
母は早番や遅番、夜勤がある不規則な仕事で毎朝同じ時間にお弁当を作ることが出来なかったので、中学生になりお弁当が必要になった私の為に父がお弁当作りを引き受けてくれたのだ。
と言っても、それまでの父は特に料理好きというわけでもなく、(A)舌が肥えているわけでもなく、どこにでもいるごく普通の会社員だった。
そんな父が慣れない手つきで料理をしてくれるのは大変ありがたいことなのだが、しかし、出てくる料理はそれはそれはひどいものだった。
特段、料理番組や本で勉強するわけでもなく、遠い記憶の中で自分が子供の頃に食べておいしかったものを手探りで作る、という作り方だった。
(B)うろ覚えで、ジャガイモを潰したものになぜかレーズンが入っていたり、サラダにブツ切りの玉ねぎが入っていて、しかもその玉ねぎには火が通っていなかったり、ほうれん草が醤油の海に浸かっていたり、と奇妙な味でびっくりさせられた。
作る料理がそんな具合なので、それを詰めてあるお弁当もいわゆる「今どき」のおしゃれなお弁当とはほど遠い。
ご飯に刻み青のりがのっていて、歯を磨いても歯に付いた青のりが取れなかったり、固まった佃煮が、わがもの顔でおかずの中心になっていたりすることなど日常(a)茶飯事だった。
中学・高校生の頃の私はといえば、思春期まっさかりの頃だ。グループにわかれ、机をくっつけてお弁当を広げる時の、あの(1)恥ずかしいやら情けないやら、でも父の作ったお弁当を他人にバカにされたくはないという色々な思いの混じった複雑な気持ちは今でも昨日のことのように思い出すことが出来る。
ある日のこと、いつものように昼食時間にお弁当の蓋を開けた私は、びっくりして思わずそのまま蓋を閉めてしまった。
カレーライスがお弁当にそのまま入っていたのだ。普通にお弁当箱にご飯を詰めて、その上にカレーがかけてあった。
今までお弁当にカレーライスを持ってきた人を見たことがなかったわけではない。が、ご飯とカレーが別々の容器に入っているわけでもなく、プラスチックのお弁当箱に冷めたカレーライスがそのまま入っている姿は、とてもじゃないが思春期の女の子には耐えられるものではなかった。
その日は、友達の前でどうしても蓋を開けることが出来ず、一口も食べずに持って帰った。
直接父に抗議出来なかった私は、母に泣きついた。
「今日、学校でお弁当をあけたらカレーライスが入っていたんだよ……」
と。
母は父に私の言葉を伝えてくれた。いくら何でも、カレーライスを

2022年度

解答と解説

《2022年度の配点は解答欄に掲載してあります。》

＜数学解答＞

[1] (1) $-\frac{1}{15}$　(2) 0　(3) $12+2\sqrt{6}$　(4) $-\frac{1}{2}x$　(5) $12x+1$
(6) $(a-2)(a+6)$

[2] (1) $x=-1,\ 3$　(2) $x=\frac{5}{2},\ y=5$　(3) $a=\frac{7}{3}$

[3] (1) $\frac{5}{36}$　(2) $\frac{1}{4}$　(3) $\frac{5}{9}$

[4] (1) 8　(2) $a=4$　(3) $(-1,\ 2)$　(4) $\triangle OAB:\triangle OBC=3:1$

[5] (1) 4π　(2) 120°　(3) 16π　(4) $4\sqrt{2}$　(5) $\frac{16\sqrt{2}}{3}\pi$

[6] (1) 7人　(2) 0.26　(3) 425m　(4) ④

○配点○
各4点×25　計100点

＜数学解説＞

基本 [1] (数・式の計算，平方根の計算，因数分解)

(1) $\frac{3}{5}-\frac{2}{3}=\frac{9}{15}-\frac{10}{15}=-\frac{1}{15}$

(2) $(-2)^2-2\times6+3^2-1=4-12+9-1=4+9-12-1=13-13=0$

(3) $(\sqrt{48}-\sqrt{18})(\sqrt{12}+\sqrt{8})=(4\sqrt{3}-3\sqrt{2})(2\sqrt{3}+2\sqrt{2})=4\sqrt{3}\times2\sqrt{3}+4\sqrt{3}\times2\sqrt{2}-3\sqrt{2}\times$ $2\sqrt{3}-3\sqrt{2}\times2\sqrt{2}=24+8\sqrt{6}-6\sqrt{6}-12=12+2\sqrt{6}$

(4) $\frac{x-3}{2}-\frac{3x-5}{3}-\frac{1}{6}=\frac{3(x-3)-2(3x-5)-1}{6}=\frac{3x-9-6x+10-1}{6}=\frac{-3x}{6}=-\frac{1}{2}x$

(5) $(x+3)^2-(x-2)(x-4)=x^2+6x+9-(x^2-6x+8)=x^2+6x+9-x^2+6x-8=12x+1$

(6) $(a-3)(a+7)+9=a^2+4a-21+9=a^2+4a-12=(a-2)(a+6)$

[2] (2次方程式，連立方程式)

(1) $2x^2+(-2x+3)^2=27$　$2x^2+4x^2-12x+9-27=0$　$6x^2-12x-18=0$　$x^2-2x-3=0$
$(x+1)(x-3)=0$　$x=-1,\ 3$

(2) $2x+y=10$…①　$2xy=25$…②　②から，$y=\frac{25}{2x}$…③　③を①に代入して，$2x+\frac{25}{2x}=10$
両辺を$2x$倍して，$4x^2+25=20x$　$4x^2-20x+25=0$　$(2x-5)^2=0$　$2x-5=0$　$2x=5$
$x=\frac{5}{2}$　これを③に代入して，$y=25\div\left(2\times\frac{5}{2}\right)=25\div5=5$

(3) $x^2-6x+3a=0$に$x=3+\sqrt{2}$を代入すると，$(3+\sqrt{2})^2-6(3+\sqrt{2})+3a=0$　$9+6\sqrt{2}+2-$ $18-6\sqrt{2}+3a=0$　$3a=7$　$a=\frac{7}{3}$

3 (確率)

基本 (1) 大小2個のさいころの目の出方は全部で，$6\times6=36$(通り) そのうち，出た目の和が6になる場合は，(大，小)=(1，5)，(2，4)，(3，3)，(4，2)，(5，1)の5通り よって，求める確率は，$\frac{5}{36}$

(2) 出た目の和が5になる場合は，(大，小)=(1，4)，(2，3)，(3，2)，(4，1)の4通り 出た目の和が8になる場合は，(大，小)=(2，6)，(3，5)，(4，4)，(5，3)，(6，2)の5通り よって，出た目の和が5または8になる場合は，$4+5=9$(通り) したがって，求める確率は，$\frac{9}{36}=\frac{1}{4}$

(3) 出た目の積が3の倍数になる場合は，(大，小)=(1，3)，(1，6)，(2，3)，(2，6)，(3，1)，(3，2)，(3，3)，(3，4)，(3，5)，(3，6)，(4，3)，(4，6)，(5，3)，(5，6)，(6，1)，(6，2)，(6，3)，(6，4)，(6，5)，(6，6)の20通り よって，求める確率は，$\frac{20}{36}=\frac{5}{9}$

4 (図形と関数・グラフの融合問題)

基本 (1) ①に$x=2$を代入して，$y=2\times2^2=8$ よって，点Aのy座標は8

基本 (2) A(2，8) ②に点Aの座標を代入して，$8=2\times2+a$ $a=8-4=4$

(3) $y=2x+4$…②′ ①と②′からyを消去すると，$2x^2=2x+4$ $x^2=x+2$ $x^2-x-2=0$ $(x+1)(x-2)=0$ $x=-1,\ 2$ ①に$x=-1$を代入して，$y=2\times(-1)^2=2$ よって，B$(-1,\ 2)$

重要 (4) ②′に$y=0$を代入して，$0=2x+4$ $x=-2$ よって，C$(-2,\ 0)$ △OABと△OBCのそれぞれAB，BCを底辺とすると高さは等しいので，面積比は底辺の比と等しくなる。点A，Bからx軸へ垂線AH，BIを引くと，△OAB：△OBC=AB：BC=HI：IC=$\{2-(-1)\}:\{(-1)-(-2)\}=3:1$

5 (平面・空間図形の計量問題─中心角，表面積，三平方の定理，体積)

基本 (1) $2\pi\times2=4\pi$

(2) 側面になる扇形の中心角をxとすると，$360°:x=2\pi\times6:4\pi$ $360°:x=3:1$ $x=360\div3=120°$

(3) $\pi\times6^2\times\frac{120°}{360°}+\pi\times2^2=36\pi\times\frac{1}{3}+4\pi=12\pi+4\pi=16\pi$

(4) $\sqrt{6^2-2^2}=\sqrt{32}=4\sqrt{2}$

(5) $\frac{1}{3}\times4\pi\times4\sqrt{2}=\frac{16\sqrt{2}}{3}\pi$

6 (統計─相対度数分布表)

基本 (1) 250m以上300m未満の階級の度数をx人とすると，$\frac{x}{50}=0.14$ $x=0.14\times50=7$

(2) 350m以上400m未満の度数をy人とすると，$\frac{y}{50}=0.16$ $y=0.16\times50=8$ よって，400m以上450m未満の度数は，$50-(6+7+11+8+5)=50-37=13$(人) したがって，求める相対度数は，$\frac{13}{50}=0.26$

(3) 最頻値は，400m以上450m未満の階級の階級値になるから，$\frac{400+450}{2}=425$(m)

(4) ア：階級の幅は$250-200=50$(m) イ：相対度数分布表では最小値と最大値を読み取れないから，範囲を求めることはできない。 ウ：通学時間が長い生徒から順に並べて19番目の生徒の通学距離は350m以上400m未満の階級に入る。

★ワンポイントアドバイス★

[6](2)は，階級が200～250，300～350，450～500の相対度数を求めて，1からそれぞれの相対度数の和を引いて求めると，$1-\left(\frac{6}{50}+0.14+\frac{11}{50}+0.16+\frac{5}{50}\right)=1-0.74=0.26$

＜英語解答＞

[I] 問1 [1] B [2] A [3] C [4] A [5] C [6] B
問2 [1] C [2] D [3] B

[II] 問1 エ 問2 ウ 問3 Can you tell me how to 問4 ウ 問5 ア
問6 ア × イ × ウ ○ エ ○

[III] 問1 A 7 B 1 C 2 D 6 E 10 F 8 G 5 H 9 I 3 J 4 問2 1 Compared to 2 complicated 3 derives from
問3 1 起源 2 飼育場 3 社会階層

[IV] 問1 エ 問2 ② エ ③ ウ ⑤ ア ⑥ イ 問3 was surprised to hear that Japan 問4 ウ 問5 Ainu people's culture 問6 エ，カ

○配点○

[I] 問1 各2点×6 問2 各3点×3 [II] 問1・問4 各2点×2 他 各3点×7
[III] 問1 各1点×10 他 各3点×6 [IV] 問2 各2点×4 他 各3点×6 計100点

＜英語解説＞

[I] リスニング問題解説省略。

[II] (会話文読解：語句補充・選択，前置詞，文補充・選択，語句整序，助動詞，構文，内容一致)

(全訳) ユウタ：僕は土曜日の午後，暇だよ。君が行きたい場所はある？

ネイト：函館はどう？

ユウタ：函館？ どうしてそこに行きたいの？

ネイト：函館山は世界三大夜景の1つだよね。僕はとても興味がある。

ユウタ：僕は1度そこに行ったことがある。本当に美しかったけれど，札幌から特急列車で4時間くらいかかったよ。

ネイト：えー。②<u>そんなに長くかかるの</u>？ それは知らなかった。

ユウタ：悪いけれど，そこには行けないよ。君は藻岩山に行ったことがある？ 札幌で人気のある観光地だよ。

ネイト：ない。でも名前は知っている。

ユウタ：それは札幌市の真ん中に位置している。山頂から札幌と石狩湾の素晴らしい景色が見える。

ネイト：僕はそれがどれほど素晴らしいか想像できないよ。③<u>山頂までどうやって行くのか，僕に教えてくれる</u>？

ユウタ：ふもとから山腹までロープウェイに乗って，山腹から頂上までは小型ケーブルカーに乗らなくてはならないよ。

ネイト：僕は今回初めてそういう乗り物を使うことになるだろう。

ユウタ：僕が以前にその山に行った時は父が山頂まで車で行ったから，僕④もそれらを使ったことがないんだ。今回は使おう。

ネイト：良さそうだね。⑤土曜日が来るのがとてもワクワクするよ。

基本 問1 be interested in ～「～に興味がある」

問2 全訳下線部参照。動詞 take には「(時間が)かかる」という意味がある。

問3 Can you tell me ～?「私に～を教えてくれませんか」〈how to ＋動詞の原形〉「～の仕方，～する方法」 get to ～「～に到着する，～に行く」

問4 否定文で「～も」は either を用いる。too は肯定文で用いるのでここでは不可。

問5 全訳下線部参照。

問6 ア「ユウタとネイトは藻岩山に行ったことがない」(×) ユウタは1度行ったことがある。イ「ユウタとネイトは土曜日の午前中は暇だ」(×) ユウタの1番目の発言に，土曜日の午後は暇だ，とある。 ウ「ユウタとネイトは山頂まで小型ケーブルカーに乗ることができる」(○) エ「函館山は世界で最も美しい夜景の1つだ」(○)

Ⅲ **(長文読解問題・論説文：語句補充・選択，単語，前置詞，疑問詞，接続詞，熟語)**

重要 問1 (A) 日本語訳文の第1段落第2文の「日本語では」に相当する。〈in ＋言語〉「～語で」(B) 日本語訳文の第1段落第4文の「どうして」に相当する。 (C) 日本語訳文の第1段落第4文参照。「食事の準備時には」は「食事を準備する時に」と考え，接続詞 when「～する時に」を入れる。 (D) 日本語訳文の第2段落第2文の「英語の一部」を参照し，part of the English language とする。 (E) 日本語訳文の第2段落最終文の「存在した」に相当する。〈There were ＋複数名詞〉「～があった」 (F) 日本語訳文の第3段落第2文の「料理されてテーブルへ運ばれる」を参照し，were cooked and brought to the table とする。 (G) 日本語訳文の第3段落第3文の「食事時間しか」を参照し，only at mealtimes とする。 (H) 日本語訳文の第3段落最終文の「両方を使う」を参照し，use both French words and Old English words とする。both A and B「AとBの両方」 (I) 日本語訳文の第4段落第3文の「殺された後は」を参照し，after it was killed とする。 (J) 日本語訳文の第4段落最終文の「たぶん～ため」を参照し，probably because とする。

問2 1 第1段落第3文参照。compared to ～「～に比べて」 2 第4段落第1文参照。complicated「複雑な」 3 第4段落第2文参照。derive from ～「～に由来する」 文中からそのまま抜き出して答える問題なので，-s がついたまま derives from と解答する。

問3 1 第1段落第1文参照。origin「起源」 2 第3段落第1文参照。farm「飼育場」 3 第3段落最終文参照。social class「社会階層」

Ⅳ **(長文読解問題・伝記：語句解釈，語句補充・選択，語句整序，不定詞，英文和訳・選択，指示語，内容一致)**

(全訳) イザベラ・バードはイングランドで1831年に生まれた。彼女は世界で最も有名な旅行家の1人だ。彼女は子供の頃，よく具合が悪くなったので，両親は彼女をアメリカの病院へ連れて行った。①それらの経験の後，彼女は他の国について知りたくなった。

1857年，彼女の父親が亡くなり，彼女は母親と妹と一緒にイングランドの別の町に引っ越した。まもなくここで，イザベラは政府の有名な学者であるジョン・キャンベルを知った。彼はあちこちを旅行することが好きだった。また彼は自分の旅行について何冊か本を書いた。イザベラは彼の本をほとんどすべて②読み，他の国を訪れたいと思った。

ジョンは日本を訪問した際に日本政府と良好な関係を持った。この旅で，偉大な学者かつイングランドと日本の通訳であるコリン・マクビーンが，ジョンとイザベラに影響を与えた。

ある日，イザベラはジョンと一緒にマクビーン③に会い，日本について話した。④彼女は日本がとても美しい国だと聞いて驚き，日本に来ることにした。

1878年の6月から9月に，イザベラは日本中を旅した。彼女は北海道にも⑤来た。彼女は地域の「アイヌ」民族とも交流した。彼女は平取町に行き，そこでアイヌの人々とともに数日間⑥過ごした。彼女の滞在中は雨が降らなかったので，彼女はそこで素晴らしい晴天の日々を過ごした。地域のアイヌの人々は彼女に，彼らの神は彼女が平取に来たことを祝福している，と言った。彼女はそれを聞いて喜んだ。これは彼女にとってアイヌ語と彼らの生活様式を経験する最高の機会の1つだった。⑦彼女は彼らについて知って感動した。この旅行の後，彼女は旅行記を書いた。この本の中で，アイヌの人々は独自で美しい文化を持っていると彼女は述べた。

彼女は1904年に亡くなった。彼女の日本旅行の本は，アイヌの人々についての最も古い本の1つと言われているが，最近はアイヌの人々の文化について学ぶことが人気になってきている。

2020年7月，ウポポイという国立博物館がオープンし，多くの人々が⑧それを学ぶために来ている。今，私たちは民族多様性と共生について重要なことを学ぶべきだ。また，私たちは彼女が学んだ歴史を知るべきである。

問1　下線部①の直前の文参照。アメリカの病院に行った経験のこと。

問2　全訳下線部参照。動詞はすべて過去形である。

問3　〈be surprised to ＋動詞の原形〉「～して驚く」　hear that ～「～ということを聞く」

問4　be moved は「心を動かされる，感動する」という意味。続く不定詞〈to ＋動詞の原形〉は「～して」と感情の原因・理由を表す。問3の be surprised の後の不定詞も同じ用法。

問5　下線部⑧の前の段落の最終文中の Ainu people's culture を指す。

問6　エ「イザベラ・バードは平取町で晴れの日々を過ごした」(○)　空所⑥の次の文の内容に一致する。　カ「イザベラは北海道で出会った人々について本を書いた」(○)　下線部⑦の直後の2文の内容に一致する。

★ワンポイントアドバイス★

Ⅲは英文と日本語訳文を照らし合わせながら解く，語句補充および単語の書き抜き問題である。本校独自の珍しい出題形式と言える。

<理科解答>

1　問1　ア　メンデル　　イ　DNA［デオキシリボ核酸］　　ウ　相同器官
問2　黄色：緑色＝3：1　　問3　184個　　問4　⑥　　問5　iPS細胞［人工多機能性幹細胞］
問6　⑥

2　問1　ウ　　問2　50Hz　　問3　③　　問4　②

3　問1　ア　主要動　　イ　震央　　ウ　海嶺　　エ　海溝　　問2　①　11時20分19秒
②　9秒

4　問1　再結晶　　問2　ミョウバン(が)20(g出てくる)　　問3　37.5%

5　問1　動物プランクトン　　問2　A，B，C　　問3　③
問4　(濃縮)　72倍　　(DDT)　0.92g

6　問1　ア　停滞　　イ　寒冷　　ウ　等圧線　　エ　11℃　　オ　31℃

7 問1 0.4m/s 問2 0J 問3 2.5N 問4 2J 問5 0.5W
8 問1 分解 問2 ④ 問3 $2NaHCO_3 \rightarrow Na_2CO_3 + H_2O + CO_2$ 問4 1.06g

○配点○
1 問2，問3 各3点×2 他 各2点×6 2 問2 3点 他 各2点×3
3 問1 各2点×4 他 各3点×2 4 各3点×3(問2完答) 5 問4 各3点×2
他 各2点×3(問2完答) 6 各3点×5 7 問1，問2 各2点×2 他 各3点×3
8 問1，問2 各2点×2 他 各3点×2 計100点

<理科解説>

1 (生殖と遺伝一遺伝と進化)

基本 問1 メンデルは，エンドウの研究から遺伝の法則を見出した。遺伝子の本体はDNA(デオキシリボ核酸)である。外形や働きは異なるが基本的なつくりがよく似ており，もとは同じ器官であったと考えられる器官を相同器官という。

重要 問2 エンドウの種子の色の実験では，純系の親どうしの交配で生まれる子供にはすべて顕性形質(黄色)が現れる。子供どうしを交配すると，顕性形質(黄色)と潜性形質(緑色)が3：1の割合で生じる。

重要 問3 純系の丸い種子の親(DD)としわの種子の親(Dd)を掛け合わせると，子供の遺伝子型はDdになる。子供どうしを掛け合わせると，孫の遺伝子型はDD：Dd：dd＝1：2：1になる。全体が368個なのでDdのものは$368 \times \frac{2}{4} = 184$(個)である。

問4 無性生殖のうち，茎や葉などの部分から分かれて増えるものを栄養生殖という。イモ類，イチゴなどがこれにあたる。プラナリア，ゾウリムシ，アメーバ,，イソギンチャク，ミカズキモは分裂(ミカズキモは接合という有性生殖もする)，ヒドラ，酵母は出芽で増える。

基本 問5 山中伸弥教授が作り出したiPS細胞(多機能性幹細胞)である。

問6 カンガルーは，オーストラリア大陸で独自の進化を遂げたと考えられている。

基本 2 (光と音の性質一音の性質)

問1 図のウの部分が振幅を示す。振幅は音の大きさを表す。

問2 1秒間の波の数を振動数という。図2では1つの波の時間が0.02秒なので，1秒間には1÷0.02＝50(個)の波が通過する。振動数は50Hzである。

問3 図3より，実験3では実験2のときより振動数が小さくなっている。弦の長さを長くすると振動数が少なくなる。振幅は大きくなっているので，強くはじいて音が大きくなった。

問4 振動数が小さくなると音は低くなる。振幅が大きくなったので，大きく低い音になった。

3 (大地の動き・地震一地震)

基本 問1 地震の大きな揺れを主要動という。地震の発生場所を震源，その真上の地表の場所を震央という。地球は何枚かのプレートに覆われており，プレートはゆっくりと移動している。プレートが湧き出す場所を海嶺といい，太平洋プレートは東太平洋海嶺で生じる。プレートが沈み込む場所を海溝といい，太平洋プレートは日本海溝で沈み込む。

重要 問2 ① 観測点に最初に達するP波の速さは，A地点からB地点までの56kmを7秒で伝わるので，56÷7＝8(km/秒)である。よって，震源から120kmのA地点にP波が達するのにかかる時間は120÷8＝15(秒)である。地震の発生時刻は11時20分34秒から15秒前の11時20分19秒であった。

② A地点にS波が達するのは，地震の発生から120÷5＝24(秒後)である。よって初期微動継続時

間は24－15＝9(秒間)であった。

4 (溶液とその性質―溶解度)

基本 問1 物質の温度による溶解度の差を利用して，物質を分離する方法を再結晶という。

重要 問2 20℃の水100gに，食塩は39g，ミョウバンは10gまで溶ける。そのため30gの食塩は20℃でもすべて溶けるが，ミョウバンは30－10＝20(g)が溶けきれなくなって出てくる。

重要 問3 60℃の水100gにミョウバンは60gまで溶ける。この飽和溶液の質量パーセント濃度は，$\frac{60}{160}\times100=37.5$(％)である。

5 (生物どうしのつながり―食物連鎖)

基本 問1 図の上から，Aはマグロ，Bはイワシ，Cは動物プランクトン，Dは植物プランクトンである。自然界の食う食われるの関係を，食物連鎖という。

基本 問2 植物プランクトンは光合成によって栄養素をつくりだす生産者と呼ばれる。これをエサにする動物プランクトン，さらに動物プランクトンをエサにするイワシ，またイワシをエサにするマグロは消費者と呼ばれる。

問3 脂肪の量に差があり，体の大きい動物ほどDDTの蓄積量が多いので，DDTは脂肪と結びつきやすいと推定できる。

問4 体重1kgあたりのDDT量は，Dの0.06mgに対してAでは4.32mgになっている。その倍率は4.32÷0.06＝72(倍)である。また，Bの580kg中のDDT量は，580×1.58÷1000＝0.916≒0.92(g)である。

重要 6 (天気の変化―天気図)

(ア)～(ウ) 天気図の記号より，日本の南の海上の前線は停滞前線(ア)で，日本海上の前線は寒冷前線(イ)である。天気図上の高気圧や低気圧のまわりの曲線は等圧線(ウ)で，気圧が同じ場所を示す。 (エ) 海抜0mで25℃の空気は，800mまでは100mあたり1℃温度が下がる。800m地点で17℃である。ここから上では雲が生じ，100mあたり0.5℃温度が下がる。山頂までの標高差が1200mなので，山頂の気温は17－6＝11(℃)である。 (オ) 山を越えた空気は，2000m下ると20℃気温が上がるので，ふもとの気温は31℃になる。

7 (運動とエネルギー―斜面の運動)

基本 問1 0.6mの移動に1.5秒かかるので，速度は0.6÷1.5＝0.4(m/s)である。

重要 問2 力の大きさと力の向きに移動した距離をかけたものが仕事である。重力は下向きに働くが台車は上下には移動しないので，重力が物体にした仕事は0である。

重要 問3 F_1の大きさは，30°，60°，90°の直角三角形の一番短い一辺に相当する。重力は直角三角形の一番長い辺に相当し，F_1は重力の2分の1になるので，2.5Nである。

問4 2.5Nの力で0.8m移動したので，重力が物体にした仕事は2.5×0.8＝2(J)である。

重要 問5 2Jの仕事を4秒かかって行ったので，仕事率は2÷4＝0.5(W)である。

8 (化学変化と質量―分解反応)

基本 問1 1つの物質が2つ以上の物質に分かれる化学変化を，分解という。

基本 問2 炭酸水素ナトリウムは，熱分解すると炭酸ナトリウムに変化し，二酸化炭素と水が生じる。二酸化炭素の確認は，石灰水に通すと白くにごることでわかる。

重要 問3 この反応の化学反応式は，$2NaHCO_3 \rightarrow Na_2CO_3 + H_2O + CO_2$である。

問4 4.2gの炭酸水素ナトリウムが分解すると2.65gの炭酸ナトリウムが生じる。1.68gからは$\frac{2.65}{4.2}\times1.68=1.06$(g)の炭酸ナトリウムが生じる。

★ワンポイントアドバイス★
すべて標準的な問題であるが，問題数が多いので素早く解答する必要がある。理科全般の幅広く，確実な知識が求められる問題である。

<社会解答>

1 問1 拒否権　問2 A エ　B イ　問3 WHO　問4 常任理事国
問5 集団安全保障　問6 PKO　問7 (ⅰ) 地球サミット　(ⅱ) イ
問8 SDGs

2 問1 エ　問2 閣議　問3 ア　問4 公正取引委員会　問5 ウ　問6 1 議院
2 総辞職　3 全体　4 奉仕者

3 問1 ウ　問2 ア　問3 オ　問4 ア，オ　問5 北条時政　問6 ウ
問7 建武の新政　問8 エ

4 問1 イ　問2 応仁の乱　問3 (ⅰ) イ　(ⅱ) 朱子学　問4 (ⅰ) Ⅰ オ
Ⅱ カ　Ⅲ ア　(ⅱ) 大政奉還　問5 オ　問6 西南戦争
問7 国会期成同盟

5 問1 a ③　b ②　c ⑦　d ⑤　問2 Ⅰ c　Ⅱ (ⅰ) 1 1人っ子
2 経済特区　3 香港　4 社会　5 西部大開発　(ⅱ) エ
(ⅲ) シンチャンウイグル　(ⅳ) 青蔵鉄道

6 問1 1 環太平洋　2 さんご礁　3 地球温暖　4 西岸海洋性　5 白豪
6 多文化　7 羊　問2 (a) アボリジニ　(b) マオリ　問3 キャンベラ

7 問1 リアス海岸　問2 ②　問3 ア C　イ A　ウ B　エ D　オ E

○配点○
1 各2点×10　2 問1・問3・問5 各1点×3　他 各2点×6　3 各2点×8
4 問4(ⅰ) 各1点×3　他 各2点×8　5 各1点×13　6 各1点×10
7 各1点×7　計100点

<社会解説>

1 (公民―国際政治，その他)

基本 問1 安保理の議決は，全15ヵ国中9ヵ国以上が賛成した場合に議案が可決・成立となるしくみである。しかし，常任理事国5カ国のうち1ヵ国でも反対すると議案は成立しない。これは，常任理事国が持つ拒否権といわれる。

問2 国連総会の決議は，一国一票が原則である。しかし，分担金の金額に比例した票数にすべきだという意見が出ている。これについては，まだ議論の段階である。

問3 世界保健機関(略称：WHO)は，国際連合の専門機関の一つであり，人間の健康を基本的人権の一つと捉え，その達成を目的として，1948年設立された。

基本 問4 常任理事国は，国連安全保障理事会を構成し，恒久的な地位を持つ理事国である。1945年10月に国際連合が発足し，それ以来一貫してアメリカ，イギリス，フランス，ロシア(旧ソ連)，中国の5ヶ国が務めている。

問5 集団安全保障とは，国際的集団を構築し，不当に平和を破壊した国に対しては，その他の国々

が集団で制裁するという国際安全保障体制の一つである。

問6　PKOとは，(国際連合)平和維持活動の略称である。それは，国際紛争に対処し，国際的平和および安全を維持するために，国連総会または安全保障理事会の決議に基づき，国連の統括の下に行われる活動である。具体的には，交戦部隊の引き離しや治安回復を目的とするPKF(平和維持軍)，停戦確保のための停戦監視や武力紛争終了後の民主的な手段での統治組織の設立のための選挙監視などの活動がある。

問7　(ⅰ)　地球環境サミットとは，正式には「環境と開発に関する国際連合会議」と呼び，1992年に国際連合の主催のもと，ブラジルのリオ・デ・ジャネイロで開催された。テーマは環境と開発を扱った，首脳レベルで行われた国際会議である。

(ⅱ)　リオ宣言は，1992年の国連環境開発会議で採択された宣言である。それは，27原則で構成されている。また，同宣言を確実に履行するために，国連環境開発会議の場で，「気候変動枠組条約」「生物多様性条約」「森林原則声明」「アジェンダ21」も採択された。

問8　持続可能な開発目標(SDGs)とは，2001年に策定されたミレニアム開発目標(MDGs)の後継として，2015年9月の国連サミットで採択された「持続可能な開発のための2030アジェンダ」にて記載された2030年までに持続可能でよりよい世界を目指す国際目標である。

2　**(公民一憲法，政治のしくみ，経済生活，その他)**

問1　国会で選ばれた内閣総理大臣は，皇居で行われる「親任式」に臨み，天皇によって任命される。衆参両議院議長は，憲法第58条に，両議院で選任するとあり，任命というのは要しない。したがって，エが誤りとなる。

問2　内閣がその職権を行うに際し，その意思を決定するために開く会議を閣議といい，内閣総理大臣が主宰する。

問3　衆議院議員総選挙は解散の日から40日以内に行われる。参議院に内閣不信任決議権はないので，(イ)は誤り。第69条は「内閣は，衆議院で不信任の決議案を可決し，又は信任の決議案を否決したときは，10日以内に衆議院が解散されない限り，内閣は総辞職をしなければならない」とあるので，(ウ)は誤りとなる。衆議院解散は天皇の国事行為ではないので，(エ)も誤りとなる。

問4　公正取引委員会は行政委員会の一つである。

問5　政令とは，政府が出す命令である。政治上の命令といってもいい。

問6　議院内閣制とは，政府(内閣)の存立が議会の信任を必須要件としている制度である。議会における多数党によって内閣を組織し，内閣は議会に対し連帯して責任を負う。内閣不信任案が可決，または信任案が否決されたとき，内閣は，衆議院解散か，総辞職をしなければならない。すべての公務員は，全体の奉仕者である。

3　**(日本の歴史一各時代の特色，政治・外交史，社会・経済史，文化史，日本史と世界史の関連)**

問1　天智天皇の没後，あとつぎをめぐる大友皇子との戦いである壬申の乱に勝って即位した天武天皇は，天皇の地位を大幅に高め，再び飛鳥に都を移した。

問2　東寺は，京都市にある真言宗の総本山の寺院で，平城京にはない。

問3　Ⅲ遣唐使廃止(894年：9世紀後半)→Ⅰ道長・頼通の摂関政治の全盛期(10世紀後半から11世紀前半)→Ⅱ白河上皇院政開始(1086年：11世紀後半)。

問4　守護・地頭設置(1185年)，大輪田泊修築(1180年)が正解となる。御成敗式目制定(1232年)，東大寺南大門金剛力士像完成(1203年)，一遍時宗を開く(1274年)。

基本　問5　北条時政は，尼将軍として有名な北条政子(頼朝妻)や鎌倉幕府二代目執権北条義時の父にあたる人物である。初代執権として鎌倉幕府の執権政治の基礎を築いたとされる。

問6　後鳥羽上皇が流されたのは隠岐なので，Ⅰは誤りである。

問7　鎌倉幕府が滅亡した翌年の1334年～1336年，後醍醐天皇が始めた新しい政治を建武の新政という。

問8　銀閣をつくったのは足利義政であるので，(エ)が誤りである。

4　**(日本の歴史一各時代の特色，政治・外交史，社会・経済史，文化史)**

問1　安土城を築いたのは信長なので，(イ)が誤りである。

問2　応仁の乱は1467年から11年間続いた内乱である。細川勝元と山名持豊(宗全)との対立に，将軍足利義政のあとつぎ問題，斯波・畠山両管領家の相続争いがからんで，諸国の守護大名が細川方の東軍と山名方の西軍に分かれて戦った。戦乱は地方に拡散し，戦国時代を現出。京都は荒廃し，以後幕府の権威は失墜した。

問3　(ⅰ)　ア：武家諸法度(1615年：17世紀前半)→イ：綱吉の文治政治(17世紀後半)→ウ：享保の改革(1716年：18世紀前半)→エ：寛政の改革(1787年：18世紀後半)。

(ⅱ)　朱子学は，上下関係を重んじたことで，特に江戸時代には思想統制の道具として利用された。そして，支配体制を揺るがしかねない他の学問や思想は排除され，人々は生まれついた身分に縛られて生きることを余儀なくされた。

問4　(ⅰ)「富嶽三十六景」は，葛飾北斎の代表作にして，浮世絵風景画全体の代表作といえる。風神雷神図とは，風袋から風を吹き出し風雨をもたらす風神と，太鼓を叩いて雷鳴と稲妻をおこす雷神の活動の姿を描写する絵画であり，俵屋宗達筆の屏風画が有名である。閑谷学校は，江戸時代前期に岡山藩主池田光政によって開かれた庶民のための学校である。

(ⅱ)　江戸幕府第15代将軍徳川慶喜は，朝廷を中心とする，幕府にかわる新政権の中で主導権をにぎるために1867年10月に，政権を朝廷に返す大政奉還を行った。

問5　板垣はフランス流の自由党を，大隈はイギリス流の立憲改進党をつくった。

基本　問6　明治政府に不満を抱く士族たちが，西日本を中心に各地で武力蜂起した。なかでも1877年に西郷隆盛を中心として鹿児島の士族などが起こした西南戦争は最も大規模であった。

問7　1880年には，全国の代表者が大阪に集まって国会期成同盟を結成し，国会の開設を求めた。

5　**(地理一世界の人々の生活と環境，諸地域の特色，産業，貿易，その他)**

問1　aは，ラテン系民族，小麦の輸出などから③のスペイン，bは公用語が英語・フランス語，一人当たりの国民所得とエネルギー自給率が比較的高いことから②のカナダ，cは1965年に我が国と日韓基本条約を結び，1991年に北朝鮮とともに同時に国連加盟をした韓国，dは日本との間でワーキングホリディを結んでいる我が国の友好国であるオーストラリア，それぞれの国である。

重要　問2　Ⅰ　Xは「世界の工場」といわれている中国である。①は1位中国，2位アメリカ，3位日本であることから自動車と分かる。②は1位中国のあと，羊毛の生産が盛んなオーストラリア，ニュージーランドと続いているので毛織物と分かる。③は中国が約半数近くをを占める鉄鋼である。

Ⅱ　(ⅰ)　1　一人っ子政策とは，中華人民共和国における産児制限政策で，特に1979年から2014年まで実施された，一組の夫婦につき子供は一人までとする計画生育政策である。　2　中国では政府が計画的に工業化を進め，1980年代からは，より自由な産業活動が認められ，外国の企業を受け入れるために，沿岸部に経済特区などの重点的な開発地区が設けられた。　3　1997年7月1日に，香港の主権がイギリスから中華人民共和国へ返還された。　4　1国2制度とは，“中国の一部である香港”に，中国本土とは異なる制度が存在することを指す。中国が香港・マカオの主権を回復し，台湾との統一を実現するためにつくったしくみである。　5　西部大開発とは，中国内陸部の開発計画で，開発が進む沿海部との格差是正を目的に1999年に基本計画を発表し，2000年に国家プロジェクトとして正式に始動した。生態環境の改善やインフラ整備に重点をおいている。

（ⅱ） 沿岸部は，原料輸入・製品輸出それぞれの両面で，内陸部からよりも便利である。

（ⅲ） シンチャンウイグル自治区は，ウイグル族の自治区である。ウイグル族は，イスラム教を信仰しており昔から遊牧生活を営んでいる。中国国内では，5番目に人数の多い民族である。

（ⅳ） 青蔵鉄道は，中華人民共和国西部の青海省西寧とチベット自治区首府ラサを結ぶ高原鉄道で，総延長1,944kmで青蔵線とも呼ばれる。日本のメディアでは，青海チベット鉄道と呼ばれることも多い。

6 **（地理―諸地域の特色，地形・気候，産業，その他）**

問1 (1) 環太平洋造山帯は，太平洋の周囲をとりまく中生代後半以後の新しい造山帯である。ロッキー山脈・アンデス山脈などの大山脈や弧状列島と海溝が，この地域に分布している。プレートの運動にともなって生じたもので，地震や火山活動が現在も活発におこっている。 (2) さんご礁は，さんごの群落によって作られた地形の一つである。熱帯の外洋に面した海岸によく発達する。 (3) 地球温暖化による海面上昇の影響を受けるツバルは，浸水被害や海水による塩害被害で，農業生産や飲用水といった日常生活の問題を抱えている。しかも，海面上昇の影響で住む場所を失い，地球温暖化による難民となる可能性があり，これまで受け継がれてきたツバル人の文化や習慣などの無形文化財を失う危険性がある。 (4) ニュージーランドは，ヨーロッパの大部分が属する西岸海洋性気候に属している。 (5) 白豪主義とは，オーストラリアにおける白人至上主義とその政策を指す。より簡単いえば，「白人国家」としてオーストラリアを建設するために，有色人種を排除する政策である。 (6) オーストラリアでもカナダにならって1970年代に多文化主義政策が始まった。それは急増するアジア系移民への社会的対応であり，また周囲のアジア諸国との協力の必要性という意味ももっていた。 (7) オーストラリアやニュージーランドでは，羊の飼育による農業が盛んである。

問2 (a) アボリジニは，オーストラリア大陸と周辺の島々（タスマニア島を含む）の先住民であり，少なくとも4万年前，研究によっては5万年から12万年前にはすでにオーストラリア大陸で暮らしていたのではないかと言われている。 (b) マオリは，ニュージーランドにイギリス人が入植する前から先住していた人々である。形質的・文化的にはポリネシア人の一派をなしている。

問3 オーストラリアの首都キャンベラは，シドニーやメルボルンと違って内陸にあるため乾燥しやすい気候であるが，日照時間はシドニーやメルボルンより長く，しかも夏場も最高気温は27度程までしか上がらないので過ごしやすい街である。

7 **（日本の地理―諸地域の特色，地形・気候，産業，その他）**

問1 宮城県から岩手県の海岸部は，ノコギリ状にギザギザと複雑に入り組んだ海岸で，これはリアス海岸と呼ばれる地形である。リアス海岸とは，スペインのガリシア地方にあるこうした入り江の名称である「リア(ría)」からついた名前である。

問2 この雨温図は，冬に雪などで降水量の多い②の地域の日本海側の気候をあらわしている。

問3 アは茶の生産全国第1位のC静岡県である。イはじゃがいもの生産全国第1位のA北海道である。米の生産は主に東北地方と北海道で盛んである。したがって，ウはB秋田県が該当する。鉄鋼と繊維の生産は，ともにD愛知県が全国第1位であるので，エはD愛知県が該当する。最新の統計によると，繊維生産の全国第4位はE福井県となる。

★ワンポイントアドバイス★

4問4(ⅱ) 大政奉還に対して，西郷，岩倉などは朝廷を動かし1867年12月に王政復古の大号令を発し，天皇中心の政治に戻すことを宣言した。 5問2Ⅱ(ⅰ) 3香港では中国本土では認められない言論・集会の自由が名目上は認められている。

＜国語解答＞

1　問1　a　さはんじ　b　ばくぜん　問2　A　イ　B　ウ　問3　ウ
問4　①　ア　②　エ　問5　(例)　日々の虚しさや寂しさを解消するために，手つかずのお弁当を話題に両親の気をひき，構ってもらうきっかけが欲しかったから。
問6　父は，私が　問7　今日の状況　問8　イ　問9　ア

2　問1　a　過密　b　担(って)　c　漂(う)　問2　ウ　問3　(例)　集落が一ヶ所に凝縮してつくられ，畑は別の場所にある点。　(例)　村人の生活に欠かせない店とともに町がつくられている点。　問4　(例)　大都市では，自分が社会のなかで，かけがえのない人間として生きているという実感を失っているから。　問5　ア　問6　Ⅰ　必要
Ⅱ　誇り　Ⅲ　表情　Ⅳ　子ども

3　問1　a　いう　b　うちいたり　c　いいなおし　問2　A　イ　B　エ　問3　オ
問4　2　ア　4　イ　問5　ウ　問6　(例)　越前房がいる場で，亭主にこれ以上越前房の悪口を言わせてはいけないと思ったから。　問7　①　×　②　×　③　×
④　○

○配点○
1　問1・問2・問4　各2点×6　問3　3点　問5　5点　他　各4点×4
2　問1　各2点×3　問4　4点　他　各3点×8
3　問5・問6　各3点×2　他　各2点×12　計100点

＜国語解説＞

1　(小説─主題・表題，情景・心情，文脈把握，指示語の問題，脱文・脱語補充，漢字の読み書き，語句の意味，ことわざ・慣用句)

問1　a　お茶を飲みご飯を食べるように，ごくありふれたこと。「茶」を「サ」と読む熟語には，他に「喫茶」などがある。　b　ぼんやりとしていてはっきりとしないこと。「漠」を使った熟語には，他に「砂漠」「広漠」などの熟語がある。

問2　A　「舌が肥える」は，「口が肥える」とも言う。　B　直前の段落の「遠い記憶の中で自分が子供の頃に食べておいしかったものを手探りで作る，という作り方」がヒントになる。

問3　「思春期まっさかり」の「私」が，「グループにわかれ，机をくっつけてお弁当を広げる時」の心情を想像する。後で「とてもじゃないが思春期の女の子には耐えられるものではなかった」や，「周りのみんなが……色んな具の入ったかわいいおにぎりを食べている横で，ラップを広げて汁気のない冷めた親子丼を食べろと言うのか」からも，「私」が「父」が作ったお弁当に対して恥ずかしく情けない思いでいることが読み取れる。この心情を「気が引ける」と表現しているウが適当。アの「いつも同じ内容」ではない。イの「家が貧乏である」とは述べていない。「恥ずかしいやら情けないやら」という表現に，エの「腹立たしく思う」はそぐわない。

問4　①　直前の文に「反抗期というものもあった」とある。「反抗期」というのであるから，ひどく嫌うという意味の語が入る。　②　直前に「いつもそばにいてくれない」とあるので，頼りになる人がおらずひとりであるという意味の語が入る。

やや難　問5　直後の段落で「その当時の私はいつも虚しくて寂しかった。本当は両親に構われたくて仕方がなかったのだ。お弁当を食べなかったことも両親の気をひきたくてやったことだ。」と，お弁当を食べずに持って帰った心情を述べている。この心情を一文にまとめて理由とし，「～から。」で結ぶ。

問6　傍線部(3)の「その」は，直前の段落の「父はお弁当に手をつけない私に何も言わなかった……責めることも怒ることもしない」を指し示している。後に「お弁当を全く食べずに帰ってきた私を父が怒らなかった理由がやっとわかった」とあり，その直後の「父は，私が持って帰ったお弁当箱から不安や迷いや怒りのメッセージを受け取ってくれていたのだ」と具体的に理由を説明している一文を抜き出す。

問7　傍線部(4)「無言のメッセージ」について，後で「きれいに空っぽになっていれば，もちろん元気な証拠……全く食べていなかったら食べる暇がないほどすごく忙しいのか。相当心身の調子が悪いのか」と具体的に述べている。その後で「お弁当箱を返した人が何も話さなくても，その中身は今日の状況を語ってくれているんだ」と続けており，ここから「無言のメッセージ」の内容を端的に述べている箇所を抜き出す。

問8　「私」は結婚し，「今，お弁当を作る身になって，父の苦労がよくわかる」とある。傍線部(6)の直前で「あの時は文句ばっかりで『ありがとう』の気持ちをきちんと伝えることが出来なかった」，直後で「ごちそうさま。ありがとう」と，「父の苦労」に対する感謝を述べている。ここから，傍線部(6)の「お弁当だって喜んで持って行く……きれいに空っぽにして返す」のは，「父」の苦労を理解し，感謝のメッセージを伝えたいからだとわかる。傍線部前後の「ありがとう」という表現に，アの「自分を責め，反省している」は合わない。「私」は父に感謝を伝えようとしているので，ウの「父を喜ばせる演出」ではない。エの「節約」に通じる描写はない。

重要　問9　「私は，知らず知らずのうちに父へメッセージを送り，父は黙ってそれを受け取って見守ってくれていたのだ」や，「父は黙々と六年間お弁当作りを続けてくれた。そのおかげで父と無言のコミュニケーションをはかることが出来たのだ」「ごちそうさま。ありがとう」という描写から，「私」の「父」に対する感謝の思いが読み取れる。この感謝の思いを述べているアを選ぶ。感謝の思いに，ウの「責任感の強さ」を見直す思いや，エの「不満に感じる思い」はそぐわない。イの「『父』の頑固さ」が読み取れる描写はない。

2　**（随筆－大意・要旨，内容吟味，文脈把握，脱文・脱語補充，漢字の読み書き）**

問1　a　限られた地域に集中していること。「過」の訓読みは「す(ぎる)」「あやま(つ)」。　b　他の訓読みは「かつ(ぐ)」。音読みは「タン」で，「荷担」「負担」などの熟語がある。　c　音読みは「ヒョウ」で，「漂泊」「漂白」などの熟語がある。

問2　筆者が「郊外の農村」で「大都市に滞在するより，ずっと落ち着いた時間」と感じる理由を，直後の段落で「農村の滞在の快適さは，自然の豊かさや，のんびりした村の雰囲気だけがつくりだしたものではありません」と述べているので，他の理由を述べている部分を探す。最終段落に「私がパリよりも郊外の農村を好んだのは……満ち足りた時間が展開しているような気がして，いつの間にかのんびりしている自分に気づくことができたから」とあり，これが他の理由にあたる。この「のんびりしている自分に気づく」と述べているウが適当。最終段落の理由に，アの「時間がゆっくり」，イの「雄大な風景」，エの「自立した生活」は合わない。

やや難　問3　一つ後の文で「ヨーロッパの農村は，集落は一ヶ所に凝縮してつくられ，そのまわりに，家一軒ない畑の景色が，地平線までひろがっていきます」と一つ目の特徴を挙げている。この内容を，「集落が」を主語にして簡潔にまとめる。直後の段落で「集落は小さな町」，一つ後の段落で「村人が生活するうえで必要な商店や郵便局などがあって，さらにその外側に農民の家などのあるのが普通」と二つ目の特徴を挙げている。この内容を，自分の言葉で言い換えてまとめる。

問4　直後の文で「大都市の市民たちは，自分がこの社会のなかで，かけがえのない人間として生きているという実感を失っているのです」と理由を述べている。この表現を用いて，「～から。」に続く形でまとめる。

問5　［　①　］の前に「つまり」という言い換えの意味を表す語があるので，その前の「自分の労働が，村のある部分を支えている」に通じる語が入る。意味や価値がある，という意味の語が入る。

重要　問6　Ⅰ　ヨーロッパの農村において，村人が持っている意識について述べている部分を探す。「村を維持する」という語をキーワードとすると，「そこには」で始まる段落に「誰もが村を維持するうえで必要な役割をこなし」「ここでは誰もが必要な人間なのです」とあるのに気づく。ここから，適当な語を抜き出す。　Ⅱ　村人が「安心感」とともにもっているものを探す。「そこには」で始まる段落に「村人は安心感と誇りをもって，村で暮らしつづける」という表現がある。Ⅲ　筆者が「好き」だと言っているのは，村人の何か。「私は」で始まる段落に「私はこの雰囲気のなかで暮らす村人の表情が好き」とある。　Ⅳ　直前に「育つ」とあるので，子どもについて述べている表現を探す。最終段落の「村の子どもたちも，この雰囲気のなかで暮らし，この雰囲気のなかで大人になっていきます」から適当な語を抜き出す。

3　（古文―大意・要旨，文脈把握，語句の意味，仮名遣い，口語訳）

問1　a・c　歴史的仮名づかいの語頭以外のハ行は，現代仮名づかいではワ行にする。　b　歴史的仮名づかいの「ゐ」は，現代仮名づかいでは「い」にする。

問2　A　「とりあへず」とも言う。現代語のまず第一に，とは意味が違うことに注意する。　B　おかしいの他に，興味深い，風情がある，という意味がある。ここでは，「亭主の頭の回転のはやさ」について言っていることから判断する。

基本　問3　漢字で書くと「憎し憎し」。「あれこれと余計な口出しをした」ことに対して言っている。

やや難　問4　2　「亭主」は【現代語訳】では「家主」となっている。冒頭に「孝道入道が，仁和寺の自宅で，ある人と双六を打ったところ」とあるので，「亭主」は「家主」である「孝道入道」。　4　「かたき」は【現代語訳】では「双六の相手」となっている。冒頭に「孝道入道が，仁和寺の自宅で，ある人と双六を打ったところ」とあることから，「かたき」は「双六の相手」である「ある人」。「ある人」は，古文では「或人」となっている。

重要　問5　【現代語訳】に「双六の相手が，もう一度家主に越前房の悪口を言わせてはいけないと思って」とあるので，傍線部(3)の「よき程の者かな」は孝道入道が言った悪口だとわかる。悪口にあたるのは，いいかげんな人という現代語訳が適当。傍線部(6)の直前に「高くもなし，低くもなし」とあるので，ちょうどよい感じの人という現代語訳が適当。

やや難　問6　傍線部(5)「亭主のひざをつきたり」は，【現代語訳】では「亭主のひざをつついたので」となっている。その前の「もう一度家主に越前房の悪口を言わせてはいけないと思って」に着目する。なぜ，越前房の悪口を言ってはいけないのかという理由を，越前房がいるから，などと加えてまとめる。

重要　問7　①の「心から尊敬している」，③の「越前房は双六の力量が群を抜いてに優れており」に通じる描写はない。　②　越前房は「自分を批判する内容を聞き取ろうとした」わけではない。
④　【現代語訳】の最終文の「亭主の頭の回転のはやさ」について，古文で「いとをかしかりけり」と賞賛しているので，合致している。

★ワンポイントアドバイス★

記述式の問題では，自分の言葉を補ってまとめることが要求されている。ふだんから，理由など本文中の表現を用いて自分なりにまとめる練習を積み重ねておこう。

2020年度

★★★★★★★★★★★★★★★★★★★★★★

入　試　問　題

2020年度

北海学園札幌高等学校入試問題

【数　学】（50分）〈満点：60点〉

【注意】

1. 定規・分度器・コンパスの使用はできません。
2. 答えは最も適切な形で記入しなさい。

1　次の計算をしなさい。

(1)　$-\frac{2}{3}+\frac{3}{4}$

(2)　$(-3)^2+8\times(-3)+15$

(3)　$\sqrt{48}+5\sqrt{27}-6\sqrt{12}$

(4)　19^2-20^2

(5)　$4\left(\frac{3}{2}x+1\right)-6\left(\frac{2}{3}x-1\right)$

(6)　$3xy\div(-9x^2y)\times 12y$

2　次の問いに答えなさい。

(1)　2次方程式$2x^2-(x-3)(x+1)=9$を解きなさい。

(2)　2次方程式$x^2+ax+b=0$の2つの解が3と4であるとき，aとbの値を求めなさい。

(3)　現在，大西くんは7歳，竹越さんは35歳である。竹越さんの年齢が大西くんの年齢の3倍になるのは何年後か求めなさい。

3　右の図のように，1辺が1 cmの正方形$ABCD$がある。点Pは頂点Aの位置にあり，1枚の硬貨を1回投げるごとに，表が出れば2 cm，裏が出れば1 cmだけ，正方形の辺上をAからB，C，D，A…の順に動く。このとき，次の問いに答えなさい。

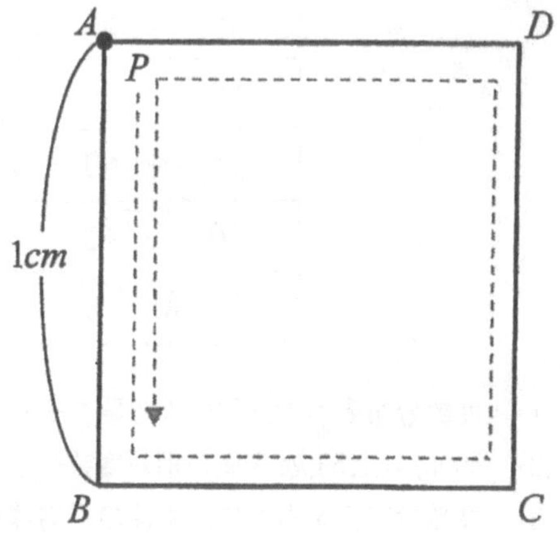

(1)　硬貨を3回連続で投げたとき，1回目が表，2回目が裏，3回目が裏になった。このときPがどの頂点にあるか答えなさい。

(2)　硬貨を3回連続で投げたとき，点Pの位置がBである確率を求めなさい。

(3)　硬貨を3回連続で投げたとき，点Pの位置がD以外である確率を求めなさい。

4 $y=\dfrac{32}{x}$のグラフ上に点Aがあり，そのy座標は8である。また，関数$y=ax^2$のグラフは2点A，Bを通り，点Bのx座標は-2である。このとき，次の問いに答えなさい。

(1) 点Aの座標を求めなさい。

(2) aの値を求めなさい。

(3) 2点A，Bを通る直線の式を求めなさい。

5 右の図のような平行四辺形$ABCD$があり，$AD=8$，$EC=2$，$\angle BCD=120°$，$AB=AE$である。このとき，次の問いに答えなさい。ただし，円周率はπとする。

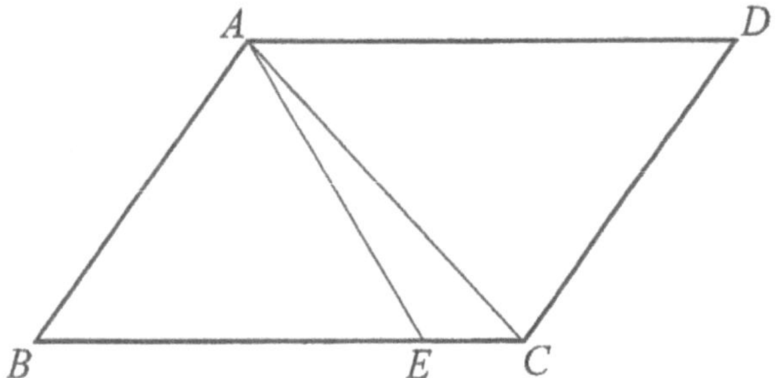

(1) AEの長さを求めなさい。

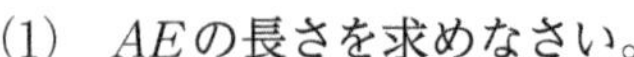

(2) 三角形ACEの面積を求めなさい。

(3) 点Aから線分BCに垂線ℓをひく。このとき，ℓを軸として三角形ACEを1回転させてできる立体の体積を求めなさい。

6 次の表は，40人の生徒の体重をはかり，度数分布表に整理したものである。このとき，次の問いに答えなさい。

体重（kg）	度数（人数）	階級値×度数
以上　未満 40 ～ 45	4	170
45 ～ 50	18	855
50 ～ 55	10	①
55 ～ 60	6	345
60 ～ 65	2	②
計	40	

(1) 度数分布表の①，②に入る値をそれぞれ求めなさい。

(2) 50 kg以上55 kg未満の相対度数を求めなさい。

(3) 度数分布表をもとに，生徒の平均体重を求めなさい。

【英　語】（50分）〈満点：60点〉

I　次の問いの要領にしたがって，放送される英文を聞きなさい。（リスニング問題）

問１　[1]～[6]の順に短い会話が一度だけ読まれます。その会話の応答として最も適切なものをそれぞれのＡ～Ｃから選び，記号で答えなさい。

[1]

A. I will take my dog for a walk there.

B. I will catch a cold there.

C. I will buy some snacks there.

[2]

A. I saw him yesterday.

B. I know you did.

C. I will be ready at 8:00 p.m.

[3]

A. No, I go every Thursday.

B. I have never made one.

C. No, just when I have time.

[4]

A. Sure. I'll get my wallet.

B. No. I don't know him.

C. No. I don't like soccer.

[5]

A. Let's go together sometime again.

B. Sorry, I am busy.

C. I like to play table tennis.

[6]

A. She told me her name.

B. Yes. But, it wasn't there.

C. Yes, she was in the kitchen.

問２　[1]～[3]の順に英文が読まれます。それに続いてその内容に関する質問が読まれます。次に同じ英文と質問をもう一度繰り返します。その質問に対する答えとして最も適切なものをそれぞれのＡ～Ｄから選び，記号で答えなさい。

[1]

A. She is interested in teaching English.

B. She wants to try marathon.

C. She wants to learn about Olympics.

D. She is interested in helping foreign tourists.

[2]

A. She decided to go to Canada again.

B. She was going to use her own bottle of drink.

C. She wanted to visit a high school

D. She decided to meet many Canadian students.

[3]

A. He didn't know much about his country.

B. He wanted to visit many countries.

C. It was interesting to meet many people.

D. He thought of learning many languages.

〈リスニング放送台本〉

Ⅰ

問1

[1]

A：Where are you going?

B：To the supermarket.

A：What will you buy?

B：(　　　　　)

[2]

A：How was my speech?

B：It was great.

A：Thanks. I practiced very hard.

B：(　　　　　)

[3]

A：What is it?

B：Chocolate cake. I made it yesterday.

A：Do you often make cakes?

B：(　　　　　)

[4]

A：I'm going to a new café near the station.

B：I've heard about it.

A：Why don't you join me?

B：(　　　　　)

[5]

A：Thank you for taking me snowboarding.

B：You're welcome.

A：I enjoyed a lot.

B：(　　　　　)

[6]

A：Are you ready to go?

B：I can't find my watch.

A：Did you look in your room?

B：(　　　　　)

問2

[1]

Miho is a high school student in Sapporo. She studies English very hard. Since she heard the news about marathon and race walking events for the 2020 Olympic Games which will be held in Sapporo, she has been interested in volunteering. She would like to support foreign tourists in English. So, she is studying English harder.

Q：What does Miho want to try for the 2020 Olympic Games?

[2]

Kana is a Japanese student. She joined a study tour in Canada. While staying there, she had a chance to visit a high school. When she was walking around the school, she saw many students pouring some water into their own bottle. She usually buys plastic bottles of drink. But, she decided to carry her bottle for the environment.

Q：What did Kana decide to do?

［3］

Takeru is a high school student. He joined an international program. At this program, he met many international students from various countries. While he was talking with them, he realized that the students from other countries know a lot about their countries. Takeru thought he needs to learn more about Japan.

Q：After the international program, what did Takeru think?

Ⅱ 次の英文は，東京に住む留学生マーク(Mark)と日本人の高校生ケン(Ken)の会話です。これを読んで，あとの問いに答えなさい。

Mark：What are you going to do tonight, Ken?

Ken ：I'm going to write a letter to Akira, a friend of mine.

Mark：［　①　］

Ken ：He lives in Sapporo. I'm going to stay with him this February.

Mark：Do you sometimes go there?

Ken ：No, once or twice a year. Oh, last February I spent three days.

Mark：What did you do（　②　）you were staying there?

Ken ：I went skiing with Akira.

Mark：Is he ③(g　)(a　) skiing?

Ken ：Yes, he is a great skier. He taught me how to ski. ［　④　］

Mark：Yes, I am. But I have never tried.
⑤(the / was / interesting / most / what / experience) in Sapporo?

Ken ：I went to the Sapporo Snow Festival. There were a lot of beautiful snow statues at the Odori Park site. Also, visitors were able to enjoy snow sliding and making a snowman at the Tsudome site.

Mark：［　⑥　］ I have never seen such snow statues and snow slides.
I want to visit Sapporo to see them someday.

Ken ：Really? If you have time, let's go to Sapporo this winter.
I'll teach you skiing, and I'll take you to the festival.

Mark：Are you sure? That's very nice of you. I'll ask my parents about this.

［注］ statues 像　site 会場　Tsudome つどーむ　snow sliding 雪滑り　slides 滑り台

問１ 空所①に入るものをア～エから選び，記号で答えなさい。

ア．What does he live?

イ．When does he live?

ウ．Where does he live?

エ．Why does he live?

問２ 空所②に入るものをア～エから選び，記号で答えなさい。

ア．because　イ．while　ウ．during　エ．for

問3　下線部③に入る語句を前後の文脈から考えて書きなさい。なお，それぞれの語は表記してある頭文字から書き始めなさい。

問4　空所④に入るものをア～エから選び，記号で答えなさい。

ア．How about you?

イ．Do you like February?

ウ．Are you interested in skiing?

エ．Why don't you go sliding?

問5　下線部⑤が意味の通る英文になるように，(　　)内の語を並べかえなさい。ただし，文頭にくる語も小文字になっています。

問6　空所⑥に入るものをア～エから選び，記号で答えなさい。

ア．I'm afraid of it.

イ．That sounds fun.

ウ．It's too interesting to see.

エ．You don't have to worry about it.

問7　本文の内容に合うものには○を，合わないものには×を書きなさい。

1. Ken visits Sapporo every year.
2. Ken has never been to the Sapporo Snow Festival.
3. Visitors had a chance to make a snowman at the festival.
4. Mark is going to invite his parents to Sapporo.

Ⅲ　次の英文と日本語訳文を読んで，あとの問いに答えなさい。

Momotaro

Long long time ago, an old couple lived in a small village. Each day, the old man went up the mountain to gather firewood and the old woman went down to the river to wash clothes.

One day when the old woman (　A　) washing clothes at the river, a huge peach came bobbing down the stream. She brought it home, and tried to cut it to share with the old man. Then they (　B　) surprised to see a lively baby boy coming out of the peach. The old couple said, "Let's name him Momotaro, Peach-boy, (　C　) he was born from a peach." They raised him with great love and care.

Momotaro grew (　D　) so rapidly into a strong boy. One day he said to the old couple, "I heard there lived evil demons on an island far (　E　). I'm going to go there and conquer them." The old woman made millet dumplings for Momotaro to take with him.

(　F　) the way, Momotaro met a dog. The dog asked, "Where (　G　) you going?" "To Demons Island, to conquer demons," he answered. "If you give me one of your millet dumplings (　H　) you have, I'll follow you," the dog said. He agreed to it and the dog became his retainer. Next he met a pheasant. He gave the pheasant one of his millet dumplings and the pheasant became his retainer, (　I　). Then next, he met a monkey. The monkey also became his retainer to get one of his millet dumplings. Thus, Momotaro with the dog, the pheasant and the monkey crossed over to Demons Island.

(J) they arrived on the island, demons were holding a big feast after looting. The pheasant pecked at demons'eyes, the monkey scratched their faces, the dog bit them on the leg, and Momotaro swung his sword at them.

"We're sorry, so sorry. We won't commit crimes any more. So please forgive us." The demons apologized and surrendered. Then they offered all the treasures. Momotaro brought them home and all lived happily ever after.

《日本語訳文》

桃太郎

昔々，ある小さな村に老夫婦が住んでいました。毎日，おじいさんは山にしば刈りに，おばあさんは，川へ洗濯に行きました。

ある日，おばあさんが川で洗濯をしていると，大きな桃がどんぶらこどんぶらこと流れてきました。おばあさんはそれを持ち帰って，おじいさんと分けて食べるために切ろうとしました。そうすると，驚いたことに，元気な赤ちゃんが飛び出てきたではありませんか。おじいさんとおばあさんは言いました。「桃から生まれた子だから桃太郎と名づけましょう。」2人はその子をたいへん可愛がりながら育てました。

桃太郎はみるみる成長して，たくましい少年になりました。ある日，彼は老夫婦に言いました。「はるか遠くの島に悪い鬼たちが住んでいるそうです。僕はそこへ行って鬼を退治してきます。」おばあさんは，きび団子を作って，桃太郎に持たせてやりました。

途中で桃太郎はイヌに会いました。イヌは，「どこへ行くんですか。」とたずねました。「鬼ヶ島へ鬼を退治しに行くのさ。」と桃太郎は答えました。「持っているきび団子を1つくれるならお供しますよ。」イヌが言いました。桃太郎はそれに同意し，イヌは桃太郎の家来になりました。次にキジに会いました。彼はキジにもきび団子をあげ，キジも家来になりました。それから次にサルに会いました。サルもきび団子をもらって家来になりました。そうして，桃太郎とイヌ，キジ，サルは鬼ヶ島へ渡りました。

島に着くと，鬼たちは略奪をはたらいた後で大宴会を開いていました。キジは鬼の目をつつき，サルは鬼の顔をひっかき，イヌは鬼のすねにかみつき，桃太郎は刀を振り回しました。「ごめんなさい。本当にごめんなさい。もう悪いことはしませんから，許してください。」鬼たちはそう謝って降参しました。そして宝物をすべて差し出しました。桃太郎はそれを村に持ち帰り，以後みんな幸せに暮らしました。

問1　英文中の(A)～(J)に入る適切な語を1～10から選び，番号で答えなさい。ただし，文頭にくる語も小文字になっています。

1. up　2. when　3. was　4. too　5. that
6. are　7. on　8. because　9. away　10. were

問2　次の日本語に該当する英語を，それぞれ1語で英文中からそのまま抜き出しなさい。

1. 退治する　2. 刀　3. 悪いこと

問3　次の英語に該当する日本語を，指定された字数で日本語訳文中からそのまま抜き出しなさい。

1. gather firewood（4字）　2. retainer（2字）　3. big feast（3字）

Ⅳ 次の英文はオリンピックの歴史などについて述べたものです。これを読んで，あとの問いに答えなさい。

Do you know [　①　] the Olympic Games started? The ancient Olympic Games started in the year 777 B.C. and at Olympia in Greece. They were a festival for the Gods of Greece. In the first Games, there was the only one sport, a short race. Then, some kinds of sports were added. In 393, however, the ancient Olympic Games ended, because Christians who ruled Greece at that time didn't need the Gods of Greece. They believed that the only God was Christ.

The Olympics were started again as the modern Olympics by Coubertin. He was very interested in physical education, and thought that sports were very useful to build a moral and a peaceful world. He made the International Olympic Committee, and in 1896 the modern Olympics were ②hold at Athens in Greece.

The Olympic sports events have changed. For example, we can now see a lot of women's games, but at the beginning of the modern Olympics, there were no women's sports. There were also some games which we cannot see at the Olympics now. One of them was tug of war. Everyone knows Judo and volleyball as the Olympic sports. But they started from the first Olympics in Tokyo.

In the modern Olympics, it is (　③　) important to try hard and respect each other than to win the medals, but ④it is (people / wonderful / Japanese /to / for / get) the medals, too. In the first Olympics in Tokyo, the Japanese team got sixteen medals. Now, ⑤(will / how / medals / Japan / many / get) in the Tokyo Olympic Games?

［注］
peaceful　平和な
ancient　古代の
Olympia　オリンピア(都市名)
Greece　ギリシャ
Gods　神々
a short race　短距離走
add　加える
Christians　キリスト教徒
rule　支配する
Christ　キリスト
modern　現代の
Coubertin　クーベルタン(人名)
moral　道徳心
Committee　委員会
Athens　アテネ(都市名)
respect　尊敬する
tug of war　綱引き

問1　空所①に入るものを次のア～エから選び，記号で答えなさい。

ア．when and which
イ．how and where
ウ．what and why
エ．when and where

問2　下線部②の語を適切な形に直しなさい。

問3　空所③に入る最も適切な語を書きなさい。

問4　下線部④と⑤が意味の通る英文になるように，(　　)内の語を並べかえなさい。

問5　本文の内容に合うものを1～8から3つ選び，番号で答えなさい。

1. The ancient Olympic Games began 777 years ago and the most popular city was Olympia in

Greece.

2. The athletes who joined the ancient Olympic Games had to believe in the Gods of Greece.
3. In the first Olympic Games, a short race was the most popular sport and many athletes took part in this.
4. When the ancient Olympic Games ended, Christians who ruled Greece didn't believe in the Gods of Greece but they believed in Christ.
5. Coubertin thought physical education was very important, so he made Olympic school at Athens in Greece.
6. Women played some sports in the Olympics when the modern Olympics just started.
7. The tug of war is one of the sports which we can't see in the modern Olympics.
8. Japanese athletes took part in the first Tokyo Olympic Games and won more than ten medals.

【理　科】（50分）〈満点：60点〉

1　**3本の試験管A，B，Cを用意した。すべての試験管に青色のBTB溶液を数滴入れ，息を吹き込み緑色にした。さらに，試験管A，Bには，採取したばかりの${}_a$タンポポの葉を入れ，すぐにすべての試験管をゴム栓でふたをした。試験管Bはアルミはくでおおい，試験管Cには何も操作を加えなかった。その模式図を右の図に示す。すべての試験管を日の当たる場所に1日置いて${}_b$試験管内のBTB溶液の色を調べた。あとの問いに答えなさい。**

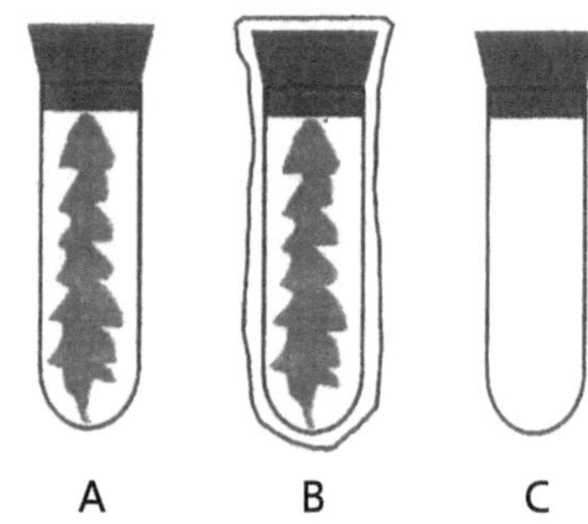

問1　下線部aについて，タンポポの葉を観察すると，葉脈は網目状に通っていた。タンポポと同じく，葉脈が網目状に広がっている植物を次の①～④から1つ選び記号で答えなさい。

①　ススキ　　②　バラ　　③　ユリ　　④　イネ

問2　この実験のように，調べたいことがら以外の条件を同じにして行う実験を何というか答えなさい。

問3　下線部bについて，1日後の試験管A，B，CのBTB溶液の色はそれぞれ何色になったか。正しい組み合わせを次の①～⑥から1つ選び記号で答えなさい。

①　A：黄　　B：緑　　C：青
②　A：黄　　B：青　　C：緑
③　A：緑　　B：黄　　C：青
④　A：緑　　B：青　　C：黄
⑤　A：青　　B：黄　　C：緑
⑥　A：青　　B：緑　　C：黄

問4　Bの試験管をアルミはくでおおった理由を簡単に答えなさい。

2　**私たちは様々なものを食べている。食べられた食物は，${}_a$口→食道→胃→小腸→大腸→肛門と続く一本の管を通る。${}_b$これらの物質は体に吸収されるまでの間により吸収されやすい物質に分解される。分解された栄養はおもに小腸で吸収されたのち，体中に張りめぐらされている血管を流れる血液によって全身に運ばれる。${}_c$ヒトの血液は有形成分である赤血球，白血球，血小板，および液体成分である血しょうからなる。また，このとき${}_d$心臓が血液を循環させるポンプの役割を担っている。あとの問いに答えなさい。**

問1　下線部aについて，この管の名称を答えなさい。

問2　下線部bについて，次の文章A～Dから正しいものを1つ選び記号で答えなさい。

A　胆のうから出される胆汁には，脂肪を分解する消化酵素が含まれる。

B　だ液に含まれるアミラーゼはデンプンのみを分解するため，タンパク質を食べたときにはだ液はでない。

C　脂肪を分解してできた物質は柔毛で吸収されるが，その後リンパ管に入る際には再び脂肪となる。

D　タンパク質は胃でのみ分解される。

問３　下線部ｃについて，次の文章Ａ～Ｄから間違っているものを１つ選び記号で答えなさい。

Ａ　赤血球は酸素を運ぶはたらきがある。

Ｂ　白血球にはヘモグロビンというタンパク質が含まれる。

Ｃ　血小板は出血した血液を固めるはたらきがある。

Ｄ　血しょうは毛細血管から細胞の周りにしみ出すと組織液とよばれる。

問４　下線部ｄについて，激しい運動をしたため，Ａさんの心臓は１分間に190回の一定のペースで拍動した。１回の拍動で70 mLの血液が送り出されるとすると，心臓は30秒間で何mLの血液を送り出したことになるか答えなさい。

3　**導線やコイルに電流を流したときに，まわりにできる磁界についての実験と，コイルの中の磁界を変化させ電流を発生させる実験をおこなった。あとの問いに答えなさい。**

問１　右の図のように矢印の向きに電流を流したとき，①，②の磁針の針はどの方向を向くか。次の**ア**～**エ**の中から最も適切なものをそれぞれ１つずつ選び記号で答えなさい。ただし，磁針の黒い方がＮ極である。

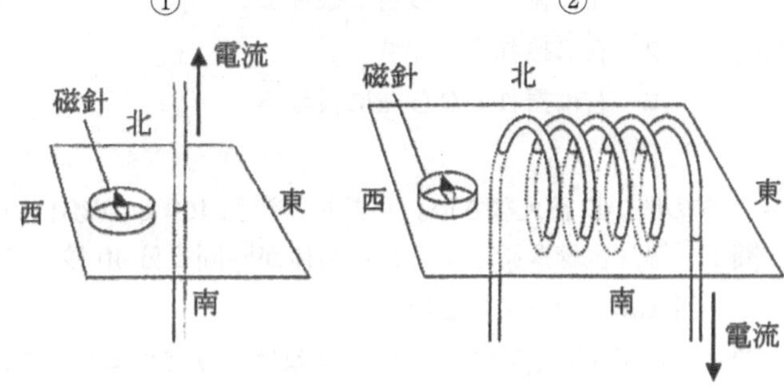

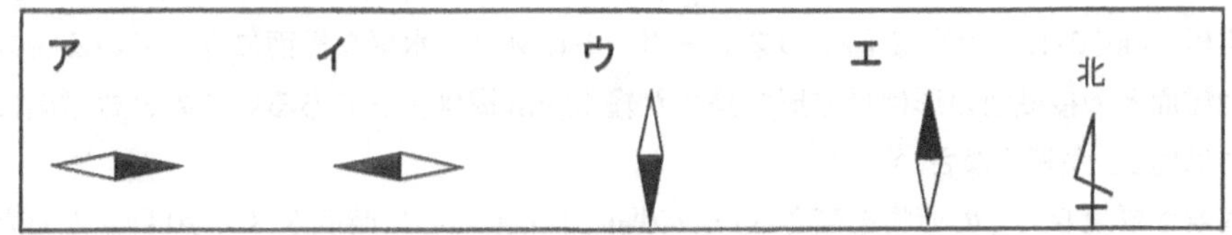

問２　下の図のように，矢印の向きに棒磁石を動かしＮ極をコイルに近づけたとき，検流計の針が左側に振れた。

(1)　コイルの中の磁界が変化するときに，電流が発生する現象を何というか。漢字４字で答えなさい。また，この現象を利用しているものを次の**ア**～**オ**の中から１つ選び記号で答えなさい。

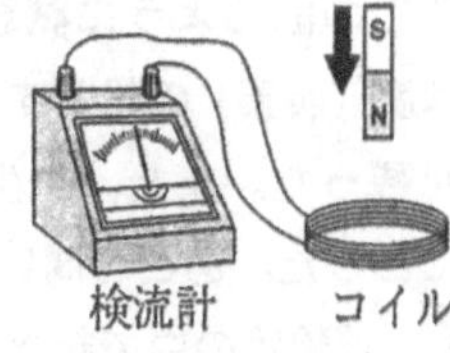

ア　電流計　　**イ**　電圧計　　**ウ**　マイク

エ　モーター　　**オ**　電池

(2) 次の①，②の場合に検流計の針の動き方はどうなるか。次の**ア**～**エ**の中から最も適切なものをそれぞれ1つずつ選び記号で答えなさい。

① 棒磁石のS極を下に向けて，コイルを矢印のように動かす。

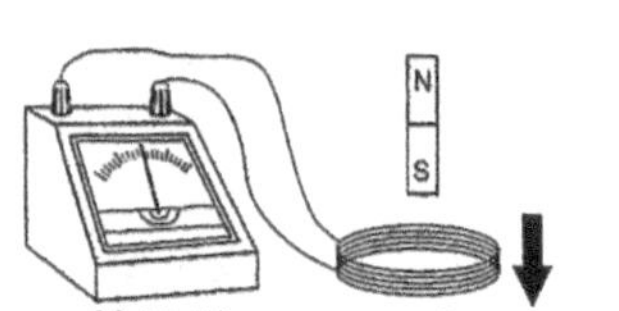

② 棒磁石のS極を下に向けて，棒磁石を矢印のように動かす。

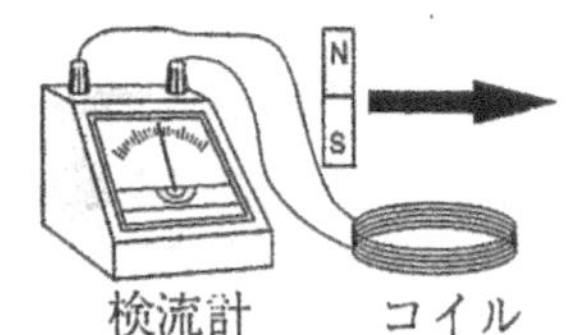

ア 左に振れる
イ 左に振れてから右に振れる
ウ 右に振れる
エ 右に振れてから左に振れる

4 **次の問いに答えなさい。ただし，質量 100 g の物体にはたらく重力を 1 N とする。**

問1 等速直線運動をするある物体が時間2分40秒間で距離2.4 km移動した。この物体の速さは何km/hか答えなさい。

問2 質量4.3 kgのある物体をばねばかりにつるし，油の中に全体を入れた状態で測定すると，ばねばかりは3.9 kgを示した。この物体にはたらいている浮力の大きさは何Nか答えなさい。

問3 質量50 kgのB君が質量4 kgのスノーボードに乗り，水平な雪面に立っている。スノーボードと雪面との接触面の形は長方形で長さが縦40 cm横90 cmである。このとき雪面にはたらく圧力は何Paか答えなさい。

問4 A君が質量50 kgの荷物を高さ30 mの場所まで運ぶのに時間が3分20秒かかった。A君の仕事率は何Wか答えなさい。

5 **黒色の酸化銅に炭（炭素）の粉を加え，よく混ぜた後に右の図のように試験管に入れて加熱した。酸化銅は炭（炭素）の粉とすべて反応し，試験管の中には銅が残った。また，発生した気体により石灰水が白くにごった。あとの問いに答えなさい。**

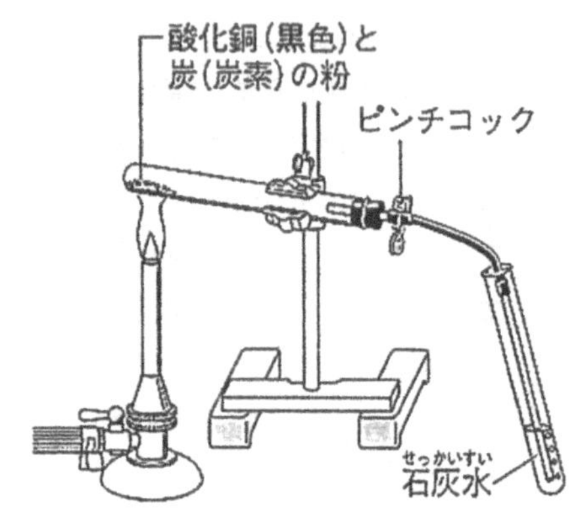

問1 試験管の中で起きた化学変化について説明している文として最も適当なものを**ア**～**エ**から1つ選び記号で答えなさい。

ア 酸化銅と炭（炭素）の粉は，ともに酸化された。
イ 酸化銅と炭（炭素）の粉は，ともに還元された。
ウ 酸化銅は酸化され，炭（炭素）の粉は還元された。
エ 酸化銅は還元され，炭（炭素）の粉は酸化された。

問2 この酸化銅の反応の様子を化学反応式で表しなさい。

問３　８ｇの酸化銅がすべて炭（炭素）の粉と反応したとすると，何ｇの銅ができるか求めなさい。ただし，酸化銅における銅原子と酸素原子の質量の比は４：１である。

6　**右の図のように石灰石にうすい塩酸を加えて，二酸化炭素を発生させた。あとの問いに答えなさい。**

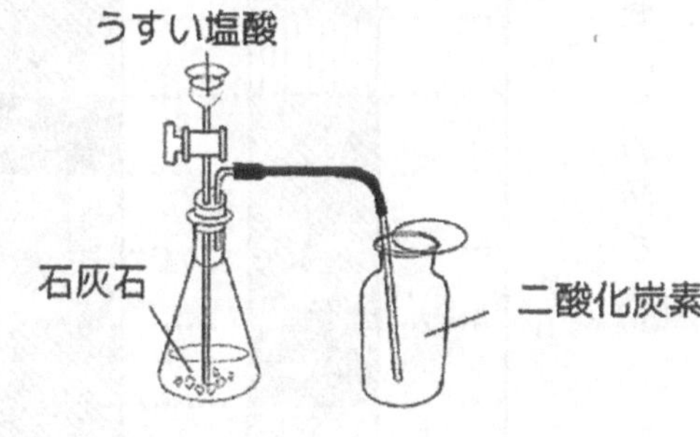

問１　右図のような気体の集め方を何というか答えなさい。

問２　二酸化炭素の性質として適当なものを，次の①〜⑤のうちから２つ選び記号で答えなさい。

①　物が燃えるのを助けるはたらきがある。
②　空気とほぼ同じ密度である。
③　においがない。
④　マグネシウムを加熱すると発生する。
⑤　水に少し溶ける。

問３　次の文中の（　ア　）と（　イ　）に当てはまる言葉を答えなさい。

大気中の二酸化炭素濃度の上昇は，地球（　ア　）化の原因の１つと考えられている。二酸化炭素には地球から放出される熱の流れをさまたげ，地球の大気や地表を暖めている。このようなはたらきは（　イ　）といい，このようなはたらきをもつ二酸化炭素のような気体を（　イ　）ガスという。

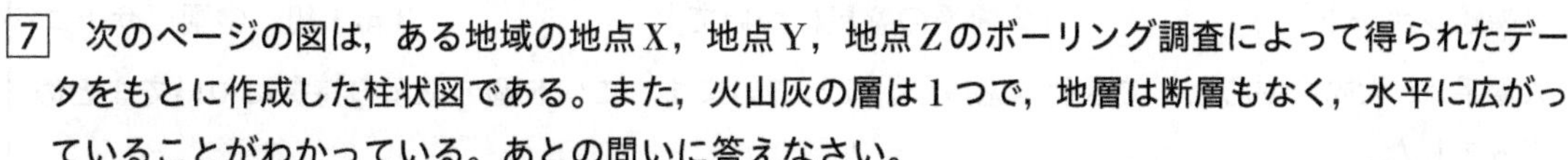

7　**次のページの図は，ある地域の地点Ｘ，地点Ｙ，地点Ｚのボーリング調査によって得られたデータをもとに作成した柱状図である。また，火山灰の層は１つで，地層は断層もなく，水平に広がっていることがわかっている。あとの問いに答えなさい。**

問１　**地点Ｚの空白に当てはまる層を，次のａ〜ｄから１つ選び記号で答えなさい。**

ａ　泥の層　　ｂ　砂の層　　ｃ　れきの層　　ｄ　火山灰の層

問２　**地点Ｘと地点Ｙの地表の標高差は何ｍか答えなさい。**

問３　Ｃ層は，サンゴの化石が見つかったことから，当時，この地域が「温暖できれいな海であった」と考えられる。このように当時の環境が読み取れる化石のことを何というか。また，この化石から「温暖できれいな海」以外にわかることは何か簡単に答えなさい。

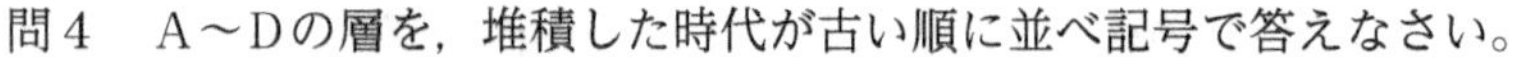

問4　A～Dの層を，堆積した時代が古い順に並べ記号で答えなさい。

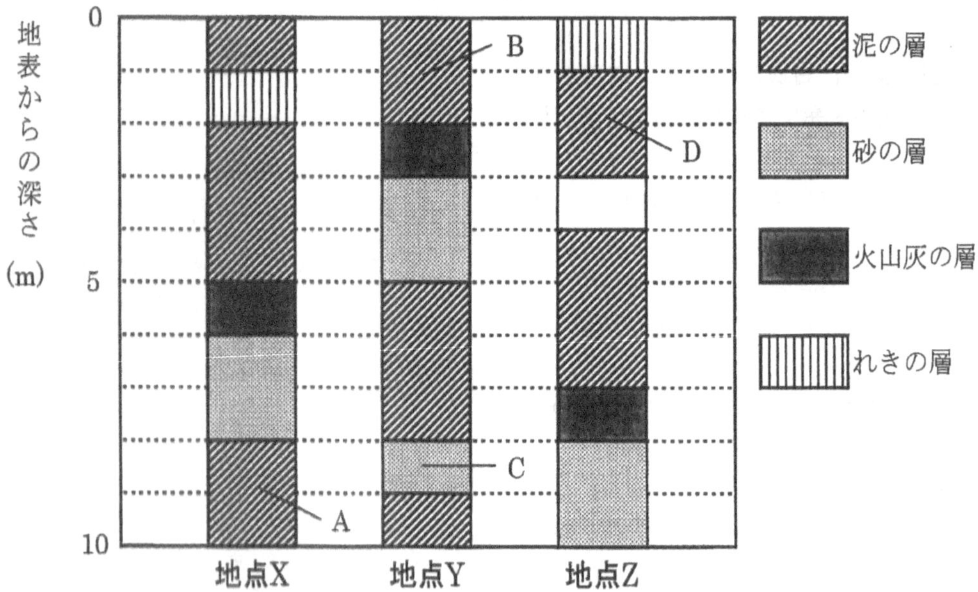

8　太陽系の惑星について，あとの問いに答えなさい。

問1　下の文章は，中学3年生の学園サチコさんが理科の先生に提出した宿題（課題レポート）の一部である。文章内の①～⑫の下線部の中にあやまりが3つある。あやまっている下線部の番号を選び正しい答えに訂正しなさい。

［課題レポート］　「太陽系の惑星について」　3年1組　学園　サチコ

太陽系は，太陽を中心として8個の惑星が公転しています。この8個の惑星の特徴についてまとめてみました。

（地　球）

私たちの住んでいる惑星で，月という①衛星が回っています。太陽系の中で液体の水が大量に存在する唯一の惑星です。また，②窒素約78%，酸素約21%の大気におおわれています。そしてさまざまな種類の生物が生存しています。

（火　星）

地球によく似ている惑星です。地球のように四季もあり，1日の長さもだいたい同じくらいです。ただ，大きさは地球の③半分くらいで，うすい大気があり，大気の主成分は④二酸化炭素で，酸素はほとんどありません。

（木　星）

太陽系で1番大きい惑星です。表面のおもな成分は，水素と⑤フロンです。アンモニアやメタンなどを含む雲におおわれており，天体望遠鏡を使うと，大きな⑥しま模様が見えます。

（水　星）

太陽系で1番小さい惑星で，大気はほとんどありません。表面は月のように⑦クレーターがたくさんあります。

（金　星）
天体望遠鏡を使うと，月のように満ち欠けをしていることも観測できます。これは金星が地球よりも太陽に近い軌道を回っている⑧近惑星だからです。大気の主成分は，⑨二酸化炭素で分厚い雲におおわれているので，表面の平均気温が400℃以上になっています。

（土　星）
土星のまわりにあるリングは，天体望遠鏡で見ることができます。土星自体の平均密度は水よりも⑩大きいですが，惑星の赤道半径や質量は木星に次いで，２番目に大きい惑星です。

（天王星と海王星）
両方ともに，大気にメタンガスが多く含まれているため，青く見えます。⑪天王星は，自転の軸が公転面に垂直な方向から大きく傾いているため，横倒しの状態で公転しています。また，⑫海王星は太陽系の１番外側を公転している惑星です。

問２　下の図１は太陽・地球・金星の位置関係を示したものであり，図２はＡの位置にある金星を天体望遠鏡で見たときの像である。図２を参考にして，形と大きさに注目した上で，天体望遠鏡で見たＢの位置にある金星の像を描きなさい。ただし，天体の像は天体望遠鏡で観測すると肉眼で見る場合とは上下左右が逆になる。また，天体望遠鏡の倍率は一定である。

図１

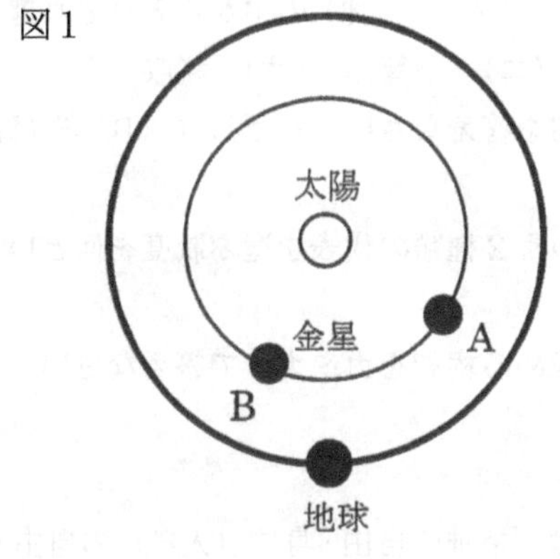

図２

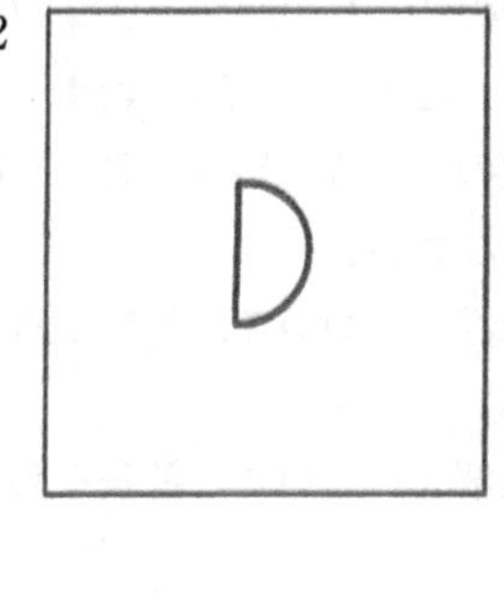

【社　会】（50分）〈満点：60点〉

1　次の文章を読み，あとの問いに答えなさい。

地方公共団体にも地方議会が置かれている。地方議会の議員は，住民から直接選挙で選ばれる。地方議会は，地方公共団体独自の法である（　A　）を定めたり，地方公共団体の（　1　）を決議したりといった仕事を行う。（　A　）は，地方公共団体が法律の範囲内で自由に制定することができる。

都道府県知事と市区町村長は，地方公共団体の首長で，住民からの直接選挙によって選ばれる。このように，①住民が首長と地方議員という2種類の代表を選ぶことが地方自治の特徴である。また地方自治は日常生活と密接な関係にあり，住民の意思をより強く反映するために，住民による直接民主制の要素を取り入れた権利が認められている。この権利を「直接（　B　）」という。住民は首長や議員に問題があると判断した場合，署名を集めて住民投票を求めることができ，その結果，過半数の同意を得ることができれば，②首長や議員に対し解職を求めたり，議会を解散させたりすることができる。地方公共団体における議会と首長は，たがいに抑制し合い，（　2　）を保つ関係にある。首長は議会が議決した事項を拒否して審議のやり直しを求めたり，議会を解散したりすることができる。これに対し議会は首長の不信任決議を行うことができる。

問1　文中の（　1　）・（　2　）にあてはまる語句を（ア）～（オ）の中からそれぞれ選びなさい。
　　（ア）廃止　（イ）均衡　（ウ）有効　（エ）予算　（オ）税収

問2　文中の（　A　）・（　B　）にあてはまる語句を答えなさい。ただし（　B　）は漢字3字で答えなさい。

問3　下線部①について，住民が首長と地方議員という2種類の代表を選ぶ制度を何というか答えなさい。

問4　下線部②について，首長や議員に対し解職を求める権利をカタカナで答えなさい。

2　次の文章を読み，あとの問いに答えなさい。

日本国憲法の保障する基本的人権のうち，自由権は，精神の自由・身体（人身）の自由・（　A　）の自由の三つの分野に分けることができる。このうち，身体（人身）の自由に関しては，明治憲法下の不当逮捕・拷問などが行われたことへの反省に立ち，日本国憲法は人の身体が何ものからも拘束や迫害を受けないように詳細な規定を設けた。例えば，憲法第31条では「国家が，どのような行為を犯罪とし，どのような刑罰を科すかは，法律の定め」を必要とするという「（　1　）主義」と，法律に定める（　2　）な手続きによらなければ刑罰を科せられないという法定手続きの保障〔（　2　）手続きの原則〕が定められている。そして，被疑者・被告人が人間らしく扱われるようさまざまな権利が保障されている。例えば，逮捕・捜索・押収については，裁判官が発行する（　3　）が必要とする「（　3　）主義」（第33条・第35条）や（　4　）のみを証拠として刑罰を科すことの禁止（第38条3項）や取り調べの際，「自分の答えたいことだけを話し，自分の不利になることや嫌なことは答えなくてもよい」という（　5　）（第38条1項）の保障などである。また，警察や検察の厳しい取調べが「うその（　4　）」を生むとの観点から，録画・録音によるいわゆる「取調べの（　B　）」が始まった。なお，「同一事件について再び責任を問われ審理されない」（第39条）という（　６　）の原則があるが，えん罪事件の場合は，裁判をやり直す再審が認められている。

問１　文中の（　Ａ　）に漢字２字,（　Ｂ　）に漢字３字であてはまる語句を答えなさい。

問２　文中の（　１　）～（　６　）にあてはまる語句を（ア）～（キ）の中からそれぞれ選びなさい。

（ア）　黙秘権　　（イ）　自白　　（ウ）　適正　　（エ）　無罪推定

（オ）　一事不再理　　（カ）　罪刑法定　　（キ）　令状

問３　下線部について，信教の自由において憲法は，国の政治が宗教と結びつくことを禁じる「（　　）分離」を規定している。（　　）にあてはまる語句を漢字２字で答えなさい。

３　次の日本の世界文化遺産に登録されたものに関するＡ～Ｃの解説文を読み，あとの問いに答えなさい。

Ａ	日光東照宮

「日光の寺社」の一つとして１９９９年に登録された徳川家康の霊廟である。①３代将軍家光の頃に整備され，②江戸幕府の聖地として将軍をはじめ多くの人々が参拝した。

Ｂ	東大寺

「古都奈良の文化財」の一つとして１９９８年に登録された建築物である。仏教の力によって国家の安定を願い，全国に国分寺を作らせ，③７４３年には聖武天皇の大仏造立の詔により金銅の大仏が作られた。東大寺正倉院には④天平文化を中心に多数の美術品が収蔵されている。

Ｃ	鹿苑寺

「古都京都の文化財」の一つとして１９９４年に登録された。一般に金閣寺として知られ，⑤室町文化の建築物である。有名な金閣は焼失・再建のため世界遺産ではないが，鹿苑寺庭園が登録されている。鹿苑寺は⑥足利義満が別荘として作り替え，後に鹿苑寺という禅寺となった。

問１　下線部①について，家光は大名が江戸と領地を一年交替で往復する制度を義務づけたが，この制度のことを何というか答えなさい。

問２　下線部②について，江戸幕府に関する説明で正しいものを（ア）～（エ）の中から１つ選びなさい。

（ア）　徳川家康は1600年の関ヶ原の戦いで豊臣氏を滅ぼして，征夷大将軍に任命され，江戸幕府を開いた。

（イ）　江戸時代には鎖国のため，長崎の出島ではポルトガル人のみの交易が行われた。

（ウ）　８代将軍徳川吉宗は享保の改革で，動物保護のため生類憐みの令を発布した。

（エ）　老中水野忠邦は天保の改革で，物価上昇を抑えるため株仲間の解散を命じた。

問３　下線部③について，この詔と同年に出された土地所有に関する法令を答えなさい。

問４　下線部④について，天平文化に関する説明で正しいものを（ア）～（エ）の中から１つ選びなさい。

（ア）　最澄・空海などの密教が貴族に受け入れられ，密教美術も発展した。

（イ）　防人の歌など，庶民がかな文字で残した歌がおさめられた古今和歌集が作られた。

（ウ）　社会不安の増大により現世の不安から逃れようと，阿弥陀如来を信仰する浄土教が流行した。

（エ）　天皇・貴族から民衆までの歌約 4500 首をまとめた万葉集が作られた。

問５　下線部⑤について，室町文化に関する説明で正しいものを（ア）～（エ）の中から１つ選びなさい。

（ア）　鴨長明が社会の転変による無常観をあらわす「方丈記」を残した。

（イ）　俳諧で松尾芭蕉が新たな作風を確立し，紀行文の「奥の細道」などを残した。

（ウ）　雪舟が水墨画で日本的な様式を取り入れ，「秋冬山水図」などの作品を残した。

（エ）　千利休が茶の湯の儀礼を定め，侘茶の世界を完成させた。

問６　下線部⑥について，次の文を読み，あとの問いに答えなさい。

室町幕府成立後，Ⓐ約 60 年にわたる南北朝の内乱に終止符を打つことに成功した足利義満は，内乱期に強大となった守護大名の統制をはかるとともに，Ⓑ政治機構の整備も行っていった。また新たに建国された明からの呼びかけに応じて使者を送り，朝貢形式による貿易を開始した。

（ⅰ）　下線部Ⓐについて，南北朝に分裂するきっかけをつくり，奈良の吉野に逃れて皇位の正当性を主張した南朝側の天皇を答えなさい。

（ⅱ）　下線部Ⓑついて，将軍の補佐役として設置された役職を（ア）～（オ）の中から１つ選びなさい。

（ア）　関白　　（イ）　執権　　（ウ）　管領　　（エ）　大老　　（オ）　老中

4　次の略年表をみて，あとの問いに答えなさい。

年　号	できごと	
①１８７１年	岩倉使節団が約２年間，欧米諸国に送られる	
１８７４年	民撰議院設立建白書を政府に提出し，②自由民権運動が始まる	A
１８８５年	内閣制度がはじまり，③伊藤博文が初代内閣総理大臣に就任する	A
④１８９４年	日清戦争が始まる	A
１９０４年	⑤日露戦争が始まる	
１９１０年	⑥韓国併合	

問１　下線部①の年に結ばれた条規・条約について，正しいものを（ア）～（エ）の中から１つ選びなさい。

（ア）日清修好条規　（イ）日朝修好条規　（ウ）樺太・千島交換条約　（エ）下関条約

問2　下線部②の主導者で，のちにフランスの人権思想にもとづいて自由党を結成した人物を（ア）～（エ）の中から1つ選びなさい。

（ア）大隈重信　（イ）陸奥宗光　（ウ）木戸孝允　（エ）板垣退助

問3　下線部③の伊藤博文について述べたⅠとⅡの文について，正誤の組み合わせとして正しいものを（ア）～（エ）の中から1つ選びなさい。

Ⅰ　立憲改進党を結成し，初代総裁となった

Ⅱ　大日本帝国憲法の制定に関して，中心的な役割を果たした

（ア）Ⅰ－正　Ⅱ－正　（イ）Ⅰ－正　Ⅱ－誤

（ウ）Ⅰ－誤　Ⅱ－正　（エ）Ⅰ－誤　Ⅱ－誤

問4　略年表中のAの時期に起きたできごとを述べたⅠ～Ⅲの文について，古いものから年代順に正しく配列されたものを（ア）～（カ）の中から1つ選びなさい。

Ⅰ　日本各地の自由民権運動の代表が大阪に集まって国会期成同盟が結成された

Ⅱ　西郷隆盛を中心に西南戦争が起こった

Ⅲ　軍隊や警察の力を背景に新政府は琉球藩を廃止して沖縄県を設置した

（ア）Ⅰ－Ⅱ－Ⅲ　（イ）Ⅰ－Ⅲ－Ⅱ　（ウ）Ⅱ－Ⅰ－Ⅲ

（エ）Ⅱ－Ⅲ－Ⅰ　（オ）Ⅲ－Ⅰ－Ⅱ　（カ）Ⅲ－Ⅱ－Ⅰ

問5　下線部④の年のできごとで正しいものを（ア）～（エ）の中から1つ選びなさい。

（ア）日英通商航海条約を結んで，領事裁判権の廃止に成功した

（イ）ロシアがシベリア鉄道の建設を始めた

（ウ）蝦夷地が北海道と改称された

（エ）大日本帝国憲法が発布された

問6　下線部⑤の日露戦争が起こる2年前に，日本が同盟を結んだ国として正しいものを(ア)～(エ)の中から1つ選びなさい

（ア）アメリカ　（イ）イタリア　（ウ）イギリス　（エ）フランス

問7　下線部⑥の韓国併合より前に起こったできごとを（ア）～（エ）の中から1つ選びなさい。

（ア）立憲国民党の犬養毅と立憲政友会の尾崎行雄らを中心に護憲運動が起こった

（イ）アメリカでポーツマス条約が締結された

（ウ）孫文が南京でアジア初の共和国である中華民国の成立を宣言し，清は滅亡した

（エ）小村寿太郎外相のもと，日本は関税自主権を完全に回復した

5　次の文を読み，あとの問いに答えなさい。

①1964年に1回目の東京オリンピックが開催され，2020年7月に再び東京で開催される。近代オリンピックが始まったのは1896年，その前身，古代オリンピックが始まったのは紀元前8世紀頃，②ギリシアのオリンピアで始まったとされている。その発祥国ギリシアは，エーゲ海とイオニア海に浮かぶ数千の島々からなる国であり，おもな産業は農業，鉱業，工業，輸送業，観光業である。特に③農業は地中海性気候下で独特の農業が展開されている。また，1981年には④EUの前身であるヨーロッパ共同体に加盟し，現在もEUの加盟国である。GNI（国民総所得）は，⑤神奈川県とほぼ同等であり，人口では神奈川県よりも2割ほど多い。

問１　下記の表はいずれも日本の年代別の貿易総額における輸入品と輸出品の割合である。下線部①が開催されたときの輸出品と輸入品の割合を示したものをそれぞれ記号で選びなさい。

〈輸出品〉

ア		イ		ウ		エ	
食料品	0.4%	食料品	1.2%	食料品	6.3%	食料品	3.4%
原料・燃料	0.8%	原料・燃料	1.0%	原料・燃料	2.2%	原料・燃料	1.0%
軽工業品	7.9%	軽工業品	12.2%	軽工業品	46.7%	軽工業品	22.4%
重工業品	87.2%	重化学工業品	84.4%	重化学工業品	44.4%	重化学工業品	72.4%
その他	3.7%	その他	1.2%	その他	0.4%	その他	0.8%

〈輸入品〉

ア		イ		ウ		エ	
食料品	12.2%	食料品	10.4%	食料品	12.1%	食料品	13.6%
原料・燃料	65.7%	原料・燃料	66.7%	原料・燃料	26.7%	原料・燃料	56.0%
軽工業品	1.4%	軽工業品	6.2%	軽工業品	13.7%	軽工業品	5.5%
重工業品	20.5%	重化学工業品	15.5%	重化学工業品	45.7%	重化学工業品	24.3%
その他	0.2%	その他	1.2%	その他	1.7%	その他	0.6%

問２　下線部②について，ギリシアの位置を地図中のＡ～Ｉの中から選びなさい。また，ギリシアにおける古代建造物を次のページの写真（ア）～（ウ）の中から１つ選びなさい。

（ア）

（イ）

（ウ）

問３　下線部③について，地中海性気候を表した雨温図を（ア）～（エ）の中から１つ選びなさい。
また，この気候下で収穫できる農作物を語群から２つ記号で選びなさい。

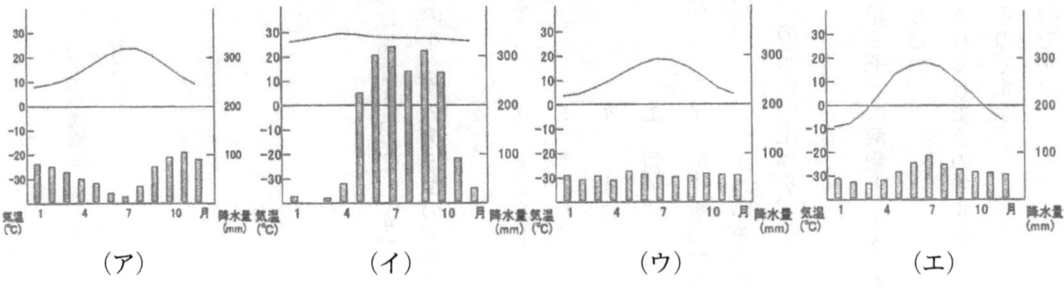

（ア）　（イ）　（ウ）　（エ）

〈語群〉（A）　キャッサバ　　（B）　油やし　　（C）　サトウキビ
（D）　コルクガシ　　（E）　大麦　　（F）　オリーブ

問４　下線部④について，あとの問いに答えなさい。

（ⅰ）　EU の原加盟国のうちベネルクス三国を除く３か国名を答えなさい。また，その位置を地図中のＡ～Ｉの中からそれぞれ選びなさい。

（ⅱ）　ヨーロッパ共同体をアルファベットで答えなさい。

（ⅲ）　2019 年現在の EU 加盟国数を答えなさい。また，2020 年に EU 離脱が決定している国名を答え，その位置を地図中のＡ～Ｉの中から選びなさい。

問５　下線部⑤について，次の文を読み，あとの問いに答えなさい。

神奈州県は 2015 年度，工業出荷額国内第２位の（　１　）工業地帯に含まれている。１位は，自動車産業が中心の（　２　）工業地帯である。（　１　）工業地帯は，東京・横浜間の東京湾岸における明治時代からの埋め立て地に工場が建設され，現在の（　１　）工業地帯へと発展した。特に第二次世界大戦後には，（　３　）による原料・製品の輸送に便利なことからめざましい発展をとげた。1960 年代からは，（　４　）県の東京湾岸の埋め立て地に鉄鋼，石油化学などの大工場が進出し，（　５　）工業地域が生まれた。また，（　１　）工業地帯や（　５　）工業地域の中心となる東京都では，印刷業や（　６　）業，ファッション産業など首都ならではの産業が発達している。

（ⅰ）　上記の文章中の（　１　）～（　６　）にあてはまる語句を答えなさい。

（ⅱ）　上記文中（　１　）工業地帯に含まれるのは，東京都・神奈川県の他にもう１県がある。その県名を答えなさい。

な。

（『宇治拾遺物語』巻一の十三による）

（注）　＊比叡の山…比叡山。今の京都府と滋賀県との境にある山。
＊やはら…そっと。静かに。
＊覚え…感じる。
＊うつろひ…花などが散る。
＊されどもさのみぞ候ふ…しかし、それだけのことです。

問1　傍線部（1）「めでたく」・（3）「あながちに」・（4）「うたてし」の語の意味として最も適当なものを、次の**ア〜エ**の中からそれぞれ選びなさい。

（1）　めでたく　　**ア**　祝福するように　**イ**　すばらしく
　　　　　　　　　ウ　わずかに　**エ**　さびしく

（3）　あながちに　**ア**　自力で　**イ**　丁寧に
　　　　　　　　　ウ　昔から　**エ**　強引に

（4）　うたてし　　**ア**　嫌な感じだ　**イ**　歌を歌ってあげた
　　　　　　　　　ウ　つまらない　**エ**　かわいそうだ

問2　二重傍線部（A）・（B）「見て」の動作の主体を、それぞれ文中から漢字一字で抜き出しなさい。

問3　傍線部（2）「などかうは泣かせ給ふぞ」の解釈として最も適当なものを、次の**ア〜エ**の中から選びなさい。

ア　どうしてこのようなものに泣かされてしまうのですか。
イ　どうしてこのようにお泣きになるのですか。
ウ　いったい何があなたを泣かせたのですか。
エ　いったい何度お泣きになればよろしいのですか。

問4　波線部「この児さめざめと泣きける」について、次の問いに答えなさい。

1　僧が考える児が泣いた理由を、四〇字以内で答えなさい。
2　児が泣いた本当の理由を、文中から三〇字以内で抜き出しなさい。

と、大声で言うのですね。母親が笑いを嚙み殺しながら子供を抱きあげると、今度は近くの人たちがまた笑う。すると子供は（3）火のついたように大声で泣きながら、笑っちゃダメ！と絶叫する。つまり、その子が大声で泣くのは、地面に顔をぶつけて痛かったから泣いているのではなくて、そんな自分の醜態（しゅうたい）を周りの人たちが笑う、そして自分が笑われているということを認識することによって彼の心はいたく傷つき、その自尊心の痛みのために大声で泣き叫んでいるわけです。そういうややこしい（c）リクツはあとからこちらが考えたことですが、とりあえず、

「笑っちゃダメ！」

と、周りの人たちに指を突きつけながら必死で泣いている子供の姿には、人間の根源的な生き方というものが幼いころから反映しているのだな、と考えさせられてしまいました。

（五木寛之『生きるヒント』による）

問1　空欄Aに入るカタカナ語として最も適当なものを、文中から抜き出しなさい。

問2　傍線部（1）「一瞬きょとんとして」とあるが、それはなぜか。三〇字以内で答えなさい。

問3　傍線部（2）「大声をあげて泣きだし」とあるが、ここでの筆者が考える心理的原因として最も適当な箇所を、文中から六字で抜き出しなさい。

問4　傍線部（3）「火のついたように」とあるが、この表現はどのような様子をたとえたものか。その説明として最も適当なものを、次のア～オの中から選びなさい。

ア　反抗的に　　イ　長時間に渡り　　ウ　急に激しく

エ　高熱を発し　　オ　元気よく

問5　本文の内容の説明として適当でないものを、次のア～エの中から一つ選びなさい。

ア　自分の醜態を笑われ、泣きながら「笑っちゃダメ！」と叫ぶ子供の姿に人間の根源的な生き方が見える。

イ　テレビの記録性は、木の葉が風に揺れているシーンにも何ともいえないおもしろさを与える。

ウ　子供の失敗を家族や周りの人が笑ったことで子供が大泣きしたビデオ作品があった。

エ　子供を撮影したビデオのおもしろさには、どんなギャグ作家やコント作家も及ばない。

問6　二重傍線部（a）～（c）のカタカナを漢字に直しなさい。

3　次の文章を読んで、後の問いに答えなさい。

これも今は昔、田舎の児の比叡の山へ登りたりけるが、桜の（1）めでたく咲きたりけるに、風のはげしく吹きたるを（A）見て、この児さめざめと泣きけるを（B）見て、僧のやはら寄りて、「（2）などかうは泣かせ給ふぞ。この花の散るを惜しう覚えさせ給ふか。桜ははかなきものにて、かく程なくうつろひ候ふなり。されどもさのみぞ候ふ」と慰みければ、「桜の散らんは（3）あながちにいかがせん、苦しからず。我が父の作りたる麦の花の散りて実の入らざらん思ふがわびしき」といひて、さくりあげて、よよと泣きければ、（4）うたてしや

の要素から生まれる現象である。

ウ　感動の大きさは他人ではをく自分の心が決めるものであり、さらに感動の意義はそれを感じた人がその後どう生きるかということに関わるものである。

エ　感動のあまりに涙を流すという現象はその体験が人生の中で大きな意味を持つことを表しており、そういう体験が多い人ほどさらに大きな感動を味わうことができる。

オ「感動することをやめた人は、生きていないのと同じことである」というアインシュタインやパウル・クレーの言葉には、感動がなくなることへの悲しみが表現されている。

カ　年齢とともに子供のように感動する経験が少なくなる大人は、二度目の体験の中に一度目に気づかなかった新しい発見をしようと努力しなくてはならない。

問7　空欄A・Bに入る語として最も適当なものを、次のア〜カの中からそれぞれ選びなさい。

ア　もちろん　　イ　しかし　　ウ　たとえば

エ　したがって　　オ　また　　カ　つまり

問8　二重傍線部（a）・（b）の漢字の読みをひらがなで答えなさい。

2　次の文章読んで、後の問いに答えなさい。

この間、テレビをみていて思わず大笑いをしました。一般の人が家庭用のビデオで撮った作品のグランプリを選ぶという番組でしたが、なまじっかトレンディードラマといわれるものに比べると、こちらのほうが絶対、テレビとしてはおもしろい。

もともと、テレビの機能の中には、記録性（ドキュメンタリー）というものが大きな柱としてあり、考えてみると、窓の外に木の葉が風に揺れているというシーンだけでもじっと眺めていると何ともいえないおもしろさがあるものです。しかも、何万本というたくさんの（a）オウボの中から予選を通過してきた優れた作品だけに、たくまざるユーモアというものが画面にあふれていて、思わず笑いを抑えることができませんでした。

その中でもすごくおかしかったのは、二歳か三歳くらいのお子さんが、自分の大好きな絵本を本棚から取り出そうと苦労している。画面の外から、

「ほら、ちゃんと頭を使いなさい。もっと頭を使うのよ」

と、お母さんの声がかかる。すると、その坊やは（1）一瞬きょとんとして、それからさかんにその本棚に頭をこすりつけはじめるのです。頭を使うということを、要するに方法を（b）クフウする、あるいは手段を考えるということでなくて、手を使うとか足を使うとかと同じように、頭を使う＝（イコール）頭で本を取り出すと考えた発想のユニークさには、おそらくどんなギャグ作家やコント作家も及ばない（　A　）が流れているように思います。

それから、もうひとつの作品で笑ってしまったのは、子供がすべり台からすべりおりてくる。ところが、いちばん下に来たときに、前につんのめって地面に頭から突っこんでしまうのです。起きあがった子供はすぐには泣かないが、周りで家族が大笑いしているのを見た瞬間、突然、（2）大声をあげて泣きだし、母親を指さして、

「笑っちゃダメ！」

めようとする。その作用が次々と感動を生み出します。（中略）

⑲「感動することをやめた人は、生きていないのと同じことである」とアインシュタインは言いました。やはり年齢とともに感動がなくなっていくという悲しい事実を踏まえた上で、彼はそう表現したのでしょう。大人は子供のようには感動することができない。それは初めての経験というものが圧倒的に少なくなってくるからです。

⑳だからこそ、（3）自分にとって初めての体験に積極的にチャレンジする必要があるのです。そしてまた、それが二度目、三度目の体験であったとしても、その二度目の中の初めてを探す努力をしなくてはいけない。

㉑毎年のように同じ花火大会に出かけたとしても、きっと初めて見る花火の姿がある。そう思いながら見るだけでも、同じ花火もまた美しく思えるものです。

（茂木健一郎『感動する脳』による）

問1　傍線部（1）「もう少し現代に近い例をあげてみましょう」とあるが、アインシュタイン、パウル・クレー、宇宙飛行士の三つの例は、何を説明するための具体例か。「人は……ということ。」の形で、三五字以内で答えなさい。

問2　傍線部（2）「感動とは脳のシステムから見てどういったものなのでしょうか」とあるが、筆者は「感動」とはどういう「働き」だと考えているか。「感動とは……働き。」の形で、五〇字以内で答えなさい。

問3　傍線部（3）「自分にとって初めての体験に積極的にチャレンジする必要があるのです」とあるが、「大人」はなぜ「初めての体験にチャレンジする必要がある」のか。その理由の説明として最も適当なものを、次の**ア**～**エ**の中から選びなさい。

ア　初めての体験は、それを記憶しようとする脳の働きを活性化し、新たな感動を生み出すから。

イ　子供は何にでも感動できるのに対し、大人は年齢とともに人生を変えることができなくなるから。

ウ　初めての体験にチャレンジすることで、それまで蓄積してきた感動を思い起こすことができるから。

エ　大人は子供と比較して初めての体験が少なくなるため、子供のようには感動することができないから。

問4　空欄Ⅰに入る語として最も適当なものを、文中から抜き出しなさい。

問5　次の文はある段落の冒頭の一文である。どこに補うのが最も適当か。段落番号で答えなさい。

このように感動というものは、一気呵成（いっきかせい）に脳を変えるきっかけになります。

問6　本文の内容に合致するものを、次の**ア**～**カ**の中から二つ選びなさい。

ア　ゲーテはその著書の中で、変化には徐々に起こる火成論的な変化と短時間で急激に起こる水成論的な変化の二種類があるという視点から感動について考察している。

イ　人の人生を変えてしまうような感動というものは、長い時間をかけてゆるやかに起こる変化と短時間で急激に起こる変化の両方

もいます。実際その後に、宇宙飛行士をやめて宗教家になった人もいるのです。どんな感動があったのかは私たちには知る（a）由もありませんが、とにかく人生を大きく変えるほどの感動がそこには存在したのでしょう。

⑩そういう意味でも感動のない世界、感動のない人生というのは、自分が変わることのできない人生とも言えるでしょう。感動があればあるほど、感動の階段を昇れば昇るほど、人生は変えることができる。自分の脳を変えることができるということになるのです。

⑪何も、宇宙飛行士のような感動を味わえと言うのではありません。またそんなことは現実的には不可能です。感動の大きさは他人が決めることではありません。自分の心が決めるものです。アインシュタインの磁石の感動と、宇宙飛行士の月面に降り立った感動。この二つに優劣や差などありません。感動の意義は、それを感じた人間がその後どう生きるかということに関わってくるのです。

⑫感動というものが脳や人生を変える。これは疑いのない事実ですが、では（2）感動とは脳のシステムから見てどういったものなのでしょうか。

⑬人間の脳は、自分が経験していることを情動系のシステムに照らし合わせます。情動系のシステムとは、まさに私たちの感情を（b）司る部分です。そこで今までの自らの体験や、これまで築いてきた価値観と照らし合わせるという作業をします。そこで脳が自分自身を変える大きなきっかけになる情報が来たと察知した時に、感動というのが起こるわけです。

⑭感動のあまり涙を流すという現象があります。これは、今体験していることが、脳や人生を変えるきっかけになるものだと脳がサインを送っているようなものです。今自分が出会っている経験が、これから自分が生きる上で大きな意味を持っている。その意味が大きければ大きいほど、感動もまた大きくなります。

⑮従って感動というのは、脳が記憶や感情のシステムを活性化させて、今まさに経験していることの意味を逃さずにつかんでおこうとする働きなのです。脳が全力を尽くして、今経験していることを記録しておこうとしている。生きる指針を痕跡として残そうとしている。そのプロセスに感動があると言えるのです。

⑯涙を流すほどの感動は、時が経っても頭の中に残っているものです。（　B　）映画の一場面に感動して涙を流す。後々にその映画の題名やストーリーは忘れたとしても、涙を流した場面は覚えている。それは脳が必死になって、その一場面を記憶と感情のシステムに残しているからです。その場面が、きっと人生や生き方を変えるヒントになるというサインを出しているわけです。

⑰もちろん同じ映画を観て、すべての人が感動するわけではありません。涙を流すほどの感動を覚える人もいれば、つまらなくて眠ってしまう人もいる。また感動する場面も人によってさまざまかもしれません。しかし一つ言えることは、映画の中にたくさんの感動を覚えられる人ほど、脳の情動系システムが活発に働いているということ。そしてそういう人ほど、人生を変えるヒントを記憶の中にたくさん蓄積することができているということです。

⑱そもそも子供の頃はみんな、何にでも感動するものです。すべての経験が（　Ⅰ　）なわけですから、脳はできる限りそれらを記憶に留

【国　語】〈五〇分〉〈満点：六〇点〉

【注意】問いのうち、字数が指示されているものについては、句読点や符号も字数に含めて答えなさい。

1　次の文章を読んで、後の問いに答えなさい。①〜㉑は段落番号を示す。設問の都合により、原文を改めた箇所がある。

①「感動」は一瞬にして人生を変える

②ドイツの文豪ゲーテはその代表作『ファウスト』の中で、変わるということについて述べています。何かが変化していく時に、水成論と火成論という2つのモードがあると。

③水成論というのは水が徐々に土地を浸食していったり、あるいは長い時間をかけて土や砂が堆積して平野ができていったりという現象です。（　A　）徐々に少しずつ変化していくプロセスが水成論です。一方の火成論というのは、火山が噴火して一気に環境が変わるように、急激で短時間の変化を言う。変化にはこの二種類があるとゲーテは言います。

④そういう視点から脳を見た場合、脳はどちらの変化形態を取るのか。もちろんそれは両方の要素があるわけです。生まれてから人生を生きていく中で、水が浸透するようにゆるやかに変化していくこともある。大きな刺激がなくとも、脳は日々確実に変化していきます。これは水成論ということになるでしょう。また一方では、火成論的に急激な変化を起こすこともあります。この二つがうまく相まってこそ、人生は変わっていくのです。

⑤そして、この火成論的な急激な変化を起こすものこそが「感動」なのです。多くの人が、実は感動するということを通して、自分の人生が変わったと実感している。もちろん放っておいても脳はゆるやかに変化しています。しかしそれだけでは人生は変わらない。多くの感動を味わうことで、人は自分自身や人生を変えることができるのです。

⑥たとえば相対性理論を発見したアインシュタイン。彼は五歳の時に父親に磁石を買ってもらいました。その磁石をじっと眺めていると、方位磁石がいつまで経っても同じ方向を向いていることに気がつきます。この不思議な現象に彼は、深い感動を覚えました。そしてこの感動が、後に時間や空間について考えるきっかけとなったのです。

⑦画家のパウル・クレーは、ある時、チュニジアに旅行します。そこで見たチュニジアの美しい光景。今までになかった色に感動を覚え、画家としてまったく違う境地に達したと本人が語っています。パウル・クレーにしてもアインシュタインにしても、こうした感動に出会わなければ、おそらくその後の人生はまた違ったものになっていたのでしょう。

⑧(1)もう少し現代に近い例をあげてみましょう。アポロ計画で宇宙飛行士が月面に降り立った時、彼らはとてつもなく深い感動を覚えたと言います。それは、宇宙船に乗って地球の周りを回っている時とは全く異質のものだと。地球の重力圏を離れて月の上に降り立つということは、感動の質が全く違うといいます。

⑨そして月面に降り立った宇宙飛行士の多くが、宗教的な啓示を受けたと語っています。「大いなる神の意思を感じた」と表現する飛行士

大切なことはメモしておこう ネ！

2020年度

解　答　と　解　説

《2020年度の配点は解答欄に掲載してあります。》

＜数学解答＞

1　(1) $\frac{1}{12}$　(2) 0　(3) $7\sqrt{3}$　(4) -39　(5) $2x+10$　(6) $-\frac{4y}{x}$

2　(1) $-1\pm\sqrt{7}$　(2) $a=-7$, $b=12$　(3) 7年後

3　(1) A　(2) $\frac{3}{8}$　(3) $\frac{7}{8}$

4　(1) A(4, 8)　(2) $\frac{1}{2}$　(3) $y=x+4$

5　(1) 6　(2) $3\sqrt{3}$　(3) $16\sqrt{3}\pi$

6　(1) ① 525　② 125　(2) 0.25　(3) 50.5kg

○配点○

1　各2点×6　2　各3点×3　3　各3点×3　4　各3点×3　5　各3点×3

6　各3点×4　計60点

＜数学解説＞

基本 1　(数・式の計算，平方根の計算)

(1)　$-\frac{2}{3}+\frac{3}{4}=-\frac{8}{12}+\frac{9}{12}=\frac{1}{12}$

(2)　$(-3)^2+8\times(-3)+15=9-24+15=0$

(3)　$\sqrt{48}+5\sqrt{27}-6\sqrt{12}=4\sqrt{3}+5\times3\sqrt{3}-6\times2\sqrt{3}=4\sqrt{3}+15\sqrt{3}-12\sqrt{3}=7\sqrt{3}$

(4)　$19^2-20^2=(19+20)(19-20)=39\times(-1)=-39$

(5)　$4\left(\frac{3}{2}x+1\right)-6\left(\frac{2}{3}x-1\right)=6x+4-4x+6=2x+10$

(6)　$3xy\div(-9x^2y)\times12y=-3xy\times\frac{1}{9x^2y}\times12y=-\frac{4y}{x}$

2　(2次方程式，1次方程式の応用問題)

(1)　$2x^2-(x-3)(x+1)=9$　$2x^2-(x^2-2x-3)-9=0$　$x^2+2x-6=0$　2次方程式の解の公式から，$x=\frac{-2\pm\sqrt{2^2-4\times1\times(-6)}}{2\times1}=\frac{-2\pm\sqrt{28}}{2}=\frac{-2\pm2\sqrt{7}}{2}=-1\pm\sqrt{7}$

(2)　$x^2+ax+b=0$…①　①に$x=3$を代入すると，$3^2+3a+b=0$　$3a+b=-9$…②　①に$x=4$を代入すると，$4^2+4a+b=0$　$4a+b=-16$…③　③－②から，$a=-7$　これを②に代入して，$3\times(-7)+b=-9$　$b=12$

(3)　$3(7+x)=35+x$から，$21+3x=35+x$　$2x=14$　$x=7$(年後)

3　(図形と確率の融合問題)

基本 (1)　$2+1+1=4$から，点PはAにある。

(2)　硬貨を3回投げたときの表裏の出方は全部で，$2^3=8$(通り)　そのうち，点Pの位置がBであ

る場合は，(表，表，裏)，(表，裏，表)，(裏，表，表)の3通り　よって，求める確率は，$\frac{3}{8}$

(3)　点Pの位置がDである場合は，(裏，裏，裏)の1通り　よって，点Pの位置がD以外である確率は，$\frac{8-1}{8}=\frac{7}{8}$

4 (比例関数，2乗に比例する関数，直線の式)

基本 (1)　$y=\frac{32}{x}$…①　①に$y=8$を代入して，$8=\frac{32}{x}$　$x=\frac{32}{8}=4$　よって，A(4，8)

(2)　$y=ax^2$に点Aの座標を代入して，$8=a\times4^2$　$16a=8$　$a=\frac{8}{16}=\frac{1}{2}$

(3)　$y=\frac{1}{2}x^2$に$x=-2$を代入して，$y=\frac{1}{2}\times(-2)^2=2$　よって，B(−2，2)　直線ABの式を$y=px+q$として点A，Bの座標を代入すると，$8=4p+q$…②　$2=-2p+q$…③　②−③から，$6=6p$　$p=1$　これを③に代入して，$2=-2\times1+q$　$q=4$　よって，直線ABの式は，$y=x+4$

5 (平面・空間図形の計量問題―面積，回転体の体積)

(1)　BE＝BC−EC＝AD−EC＝8−2＝6　∠ABE＝180°−120°＝60°　△ABEは底角が60°の二等辺三角形なので，正三角形になる。よって，AE＝BE＝6

(2)　点Aから，BEへ垂線を引きBEとの交点をHとすると，$\text{AH}=6\times\frac{\sqrt{3}}{2}=3\sqrt{3}$　よって，$\triangle\text{ACE}=\frac{1}{2}\times\text{EC}\times\text{AH}=\frac{1}{2}\times2\times3\sqrt{3}=3\sqrt{3}$

重要 (3)　HE＝3　HC＝3＋2＝5　求める体積は，底面が半径5の円で高さが$3\sqrt{3}$の円錐の体積から，底面が半径3で高さが$3\sqrt{3}$の円錐の体積をひいたものになるから，$\frac{1}{3}\times\pi\times5^2\times3\sqrt{3}-\frac{1}{3}\times\pi\times3^2\times3\sqrt{3}=25\sqrt{3}\pi-9\sqrt{3}\pi=16\sqrt{3}\pi$

基本 **6** (統計)

(1)　①　52.5×10＝525　②　62.5×2＝125

(2)　$\frac{10}{40}=0.25$

(3)　$\frac{170+855+525+345+125}{40}=\frac{2020}{40}=50.5$(kg)

★ワンポイントアドバイス★

4は，問題を読みながら，余白に自分でグラフをかいていくと，解法が容易に見えてくる。

＜英語解答＞

Ⅰ 問1 [1] C [2] B [3] C [4] A [5] A [6] B
問2 [1] D [2] B [3] A

Ⅱ 問1 ウ 問2 イ 問3 good at 問4 ウ
問5 What was the most interesting experience (in Sapporo?) 問6 イ
問7 1 ○ 2 × 3 ○ 4 ×

Ⅲ 問1 A 3 B 10 C 8 D 1 E 9 F 7 G 6 H 5 I 4
J 2 問2 1 conquer 2 sword 3 crimes
問3 1 しば刈り 2 家来 3 大宴会

Ⅳ 問1 エ 問2 held 問3 more
問4 ④ (It is) wonderful for Japanese people to get (the medals, too.)
⑤ how many medals will Japan get (in the Tokyo Olympic games?)
問5 4, 7, 8

○配点○
Ⅰ問1・Ⅱ問7・Ⅲ 各1点×26 他 各2点×17(Ⅱ問3完答) 計60点

＜英語解説＞

Ⅰ リスニング問題解説省略。

Ⅱ (会話文)

(全訳) Mark：ケン，今夜は何をするつもりなの？
Ken ：友だちのアキラに手紙を書くつもりだよ。
Mark：①彼はどこに住んでいるの？
Ken ：彼は札幌に住んでいるよ。今年の2月に彼のところに滞在するつもりなんだ。
Mark：時々そこに行くの？
Ken ：いや，1年に1，2回だね。昨年の2月は，3日間過ごしたんだ。
Mark：滞在している②間，何をしたの？
Ken ：アキラとスキーに行ったよ。
Mark：彼はスキーが③上手なの？
Ken ：うん，彼は上手なスキーヤーだよ。彼は私にスキーの仕方を教えてくれたんだ。④君はスキーに興味があるの？
Mark：うん。でも，一度もしたことがないんだ。
⑤札幌で最も面白い経験は何だった？
Ken ：さっぽろ雪まつりに行ったんだ。大通公園会場では，たくさんの美しい雪像があったよ。また，訪問者はつどーむ会場で雪すべりや雪だるま作りを楽しむことができるよ。
Mark：⑥それは楽しそうだね。そんな雪像や雪すべりは見たことがないな。いつか，それらを見るために札幌に行きたいな。
Ken ：本当に？もし時間があれば，今年の冬，札幌に行こうよ。
スキーの仕方を教えたり，雪まつりに連れていったりしてあげるよ。
Mark：いいのかい？それはありがとう。両親に聞いてみるよ。

問1 この後で，住んでいる場所を答えていることから判断できる。
問2 while「～の間」という意味の接続詞である。

問3 be good at ~ing「~するのが得意だ／上手だ」
問4 be interested in ~「~に興味がある」
問5 interesting は，the most を用いて最上級にする。
問6 この後，札幌に行きたいと言っていることから「楽しそう」と答えているとわかる。
重要 問7 1「ケンは毎年札幌を訪れている」 ケンの3番目の発言参照。年に1，2回訪れているので○。 2「ケンは札幌雪祭りに行ったことがない」 ケンの6番目の発言参照。昨年雪まつりに行ったので×。 3「訪問者は雪まつりで雪だるまを作る機会がある」 ケンの6番目の発言参照。訪問者は雪滑りや雪だるま作りができるので○。 4「マークは札幌へ両親を招待するつもりだ」 マークの最後の発言参照。今年の冬，札幌へ行っていいか両親にたずねるとあるので×。

基本 Ⅲ （長文読解：説明文：適語選択，語句）

問1 A 進行形なので〈be動詞＋ ~ing〉となる。 B be surprised to ~「~して驚く」 C「~だから」という理由を表す接続詞 because を用いる。 D grow up「成長する」 E far away「はるか遠く」 F on the way「途中で」 G going を用いているので，進行形の文にする。 H 目的格の関係代名詞 that を用いる。 I「~も」を表す too J「~するとき」を表す when
問2 1 第3段落第4文参照。 2 第5段落最終文参照。 3 第6段落第2文参照。
問3 1 第1段落第2文参照。 2 第4段落第7文参照。 3 第5段落第1文参照。

Ⅳ （長文読解・説明文：適語補充，語句整序[助動詞，不定詞]，内容吟味）

（全訳） オリンピックは①いつどこで始まったか知っているか？古代オリンピックは，紀元前777年，ギリシャのオリンピアで始まった。それは，ギリシャの神のための祭りだった。初めてのオリンピックは，ただ1つのスポーツで，短距離だった。そして，いくつかの種類のスポーツが加えられた。しかし，393年，古代オリンピックは終了した。なぜなら，当時ギリシャを支配していたキリスト教徒が，ギリシャの神を必要としなくなったからだ。彼らは，唯一の神はキリストだと信じていた。

オリンピックは，クーベルタンによって近代オリンピックとして再開された。彼は，肉体的な教育に興味があり，スポーツは，道徳心のある平和な世界を築くのにとても役に立つと思っていた。彼は国際オリンピック委員会を作り，1896年に，近代オリンピックはギリシャのアテネで②開催された。

オリンピックスポーツイベントは変わってきている。たとえば，我々は，今たくさんの女性の試合を見ることができるが，近代オリンピックの始めは，女性スポーツはなかった。今オリンピックで見ることができない試合もある。それらの一つが綱引きだ。みんながオリンピックのスポーツとして柔道やバレーボールを知っている。しかし，それらは東京での初めてのオリンピックから始まった。

近代オリンピックでは，メダルを取ることよりも，一生懸命に挑戦しお互いに敬意を払うことが③より大切だ。しかし，④日本人がメダルを取ることも素晴らしい。東京での初めてのオリンピックでは，日本人は16個のメダルを取った。今，⑤東京オリンピックでは日本はいくつのメダルを取れるだろうか。

問1 この後で，場所と年を答えていることから判断できる。
基本 問2 〈be動詞＋過去分詞〉で受動態となる。
基本 問3 than があることから，比較級を用いた文であるとわかる。
問4 ④ 〈It is ~ for 人 to …〉「…することは人にとって~だ」 ⑤ 数をたずねるときは How many を用いる。

重要 問5　1「古代オリンピックは777年前に始まり，最も人気のある都市はギリシャのオリンピアだった」 第1段落第2文参照。古代オリンピックは紀元前777年に始まったので不適切。 2「古代オリンピックに参加した選手は，ギリシャの神を信じなければならなかった」 第1段落第3文参照。古代オリンピックはギリシャの神のための祭りだったとあるので不適切。 3「最初のオリンピックでは，短距離走が最も人気のスポーツで，多くの選手がこれに参加した」 第1段落第4文参照。短距離走しか行わなかったので不適切。 4「古代オリンピックが終わったとき，ギリシャを支配したキリスト教徒はギリシャの神を信じずに，キリストを信じていた」 第1段落最終文参照。キリスト教徒はキリストが唯一の神だと信じていたので適切。 5「クーベルタンは肉体的な教育がとても大切だと思っていたので，ギリシャのアテネにオリンピックの学校を作った」 クーベルタンが学校を作ったという記述がないので不適切。 6「近代オリンピックが始まったとき，オリンピックで女性はスポーツをした」 第3段落第2文参照。近代オリンピックが始まったときには女性のスポーツはなかったので不適切。 7「綱引きは近代オリンピックでは見られないスポーツの一つだ」 第3段落第3文，4文参照。綱引きは近代オリンピックでは見られないので適切。 8「初めての東京オリンピックに日本人選手が参加し，10個以上のメダルと取った」 第4段落第2文参照。16個のメダルを取ったとあるので適切。

★ワンポイントアドバイス★

読解問題が中心の出題となっている。問題集や過去問を用いて，長文を正確に読み取れるように練習をしたい。また，教科書に出ている表現についてはきちんと身につけておきたい。

＜理科解答＞

1　問1　②　問2　対照実験　問3　⑤　問4　日光をさえぎるため[光を当てないため]

2　問1　消化管　問2　C　問3　B　問4　6650mL

3　問1　①　ウ　②　ア　問2　(1)　(現象)　電磁誘導　記号　ウ　(2)　①　ア　②　エ

4　問1　54km/h　問2　4N　問3　1500Pa　問4　75W

5　問1　エ　問2　$2CuO + C \rightarrow 2Cu + CO_2$　問3　6.4g

6　問1　下方置換　問2　③，⑤　問3　ア　温暖　イ　温室効果

7　問1　C　問2　3m　問3　(化石)　示相化石　(環境)　浅い海であった　問4　C→A→B→D

8　問1　⑤　ヘリウム　⑧　内惑星　⑩　小さい　問2

Aの位置の見え方　Bの位置の見え方

○配点○

1　各2点×4　2　各2点×4　3　問2(2)　各2点×2　他　各1点×4　4　各2点×4

5　各2点×3　6　各2点×3(問2，問3各完答)　7　問1，問2　各1点×2　他　各2点×3

8　各2点×4(問1番号と正しい答えは各完答)　計60点

＜理科解説＞

1 （植物の体のしくみ―光合成）

問1　葉脈が網目状に広がっているものは双子葉類であり，バラも双子葉類である。その他は単子葉類である。単子葉類の葉脈は平行脈である。

問2　そのような実験を対照実験という。

重要　問3　Aでは光を浴びて光合成が行われ，二酸化炭素が消費される。そのため水溶液はアルカリ性になり，BTB溶液の色は青色になる。Bではアルミはくでおおうので光合成はおきない。しかし，植物も呼吸しているので，二酸化炭素を放出し水溶液は酸性となる。BTB溶液は酸性では黄色になる。Cにはタンポポの葉が入っていないので，変化がおきず色の変化もない。

問4　葉に光が当たらないようにするためである。

2 （ヒトの体のしくみ―人体―消化）

基本　問1　口から肛門までの，食物の通る管を消化管という。

問2　A　胆汁は脂肪を乳化して水に溶けやすくするが，消化酵素ではない。　B　だ液には食物を食べやすくする役目もあり，食品を口にすると分泌される。　C　正しい。　D　タンパク質は胃だけでなく，小腸でも分解される。

問3　B　ヘモグロビンを含むのは赤血球である。酸素の運搬を行う。

問4　30秒間で95回の拍動をするので，送り出された血液の量は95×70＝6650mLである。

3 （磁界とその変化―電磁誘導）

基本　問1　導線やコイルに電流が流れるとき，右ねじの法則に従って磁力が生じる。①では方位磁石の北側がN極になり，磁針のS極が北側に向く。(ウの図)②では方位磁石の西側がN極になるので，S極を西方向に向ける。(アの図)

問2　(1)　コイルの中の磁界が変化するときに，電流が生じる現象を電磁誘導という。マイクの中の振動板が空気の振動でゆれ，取り付けられているコイルも動く。マイクの中には磁石も取り付けてあり，電磁誘導で電流が生じる。こうして空気の振動を電気のエネルギーにかえる。

重要　(2)　①　S極を下に向けてコイルを磁石から遠ざけると，上向きに磁力線が生じる。これは(1)の設問で，矢印の方向に棒磁石を動かしてN極をコイルに近づけた時と同じであり，検流計の針は左に振れる。　②　棒磁石がコイルに近づくと，反発するように下向きに磁力線が生じ検流計は右に振れる。棒磁石がコイルから遠ざかる時，引き付けようとして上向きに磁力線が生じ左に振れる。

4 （力・圧力―力・仕事）

基本　問1　2分40秒を時間にすると，$\frac{(2\times60+40)}{3600}$時間である。よって時速は2.4×3600÷(2×60＋40)＝54km/h

基本　問2　質量4.3kgの物体にかかる重力は43Nで，ばねばかりが引く力は39Nである。この差が浮力になるので，43－39＝4Nである。

重要　問3　圧力(Pa)は，力の大きさ(N)÷力がかかる断面積(m^2)で求まる。質量はB君とスノーボードの合計になるので，540÷(0.40×0.90)＝1500Paである。

重要　問4　仕事率は，1秒当たりにする仕事の量である。ここでおこなった仕事は500×30＝15000J(ジュール)で，かかった時間は3×60＋20＝200秒より，仕事率は15000÷200＝75W(ワット)である。

5 （物質とその変化―酸化と還元）

基本　問1　酸化銅は結合していた酸素を失ったので還元された。炭素は酸化銅から奪った酸素と結合するので酸化された。

重要 問2　化学反応式は，$2CuO + C \rightarrow 2Cu + CO_2$となる。

問3　8gの酸化銅中の銅の質量は$8 \times \left(\frac{4}{5}\right) = 6.4$gであり，これだけの銅ができる。

6　（気体の発生とその性質ー気体の発生反応）

基本 問1　水に溶け空気より重い気体を集める方法で，下方置換法という。

基本 問2　石灰石にうすい塩酸を加えると二酸化炭素が発生する。二酸化炭素の性質は，無色・無臭で，水に少し溶け酸性を示す。

問3　二酸化炭素は温室効果ガスの一つであり，温暖化の主な原因といわれている。

7　（地層と岩石ー地層のでき方）

問1　火山灰の層がカギとなる地層で，同時代に堆積した。Z地点の空白部分は火山灰層の上の泥の層のさらに上の地層である。地点Xと比べて，れきの層とわかる。

問2　X，Y両地点の火山灰層の上側の高さを比較すると3mの差である。断層がないことから標高差が3mとわかる。

重要 問3　当時の環境が読み取れる化石を示相化石という。サンゴが生育できるのは，温暖できれいな海であり，浅い海である。

問4　断層や地質変化がなければ，下側の地層ほど時代が古い。火山灰層を基準にC層が最も下で，次にA，さらにB，一番新しいのがDである。

8　（地球と太陽系ー太陽系の惑星）

問1　⑤　木星のガスの主成分は，水素とヘリウムである。　⑧　地球より太陽に近い軌道を公転する惑星を内惑星という。　⑩　土星は水素やヘリウムでできており，平均密度は水より小さい。

基本 問2　B点では金星の右側が光って見える三日月型である。しかし，天体望遠鏡で観察すると上下左右が逆に見えるので，左側が光る三日月型に見える。

★ワンポイントアドバイス★

問題のレベルは基礎から標準レベルである。理科全般の幅広い知識が求められる問題である。問題数が多いので時間配分に気をつけること。

<社会解答>

1　問1　1　エ　2　イ　問2　A　条例　B　請求権　問3　二元代表制
問4　リコール

2　問1　A　経済　B　可視化　問2　1　カ　2　ウ　3　キ　4　イ　5　ア
6　オ　問3　政教

3　問1　参勤交代　問2　エ　問3　墾田永年私財法　問4　エ　問5　ウ
問6　（ⅰ）　後醍醐天皇　（ⅱ）　ウ

4　問1　ア　問2　エ　問3　ウ　問4　エ　問5　ア　問6　ウ　問7　イ

5　問1　輸出品　ウ　輸入品　ア　問2　地図記号　H　建造物　ウ
問3　雨温図　ア　作物　D・F　問4　（ⅰ）　国名　フランス　地図記号　B
国名　ドイツ　地図記号　E　国名　イタリア　地図記号　G　（ⅱ）　EC
（ⅲ）　加盟国数　28か国　国名　イギリス　地図記号　C　問5　（ⅰ）　1　京浜

2　中京　3　船舶　4　千葉　5　京葉　6　出版　(ⅱ)　埼玉県

○配点○

1　問1　各1点×2　他　各2点×4　2　問1B　2点　他　各1点×8

3　問1～問3　各2点×3　他　各1点×4　4　問3・問4・問7　各2点×3　他　各1点×4

5　問4(ⅱ)・(ⅲ)加盟国数・問5(ⅱ)　各2点×3　他　各1点×14(問1，問2，問3作物，問4(ⅰ)国名・地図記号，問4(ⅲ)国名・地図記号　各完答)　計60点

<社会解説>

1　(公民─地方自治)

問1　(1)　4月1日から翌年の3月31日までの歳入と歳出の計画。　(2)　首長と議会が不信任決議と解散で相互に抑制と均衡を保つ点では議院内閣制と似ている。

重要　問2　A　地方自治体が定める独自の決まりで，2年以下の懲役などの罰則を科することもできる。　B　有権者の一定数の署名を以って請求，条例の制定改廃や監査，解職，解散請求などがある。

問3　抑制と均衡が働く一方，両者の対立から行政が停滞する恐れもある。

問4　有権者の3分の1以上の署名を選挙管理委員会に提出，その後住民投票を行い過半数の賛成があれば解職されるシステム。

2　(公民─日本国憲法)

重要　問1　A　居住・移転・職業選択の自由や財産権の保障。実質的平等を確保するため制限が認められる権利。　B　冤罪(えんざい)を防ぐ上で画期的だが映像の利用方法については検討を要する。

問2　1　法律なければ刑罰なしという近代刑法の原則。　2　公権力を手続的に拘束することで人権を守ろうという考え方。　3　現行犯を除いては令状が必要となる。　4　拷問(ごうもん)や不当に長い身体的拘束による自白は証拠能力が認められない。　5　答える必要がなく，そのことで不利益を受けることもない。　6　判決が確定した事件は再び裁判をすることができない。

問3　かつて国家神道が軍国主義と侵略戦争に結びついたことへの反省から規定された条項。

3　(日本の歴史─古代～近世の政治・経済・文化史など)

重要　問1　大名は江戸と領国の二重生活を強いられ経済的負担に苦しめられたが，その反面，参勤交代などを通じ貨幣経済や交通の発達が促進された。

問2　物価上昇の元凶が流通の独占にあるとして株仲間の解散を命じたが効果がなく失敗。豊臣氏の滅亡は大阪の陣，交易はオランダ，生類憐みの令は綱吉。

問3　三世一身の法は期限が迫ると耕作を怠り墾田が荒れたことから永久私有を認めた法を発布。財力がある貴族や豪族・寺社は開墾を進め荘園発生の要因となっていった。

重要　問4　8世紀後半に編さんされた現存する最古の歌集。素朴で力強い歌風で知られる。最澄・空海は平安初期，防人の歌は万葉集，浄土教の流行は平安中期以降。

問5　大内氏の庇護(ひご)を受け明にわたり水墨画を大成した禅僧。鴨長明は鎌倉，松尾芭蕉は江戸前半，千利休は安土桃山時代。

問6　(ⅰ)　数度にわたる討幕運動で隠岐に流されたものの島から脱出，新田義貞や足利尊氏の助勢で鎌倉幕府打倒に成功。　(ⅱ)　足利氏の有力支族である細川・斯波(しば)・畠山の三氏が交代で就任。

4　(日本と世界の歴史─近代の政治・外交史など)

問1　日本と中国(清)の間で結ばれた対等な条約。日朝修好条規は1876年，樺太・千島交換条約は1875年，下関条約は1895年。

重要 問2　征韓論で下野したのち民選議院設立建白書を提出した土佐藩出身の政治家。

問3　Ⅰ　伊藤博文が結成したのは立憲政友会。　Ⅱ　大久保利通の死後明治政府の中心となって政府を主導した人物。ドイツにわたり君主権の強い憲法を研究して帰国。

やや難 問4　Ⅰ　1880年，再建された愛国社が国会期成同盟と改称。　Ⅱ　1877年，征韓論で下野した西郷隆盛を担いで挙兵。　Ⅲ　1879年，軍を派遣して廃藩置県を断行(琉球処分)。

問5　1886年のノルマントン号事件で国民の領事裁判権への不満は爆発，日清戦争開戦の直前に廃止に成功。シベリア鉄道の建設開始は1891年，北海道への改称は1869年，憲法発布は1889年。

問6　イギリスはロシアの南下作戦に日本と同盟を結ぶことで対抗。

問7　日露戦争の講和であるポーツマス条約は1905年。第1次護憲運動は1912年～13年，中華民国の成立は1912年，関税自主権の回復は1911年。

5　(地理－世界の国々・エネルギー問題など)

やや難 問1　高度経済成長のもと日本の産業構造は大きく変化，60年代半ばには輸出品は軽工業と重工業がほぼ等しく，輸入の原材料も繊維原料から石油をはじめとする鉱産物に代わっていった。

問2　ヨーロッパ南東部に位置しバルカン半島南部を占める国。古代ギリシアの劇場。

問3　夏は高温で乾燥，冬は温暖で降水量の多い地中海性の気候。乾燥に耐えるコルクガシ(コルクの原料となる木)やオリーブを栽培。キャッサバはタピオカ，油やしはパームオイルの原料。

問4　(ⅰ)　ベネルクス三国とはベルギー・オランダ・ルクセンブルク。中世にフランク王国が分裂したのがドイツ・フランス・イタリア。　(ⅱ)　1967年に結成，1993年EUに発展的解消。(ⅲ)　2000年以降東欧を中心に加盟国が急増，2016年にはイギリスが国民投票で離脱を決定。

問5　(ⅰ)　1　東京と横浜から命名。　2　東京と京都の中間の意味。　3　海外から物を運ぶには船を利用。　4　房総半島を中心とする県。　5　東京と千葉から命名。　6　首都は情報が集中。(ⅱ)　狭義には東京区部，川崎，横浜一帯を指すが，北は埼玉の上尾，南は横須賀，西は八王子や平塚など広範囲にわたる地域をさす。

★ワンポイントアドバイス★

時代の並び替えは受験生を悩ます問題である。年号を覚えることよりも時代の流れをつかみ，相互の出来事の関連をとらえることが大切である。

＜国語解答＞

1　問1　(例)　人は感動を味わうことで自分自身や人生を変えることができるということ。
問2　(例)　感動とは脳が記憶や感情のシステムを活性化させ，今経験していることの意味を記録しておこうとする働き。　問3　エ　問4　初めて　問5　⑩　問6　ウ・カ
問7　A　カ　B　ウ　問8　a　よし　b　つかさど(る)

2　問1　ユーモア　問2　(例)　頭を手足のように使って本を取ることを指示され，驚いたから。　問3　自尊心の痛み　問4　ウ　問5　エ　問6　a　応募　b　工夫
c　理屈

3　問1　1　イ　3　エ　4　ア　問2　A　児　B　僧　問3　イ
問4　1　(例)　すばらしく咲いた桜の花が，激しい風に吹かれて散ってしまうのを惜しく思ったから。　2　我が父の作りたる麦の花の散りて実の入らざらん思ふがわびしき

○配点○
1　問1・問2　各3点×2　　問7・問8　各1点×4　　他　各2点×5
2　問2　4点　　問3・問5　各3点×2　　他　各2点×5
3　問4　各4点×2　　他　各2点×6　　　計60点

＜国語解説＞

1　(論説文一大意・要旨，内容吟味，接続語，脱文・脱語補充，漢字の読み)

重要　問1　⑤段落で，急激な変化を起こすものが「感動」で，多くの感動を味わうことで，人は自分自身や人生を変えることができる，ということを述べ，このことの例として，「アインシュタイン，パウル・クレー，宇宙飛行士の三つの例」を挙げているので，⑤段落内容の要旨をまとめる。

問2　⑮段落で，「感動というのは，脳が記憶や感情のシステムを活性化させて，今まさに経験していることの意味を通さずにつかんでおこうとする働き」であることを述べているので，この部分を指定字数以内でまとめる。

重要　問3　⑱・⑲段落で，子供の頃はみんな，何にでも感動し，すべての経験を記憶に留めようとする脳の作用が，次々と感動を生み出すが，初めての経験というものが圧倒的に少なくなっている大人は，子供のように感動することができない，ということを述べている。このことを理由として，傍線部(3)のように述べているので，エが適当。大人と子供の違いを説明していない，ア，ウは不適当。イの「人生を変えることができなくなる」も不適当。

問4　⑲段落では，⑱段落で述べている子供のように，大人は感動することができないのは「初めての経験」が圧倒的に少なくなってくるからであることを述べている。空欄Ⅰは，子供にとっての経験のことを述べているので，「初めて」が適当。

問5　一文の内容から，直前で「感動」が脳を変えることの例を述べていることが読み取れる。⑥～⑨段落で，「感動」が「火成論的な急激な変化を起こす」ことの例として，アインシュタイン，パウル・クレー，宇宙飛行士の三つの例を挙げ，これらの例を根拠として一文につながるので，⑩段落冒頭に補うのが適当。

やや難　問6　②段落で，変わることについて，何かが変化していく時に水成論と火成論という2つのモードがある，とゲーテが述べていることを『ファウスト』から引用しているが，⑤段落で述べているように，その変化を起こすものが「感動」であるというのは筆者の考えなので，アは合致しない。⑤段落で，「火成論的な急激な変化を起こすものこそが『感動』なのです」と述べているので，「(火成論と水成論の)両方の要素から生まれる」とあるイも合致しない。ウは⑪段落で述べている。⑭段落で「感動のあまり涙を流すという現象」は，今自分が出会っている経験が，自分が生きる上で大きな意味を持ち，その意味が大きいほど，感動も大きくなる，と述べているので，「そういう体験が多い人ほど」とあるエは合致しない。⑲段落で述べているように，「感動することをやめた人は，生きていないのと同じことである」は，アインシュタインの言葉なので，「アインシュタインやパウル・クレーの言葉」とあるオも合致しない。カは⑲・⑳段落で述べている。

問7　空欄Aは，直前の内容を言い換えた内容が続いているので，カが適当。空欄Bは，直前の内容の具体例が続いているので，ウが適当。

基本　問8　aの「知る由もない」は，知るための手がかりや方法が全くないこと。bの音読みは「シ」。熟語は「司書(ししょ)」など。

2　(随筆文一情景・心情，内容吟味，脱語補充，語句の意味，漢字の書き取り)

問1　空欄A前で，「たくまざるユーモアというものが画面にあふれてい」るビデオ作品に笑いを抑えることができなかったことを述べており，Aのある文は，その具体的な内容に対して筆者があらためて考察しているので，「ユーモア」が適当。

やや難 問2　傍線部(1)は，絵本を本棚から取り出そうとしている坊やが，「頭を使いなさい」と言われたときの様子である。(1)直後でも説明しているように，「頭を使う」を，方法や手段を考えるという意味ではなく，手や足を使うのと同じように，頭で本を取り出す，と坊やは言われたと思って(1)のようになっているので，手足のように頭を使って本を取ることを指示され，驚いたことを説明する。

問3　傍線部(2)後で，すべり台の下で転んで(2)のようになっている子供は，自分の醜態を周りの人たちが笑い，自分が笑われていることを認識することによって心が傷つき，その「自尊心の痛み」のために大声で泣き叫んでいる，と述べている。

問4　傍線部(3)は，突然であわただしいさま，激しく泣き叫ぶさま，という意味なので，ウが適当。

重要 問5　ア，ウは「それから……」～最後までで述べている。イは「もともと……」で始まる段落で述べている。「頭を使う＝頭で本を取り出すと考えた発想のユニークさ」に対して，「どんなギャグ作家やコント作家も及ばない」と述べているので，「子供を撮影したビデオのおもしろさ」とあるエは適当でない。

基本 問6　aは，募集に応じること。bは，考えをめぐらせてよい方法や手段を見いだすこと。cは，物事の筋道や道理のこと。

3 （古文一情景・心情，文脈把握，口語訳）

〈口語訳〉　これも今となっては昔のことだが，田舎の児が比叡山へ登って(修行をして)いたが，桜がすばらしく咲いていたところに，風がはげしく吹きつけるのを見て，この児がさめざめと泣いていたのを見て，(ある)僧が，そっと寄ってきて，「どうしてこのようにお泣きになるのですか。桜の花が散るのを残念に感じてらっしゃるのですか。桜の花ははかないもので，このようにすぐに散ってしまうのです。しかし，それだけのことです」と慰めると，(児は)「桜が散るのは強引にどうすることもできないので，何とも思っていません。(桜が散るのを見ると)私の父が作っている麦の花が散って(麦が)実らないのではないかと思うと辛いのです」と言って，しゃくり上げて，おいおいと泣くので，(僧は)嫌な感じだなあ(と思った)。

問1　傍線部(1)は，「愛(め)で甚(いた)し」＝「はなはだ愛すべきだ」というのがもともとの意味で，すばらしい，立派だ，魅力的だ，という意味。傍線部(3)は，「強ち」と書き，相手の意向にかまわず強引だ，身勝手だ，という意味。傍線部(4)は，嫌な感じだ，気味が悪い，という意味。

基本 問2　二重傍線部Aは，「児」が，すばらしく咲いていた桜に風がはげしく吹きつけるのを「見て」，ということ。二重傍線部Bは，「僧」が，児がさめざめと泣いていたのを「見て」，ということ。

重要 問3　傍線部(2)の「など」は「どうして」という疑問を表す副詞，「かう」は「このように」という意味の副詞で，「などかうは」は「どうして，このように(～なのか)」という意味，「給ふ」は尊敬語，「ぞ」は疑問を表す係助詞なので，イが適当。

やや難 問4　1　桜が散るのを見て泣いている児に「この花の散る……さのみぞ候ふ」と言って慰めていることから，児が泣いているのは「すばらしく咲いた桜の花が，激しい風に吹かれて散ってしまうのを惜しく思ったから」というような内容で説明する。　2「桜の散らんは……」で始まる言葉で，「我が父の作りたる麦の花の散りて実の入らざらん思ふがわびしき(私の父が作っている麦の花が散って(麦が)実らないのではないかと思うと辛いのです)」と，泣いている理由を児は話している。

★ワンポイントアドバイス★

随筆文は，筆者の個人的な経験を通して，筆者が感じたことが述べられている。筆者の思いをしっかり読み取ろう。

2019年度

★★★★★★★★★★★★★★★★★★★★★★★

入　試　問　題

2019年度
北海学園札幌高等学校入試問題

【数　学】（50分）　＜満点：60点＞

1　次の計算をしなさい。

(1)　$-2-(-7)$

(2)　$\frac{11}{4}-\frac{2}{3}\div\left(-\frac{4}{3}\right)$

(3)　$\frac{x-3}{2}+\frac{3}{4}x$

(4)　$a\times(a^2\div a)$

(5)　$(\sqrt{7}-2)^2$

(6)　$(x+y)^2-(y-x)^2$

2　次の問いに答えなさい。

(1)　比例式 $12:8=9:x$ において，x の値を求めなさい。

(2)　「☆」の記号は，2つの数 a，b について

$$a☆b=a^2-ab-2b$$

と計算するものとする。

①　$5☆(-2)$ の値を求めなさい。

②　$x☆1=4$ のときの x の値を求めなさい。

3　大小2個のサイコロを投げて，大きいサイコロの出た目の数を a，小さいサイコロの出た目の数を b とする。このとき，次の問いに答えなさい。

(1)　$a+b$ が6の倍数になる確率を求めなさい。

(2)　$2a-b$ が正の整数になる確率を求めなさい。

(3)　a と b の最大公約数が1になる確率を求めなさい。

4　直線 $y=x+5$ と直線 $y=-3x+9$ との交点を A とする。また，$y=x+5$ と x 軸との交点を B，$y=-3x+9$ と x 軸との交点を C とする。このとき，次の問いに答えなさい。

(1)　点 A の座標を求めなさい。

(2)　点 C の座標を求めなさい。

(3)　$\triangle ABC$ の面積を求めなさい。

(4)　点Aを通り，$\triangle ABC$ の面積を半分にする直線の式を求めなさい。

5　座標平面上に，中心が原点O，半径が2となる扇形OADがある。弧ADの長さを3等分する2点を，点Aに近い方から点B，Cとし，円周率をπとする。この図を使って，大西くんと竹越さんが次のような会話をした。①～⑥に適切な数を入れて，この会話を完成させなさい。

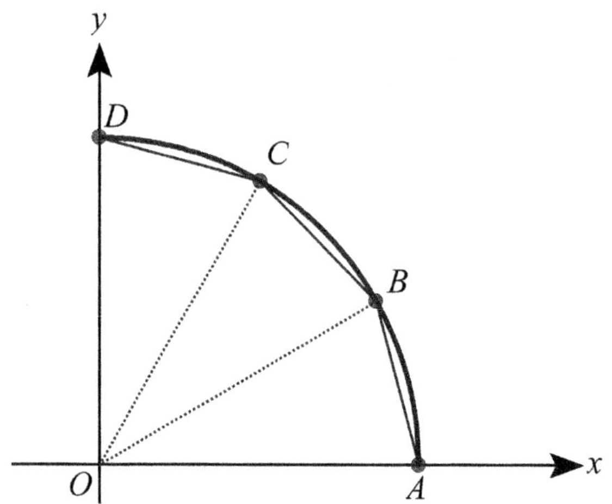

大西くん：まず，扇形OADの面積を求めてみよう。
竹越さん：半径が2だから，面積は ① だね。
大西くん：じゃあ，点Bの座標は求められるかな？
竹越さん：点Bからx軸に垂直な直線を引くと，直角三角形ができるね。
　　このことから，点Bの座標は（ ② ， ③ ）とわかるよ。
大西くん：同じようにして，点Cの座標は（ ④ ， ⑤ ）だね。
竹越さん：これで△OABの面積が求められるね。
大西くん：△OAB，△OBC，△OCDの3つの三角形は合同だから，その面積の和は ⑥ だ。
竹越さん：そういえば，3つの三角形の面積の和よりも扇形OADの面積の方がわずかに大きい！
大西くん：うん！このことから，円周率は3より大きい値だということがわかるね。
竹越さん：そだねー！

6　次のページの資料は生徒36人の冬休み中の図書貸出冊数である。この資料について，次の問いに答えなさい。

(1)　最頻値を求めなさい。
(2)　平均値を求めなさい。
(3)　中央値を求めなさい。

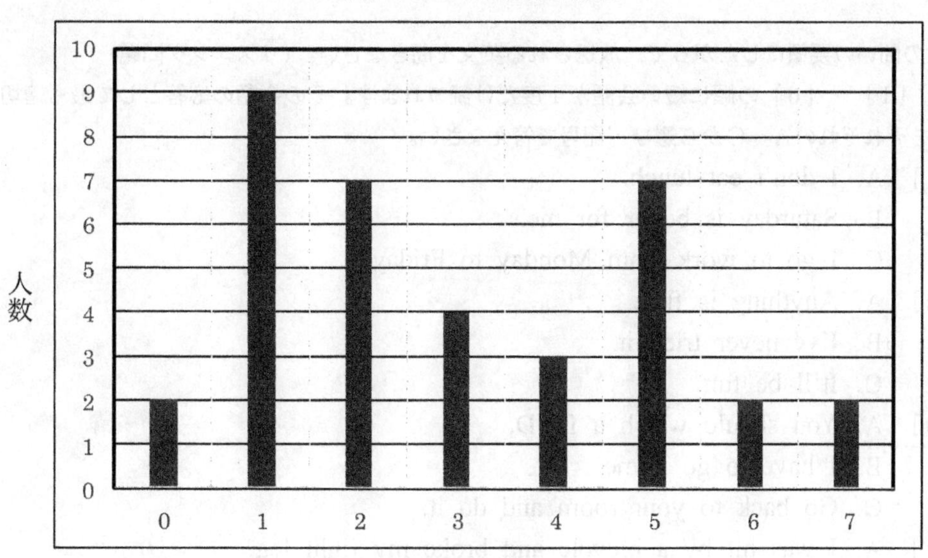
冬休み中の図書貸出冊数
人数
10
9
8
7
6
5
4
3
2
1
0
0
1
2
3
4
5
6
7
貸出冊数

【英　語】（50分）　＜満点：60点＞

Ｉ　次の問いの要領にしたがって，放送される英文を聞きなさい。（リスニング問題）

問１　［１］～［６］の順に短い会話が１度だけ読まれます。その会話の応答として最も適切なものをそれぞれのＡ～Ｃから選び，記号で答えなさい。

［１］　A．I don’t eat lunch.
　　B．Saturday is better for me.
　　C．I go to work from Monday to Friday.

［２］　A．Anything is fine.
　　B．I’ve never tried it.
　　C．It’ll be fun.

［３］　A．You should watch a DVD.
　　B．I have to go home.
　　C．Go back to your room and do it.

［４］　A．I was hit by a bicycle and broke my right leg.
　　B．You didn’t come to see me.
　　C．There is a big hospital near my house.

［５］　A．No, he is the team captain.
　　B．Yes, I came here by bus.
　　C．Yes, but I have to do it to win.

［６］　A．I’d love to go to Canada next time.
　　B．There are a lot, but I enjoyed the beautiful view.
　　C．How about visiting some places with your family?

問２　［１］～［３］の順に英文が読まれます。それに続いてその内容に関する質問が読まれます。次に同じ英文と質問をもう１度繰り返します。その質問に対する答えとして最も適切なものをそれぞれのＡ～Ｄから選び，記号で答えなさい。

［１］　A．Kate is looking forward to visiting Taiwan.
　　B．Kate is looking forward to teaching about Taiwan.
　　C．Kate is looking forward to joining a new class.
　　D．Kate is looking forward to communication with the students from Taiwan.

［２］　A．He visited his host family again.
　　B．He studied in Canada for one month.
　　C．He talked with his host family with excellent English.
　　D．He was surprised at many different things in Canada.

［３］　A．She wants to study cooking and English.
　　B．She wants to travel Italy.
　　C．She wants to eat Italian food in Italy.
　　D．She wants to visit many countries to be a chef.

〈リスニングテスト放送台本〉

問1

［1］ A : Let's eat dinner together this weekend.
B : Sounds great! When?
A : How about Friday?
B : (　　　)

［2］ A : I'll make dinner for you today.
B : Wow, I'm so happy. Thanks.
A : What do you want to have?
B : (　　　)

［3］ A : I want to play videogames, Mam.
B : Did you finish your homework?
A : No. I will do it later.
B : (　　　)

［4］ A : I didn't see you for a long time.
What's wrong?
B : I was in the hospital for a month.
A : Oh, no. I didn't know that. Why?
B : (　　　)

［5］ A : How often do you practice baseball?
B : Almost every day.
A : Sounds hard. Aren't you tired?
B : (　　　)

［6］ A : How was your trip in New Zealand?
B : Fantastic.
A : What was the best in New Zealand?
B : (　　　)

問2

［1］ Kate is a high school student. Next month, students from Taiwan will visit her school. Her class will show them around the school and have some programs together. She thinks it will be a great chance to learn about their culture and language. She is very excited about meeting them.

Q What is Kate looking forward to next month?

［2］ Kai went to Canada to study English and stayed with a family living there for one month two years ago. He enjoyed the homestay experience, but he thought that he needed to study English harder. Since then, he has been studying English. This summer, he's going to visit them again and he hopes that they will get surprised at his English.

Q What did Kai do two years ago?

[3] Julie has a dream to be a chef in the future. After high school, she is thinking of going to Italy to study cooking. And she is also thinking that she needs to study English before going to Italy, because people from many countries come to Italy to study to be a chef. So, she needs to speak English to communicate with them.

Q What is Julie's plan?

Ⅱ 次の文は，カナダからの留学生エマ（Emma）と日本人の高校生サキ（Saki）の会話です。これを読んで，あとの問いに答えなさい。

Emma : It's October 14th today. Happy birthday, Saki. This is a present for you. I hope you'll like it.

Saki : Thank you, Emma. Oh, what a nice pencase! I like it very much. I will take it to Canada with me.

Emma : Oh, are you going to Canada?

Saki : Yes. I'm going to Toronto next month and I will stay with a Canadian family for three weeks.

Emma : Great! ①(been / you / Canada / ever / have / to)?

Saki : No, this will be my first visit in Canada.

Emma : That's nice! I believe it'll be a wonderful stay for you.

Saki : [②]

Emma : I think that Canadians like all kinds of gifts. ③(F　　) (e　　), *manga*, *sensu*, *origami*... Anything will be fine.

Saki : I see. I can't speak English well, so I'm afraid of it.

Emma : [④] You're a good speaker of English, Saki. I'm sure your host family will be kind to you.

Saki : What should I do if I don't understand their English?

Emma : [⑤]

Saki : Thank you. I want to ask you one more thing. Tell me about Canadian food.

Emma : Well, in Canada, there are many kinds of people from all over the world, so you can enjoy many kinds of food ⑥there. You can eat hamburgers and steaks. And you can also enjoy Chinese, Indian, and even Japanese food. Oh, don't forget maple cookies. It's my favorite Canadian food.

Saki : Thank you for your advice, Emma.

Emma : You're welcome, Saki.

[注] pencase 筆箱　Toronto トロント（カナダの都市）　maple cookies メープルクッキー

問1 下線部①が意味が通る英文になるように，（ ）内の語を並べかえなさい。ただし，文頭にくる語も小文字になっています。

問2 空所②に入るものをア～エから選び，記号で答えなさい。

ア. Why do I have to go to the country?

イ．What should I take as *omiyage*？

ウ．Do you like Canada?

エ．Why do I have to buy *omiyage*？

問3　下線部③に入る語句を前後の文脈から考えて書きなさい。なお，それぞれの語は表記してある頭文字から書き始めなさい。

問4　空所④に入るものをア～エから選び，記号で答えなさい。

ア．Don't worry.　　イ．English isn't spoken in Canada.

ウ．No, I'm not.　　エ．When were you afraid of it for the first time?

問5　空所⑤に入るものをア～エから選び，記号で答えなさい。

ア．Just ask them to speak more quickly.

イ．Just ask them to study English more.

ウ．Just ask them to speak more slowly.

エ．Just ask them to study Japanese more.

問6　下線部⑥の指しているものをア～エから選び，記号で答えなさい。

ア．many kinds of people　　イ．many kinds of food

ウ．in Canada　　エ．all over the world

問7　本文の内容に合うものには○を，合わないものには×を書きなさい。

1．Saki is going to Canada in December.

2．Saki has never stayed in Canada before.

3．Emma thinks that Canadian people don't like sensu.

4．Emma likes maple cookies best in Canadian food.

Ⅲ　次の英文と日本語訳文を読んで，あとの問いに答えなさい。

JAPAN

Japan has a population of about 127 million people. It consists of 5 main groups of islands; Hokkaido, Honshu, Shikoku, Kyushu and Okinawa. They have four seasons and each season has a different climate in each area.

In Japanese, there are three types of written characters. （ A ） are kanji, hiragana and katakana. Japanese children learn about 1,000 kanji in elementary school. The kimono is the traditional Japanese national costume. But these days, （ B ） are very few people who wear kimono every day. They take off shoes （ C ） they enter houses or even schools.

Rice is the staple food of the Japanese. Sushi is raw fish on vinegared rice. You can eat sushi （ D ） your fingers if you want. Natto is fermented soybeans. Now Japanese food is quite popular in the world. Japanese cuisine was registered as World's Intangible Cultural Heritage in 2013.

The 2020 Summer Olympic Games （ E ） be held in Tokyo. Among many sports, Japanese like baseball and soccer the best. Koshien is nationwide high school baseball tournament. And it is one of the largest scale amateur sport events in Japan. The professional football association was formed and J. league started in 1992. Since then it has become a popular sport as (F) as baseball.

Many people visit shrines or temples to pray for a happy new year during the New Year holidays. (G) spring, they have *Setsubun* and do bean-throwing to drive away demons and bring happiness in. Unlike many other countries, women give chocolate (H) Valentine's Day. They enjoy eating and drinking (I) cherry blossoms (G) spring. It is believed (J) the souls of ancestors return home during some days in summer called *Obon*. It is similar idea to Halloween. But Halloween has become popular in Japan from the existing costume play culture. It's very interesting.

≪日本語訳文≫

日　本

日本の人口は約１億２千７百万人です。北海道，本州，四国，九州そして沖縄の５つの主な島から成っています。それぞれの島には四季があり，その地域で気候も違います。

日本語には漢字，ひらがな，カタカナの３種類の表記文字があります。子どもたちは小学校で約1,000個の漢字を覚えるのです。着物は日本の伝統的な民族衣装です。しかし，最近では日常的に着物を着る人はほとんどいません。家や学校であっても中に入るときは靴を脱ぎます。

日本人の主食は米です。寿司は酢を混ぜたご飯の上に生魚を乗せたものです。素手で食べてもかまいません。納豆は大豆を発酵させたものです。今や，日本の食事は世界中で人気があります。2013年には和食が世界無形文化遺産に登録されました。

2020年に東京で夏のオリンピックが開催されます。多くのスポーツの中で，日本では野球とサッカーが最も人気があります。甲子園は全国高校野球トーナメントで，アマチュアのスポーツイベントとしては最大級のものです。1992年にプロサッカー協会が作られ，Ｊリーグが始まりました。それ以来野球と同じくらい人気になっています。

お正月には多くの人が神社やお寺を訪れ，新年の幸運を祈ります。初春には節分があり，豆まきをして，鬼を追い払って福を呼び込もうとします。多くの諸外国とは違い，バレンタインデーには女性が男性にチョコレートをあげます。春には，桜の木の下でご飯を食べたりお酒を飲んだりもします。お盆と呼ばれる夏の数日間には，祖先の霊が家に戻ると考えられています。それはハロウィーンの考え方と似ています。でも，日本ではコスプレ文化を背景にハロウィーンが人気になっています。とても興味深いことです。

問１　英文中の（A）～（J）に入る適切な語を１～10から選び，番号で答えなさい。ただし，文頭にくる語も小文字になっています。

１．when　２．there　３．that　４．will　５．they
６．in　７．with　８．on　９．under　10．well

問２　次の日本語に該当する英語を，指定された語数で英文中からそのまま抜き出しなさい。

１．表記文字（２語）　　２．無形文化遺産（３語）　　３．祈る（１語）

問３　次の英語に該当する日本語を，指定された字数で日本語訳文中からそのまま抜き出しなさい。

１．four seasons（２字）　２．bean-throwing（３字）　３．costume play（４字）

Ⅳ　次の英文は，タイ（Thailand）と米（rice）の関係について述べたものです。これを読んで，あとの問いに答えなさい。

In Thailand, rice is very important. Rice is not only food. It is culture and language. The word "*Khao*" is the same word for rice and food in Thailand. It is interesting because in Japan the word "*gohan*" is used for cooked rice and also for a meal. So, Thailand and Japan think about rice in two ways.

In Thailand, the day begins with "*Khao Chao*" or "morning rice". Thai people often eat an omelet with white rice. ①<u>This is the omelet (　　) has a spicy sauce.</u> Sometimes they like to eat rice soup with pork, chicken, fish or shrimp.

There are some (②) for eating food in Thailand. Don't leave food on your plate. Don't take too much food because Thai people share the food with each other. And don't use a fork to eat food. Thai people use chopsticks, or ③<u>a spoon (put / in / to / is / food / used) their mouth</u>. Rice is always in a separate bowl or on a plate, and Thai people mix a sauce into the rice.

Humans started (④) rice from wild rice about 13,500 years ago. Indian rice, Chinese rice and Japanese rice all come from the same wild rice. In Thailand, people have eaten rice for 5,000 years. People grew rice in Thailand before China or India. (④) rice started in Thailand and then Thai people introduced rice to other countries when ⑤<u>they</u> traveled.

Today in Thailand, many people do jobs with rice. There are 16,000,000 rice farmers in Thailand. Rice farmers in Thailand grow 3,500 different kinds of rice.

Rice is very important for Thailand. We know that people all over the world think rice is a very special plant and food.

［注］Thai　タイの　　omelet　オムレツ　　sauce　ソース　　shrimp　えび　　plate　皿
share　分け合う　　chopsticks　箸　　separate　別々の　　bowl　お椀　　wild　野生の
farmers　農夫

問１　下線部①が「これは辛いソースのかかったオムレツです」という意味になるように，空所に入る語を書きなさい。

問２　空所②に入る適切な語を前後の文脈から考え，ア～エから選び，記号で答えなさい。

ア．kitchens　　イ．restaurants　　ウ．people　　エ．rules

問３　下線部③が「食べ物を口に入れるために，スプーンが使われる」という意味になるように，（　）内の語句を並べかえなさい。

問４　２カ所の空所④に共通して入る語を次のページのア～エから選び，記号で答えなさい。

ア．grow　イ．grew　ウ．grown　エ．growing

問５　下線部⑤の指しているものをア～エから選び，記号で答えなさい。

ア．other countries　イ．Thai people

ウ．China and India　エ．jobs with rice

問６　本文の内容に合うものを１～８から３つ選び，番号で答えなさい。

１．People in Thailand call food "*gohan*" as Japanese people do.

２．Thai people don't eat rice because it is not food for them.

３．"*Khao Chao*" means morning rice in Thailand.

４．Japanese people don't eat rice soup with pork, chicken, fish or shrimp.

５．Thai people want to share their food with each other, so they don't like taking too much food.

６．The same kind wild rice has become Indian rice, Chinese rice and Japanese rice.

７．Three thousand five hundred farmers grow rice in Thailand.

８．Rice is very important only in Japan and Thailand.

【理　科】（50分）　<満点：60点>

1　次の①から⑤の全国の天気状況に該当する天気図は次のア～オのどれか。記号で答えなさい。

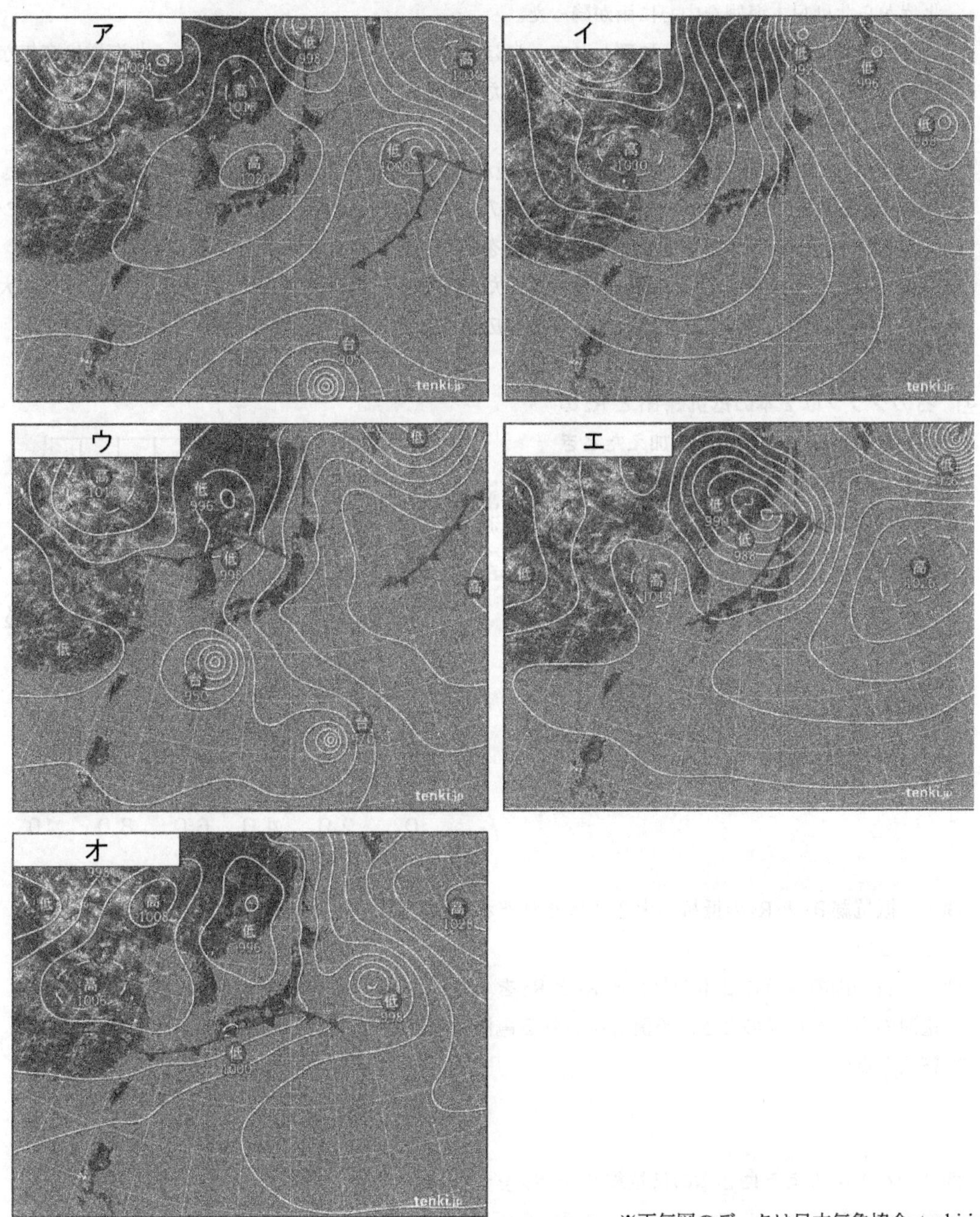

※天気図のデータは日本気象協会 tenki.jp

① 台風19号が非常に強い勢力で奄美や九州南部に接近。台風周辺の暖湿気が入り，九州から近畿の太平洋側で局地的に雨となった。

② 冬型の気圧配置で，日本海側では広く雪。朝の冷え込みが強く，全国の９割以上の地点で冬日となった。

③　梅雨前線の影響で九州から関東で雨。発達した雲がかかった九州を中心に，1時間に50ミリ以上の滝のような雨が降った。

④　寒冷前線が近づき，全国的に風が強まった。関東の内陸部にも南風が入り，今年一番の強風。北陸から北は日本海側を中心に雨が降った。

⑤　日本列島は移動性の高気圧に覆われて，ほぼ全国的に秋晴れになった。ただ，北海道は寒気が流れ込み，夕方から日本海側で雨が降り始めた。

2　一辺が3㎝の立方体で100gの物体Aと，1辺が6㎝の立方体で重さのわからない物体Bがある。物体Aをある面を下にしてやわらかいスポンジの上に置いたところ，ある一定の深さだけスポンジはへこんだ。続いて物体Aを取り除き，物体Bをある面を下にしてスポンジの上に置いたところ，物体Aの場合と同じ深さだけスポンジはへこんだ。物体Bの質量は何gか。ただし，スポンジの大きさはそれぞれの立方体の底面積よりも十分に広いものとする。

3　右のグラフは2本の抵抗線R_1とR_2のそれぞれにいろいろな電圧を加えたときの電圧と電流の関係を表している。あとの問いに答えなさい。

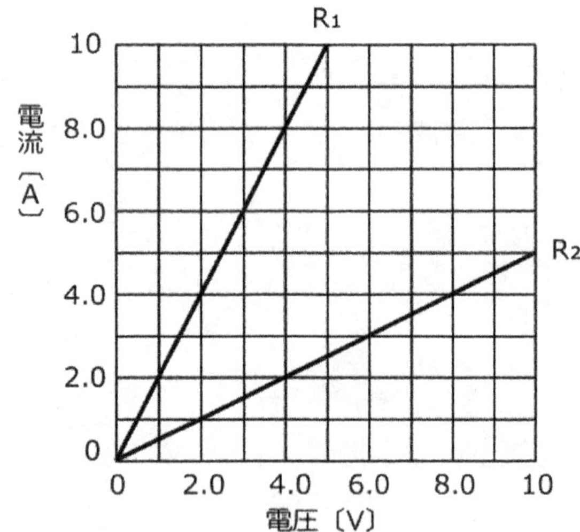

問1　抵抗線R_1とR_2の抵抗の大きさはそれぞれ何Ωか答えなさい。

問2　右の図のように2本の抵抗線R_1とR_2をつないだ。電源の電圧が10Vのとき，電流計を流れる電流は何Aか答えなさい。

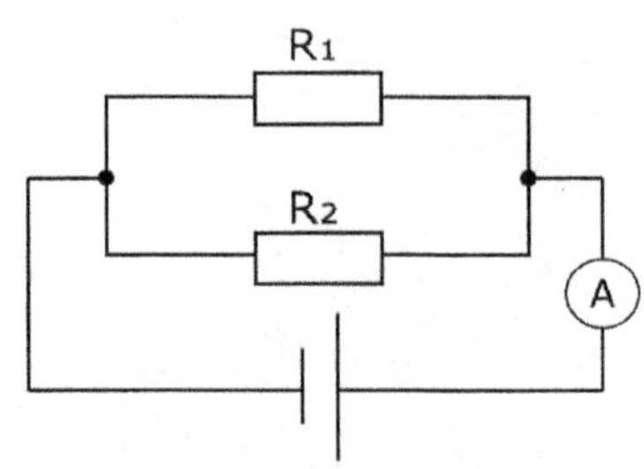

問3　右の図のように2本の抵抗線R_1とR_2をつないだ。電流計が3.0Aを示しているとき，電源の電圧は何Vか答えなさい。

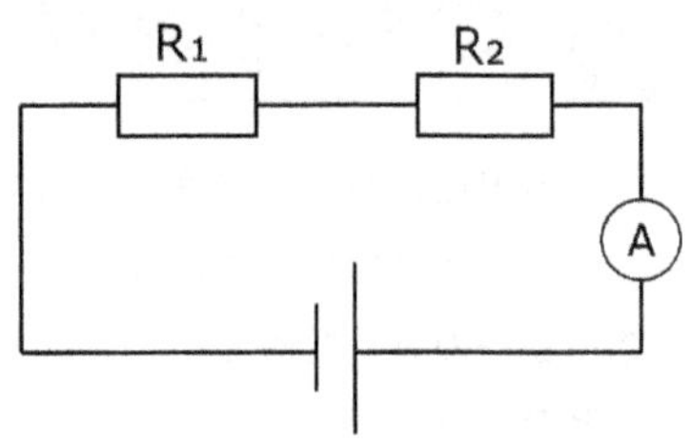

4　ギターのある１本の弦をはじき，音の振動をオシロスコープで調べたところ，下の図のような波形が記録された。これを基準の音として，あとの問いに答えなさい。

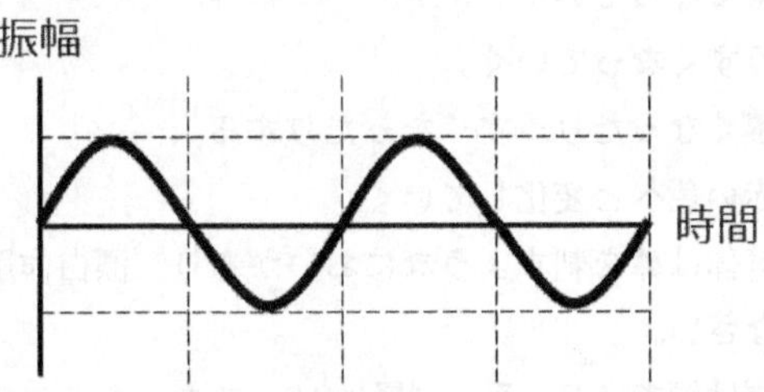

問１　この弦を弱くはじき，音の大きさを基準の音より小さくしたときの記録は，下の図のア～エのどれか。記号で答えなさい。

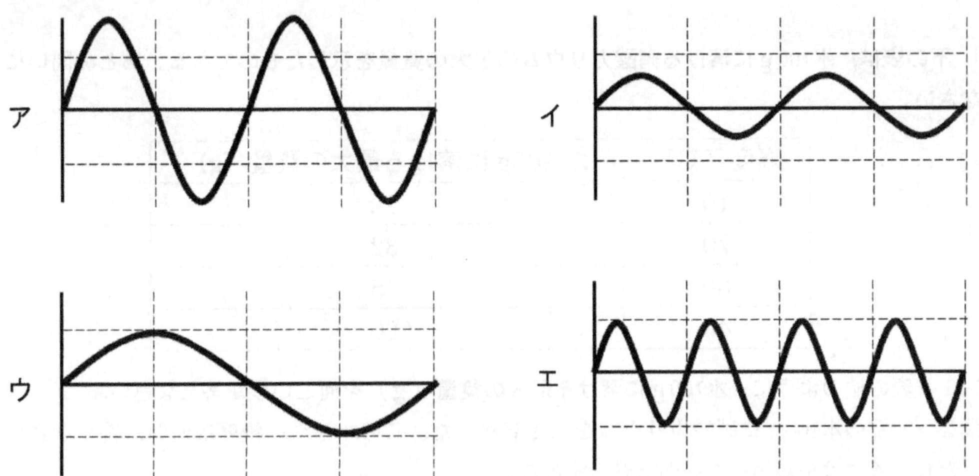

問２　この弦を強く張り，基準の音より高い音を出したときの記録は，問１の図のア～エのどれか。記号で答えなさい。

5　青い色の塩化銅水溶液を，炭素棒を電極として下の図のように電気分解したところ，陽極からは気体が発生し，陰極には電極に赤い物質が付着した。あとの問いに答えなさい。

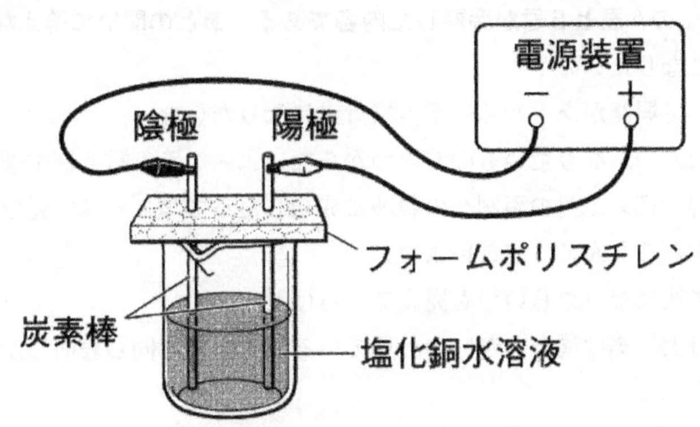

問１　塩化銅のように，水溶液にすると電流が流れる物質を何というか答えなさい。

問2　電気分解を長い時間続けていくと，水溶液の色はどのように変化するか。**ア**～**エ**の中から正しいものを1つ選び記号で答えなさい。

ア　水溶液の青い色が濃くなっていく。

イ　水溶液の青い色がうすくなっていく。

ウ　水溶液の青い色が濃くなったりうすくなったりする。

エ　水溶液の青い色が赤い色へと変化していく。

問3　陽極から発生した気体は鼻を刺すようなにおいがあり，漂白作用を持つことが分かった。この気体の化学式を答えなさい。

問4　陰極に付着した物質は銅であり，その質量は2.0gであった。このとき電気分解された塩化銅の質量は何gか答えなさい。ただし，塩化銅には銅原子と塩素原子が10：11の質量比で含まれているものとする。

6　**下の表は，水100gに溶ける硝酸カリウムの最大の質量を示したものである。あとの問いに答えなさい。**

温度（℃）	水 100g に溶ける最大の質量（g）
10	22
20	32
30	45
40	60

問1　表の値のように，**水100gに溶ける最大の質量（g）**を何というか答えなさい。

問2　20℃の水100gに硝酸カリウムを32g溶かした。この水溶液の濃度は何％か答えなさい。ただし，答えは小数第一位を四捨五入すること。

問3　問2で用いた水溶液全体を10℃に冷やした。水溶液中に固体として出てくる硝酸カリウムは何gか答えなさい。

問4　40℃の水100gに硝酸カリウムを60g溶かして水溶液を作り，その水溶液のうち32gを30℃まで冷やした。このとき水溶液中に固体として出てくる硝酸カリウムは何gか答えなさい。

7　**次の文章は中学生のA君とB君が会話した内容である。あとの問いに答えなさい。**

A：B君は将来何になりたいの？

B：僕は宇宙について興味があるから，宇宙飛行士になりたいな。

A：すごいね。僕なんか，なりたいものがみつからないよ…。そう言えば中国の無人探査機が去年の12月に，世界で初めて月の裏側への着陸に成功したってニュースで見たよ。

B：月の裏側が見られるなんて，すごいよね。

A：えっ，月なんて夜になったらいつも見えているけど…。

B：確かにそうだけど，実は僕たちがいつも見ている月はいつも同じ表面しか見えていないんだ。

A：どうして？

B：月の自転周期と（　ア　）周期が同じだからさ，理科の授業で習っただろう。

A：習ったかも…確かに月について教科書に出ていたからね。

B：つまり，地球からは誰も月の裏側を見ることができないのさ。だから，今回の着陸には大きな意味があるんだ。

B：でも，僕は月よりもっと遠くにある火星に行ってみたいな。火星は大気のほとんどが（　イ　）で酸素はないし直径も違うけど，地球と火星には共通点も多いよ。たとえば自転周期もぼぼ同じだし，自転軸の傾きもぼぼ同じなんだ。

A：そうなんだ。もしかしたら将来火星移住計画なんて実現するかも。

B：そのときは僕が火星に一番乗りするよ。地球に月という（　ウ　）があるように，火星にはフォボスとダイモスがあるから，不思議な夜空が体験できるね。

A：不思議な景色はもっともっとあるよ。宇宙にはあまり興味がないけど，火星にB君がいると思ったら，夜空を眺めるのが楽しみになるかも。

B：いつか本当に行ってみたいね。そのときはA君も遊びに来てね。

A：僕は乗り物酔いするから，それはちょっと無理かも…。(笑)

問１　文中の（ア）～（ウ）の中に，最も適する語をそれぞれ漢字で答えなさい。

問２　火星の直径と自転軸の傾きについて，組み合わせとして正しいものを右の①～⑥の中から１つ選び記号で答えなさい。ただし，火星の直径は地球の直径を１とした場合の数値である。

	直　径	自転軸の傾き
①	0.27	25°
②	0.27	30°
③	0.38	15°
④	0.38	30°
⑤	0.53	25°
⑥	0.53	15°

問３　夜空に見える星は，年周運動と日周運動によって，見える位置が変わる。それでは，１月１日午後９特に真南の夜空に位置していた星が，１ヵ月後に同じ真南に見えるのは，２月１日の午後何時か答えなさい。

8　**右の図は光学顕微鏡を示している。あとの問いに答えなさい。**

問１　図中のｂ，ｄの名称を答えなさい。

問２　図のａが15倍，ｃが40倍のものを使用した場合，何倍の倍率で観察することができるか答えなさい。

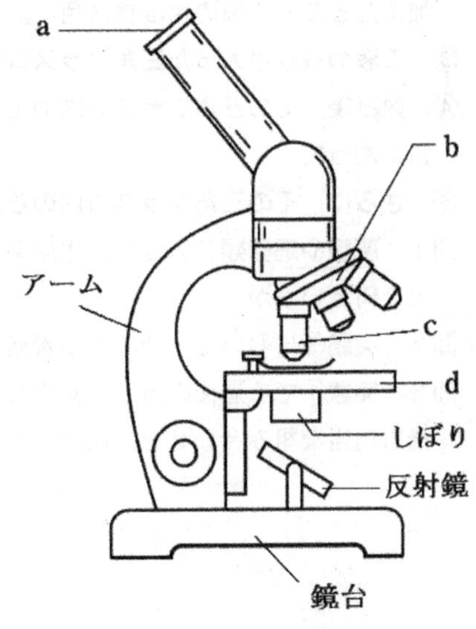

問３　顕微鏡の視野の中で生物Ａが次のページの図のように見えているとき，生物Ａを視野の中央

で観察するためには，プレパラートを図の**ア**～**ク**のどの方向へ動かせばよいか。記号で答えなさい。

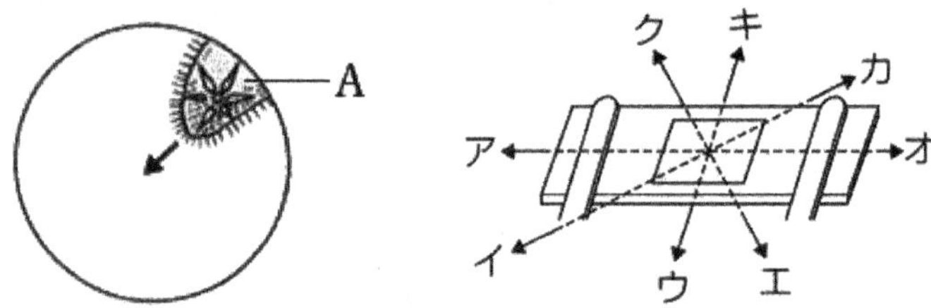

問４　顕微鏡の基本的な使用方法で誤っているものを，次の①～⑤から１つ選び記号で答えなさい。

①　cのレンズはいちばん低倍率のものから始める。

②　反射鏡に直接日光をあてない。

③　cのレンズをプレパラートに近づけながらピントを調節する。

④　顕微鏡を運ぶときは一方の手でアームをもち，他方の手で鏡台を下から持つ。

⑤　高倍率での観察ほど，しぼりを開く。

問５　顕微鏡の倍率を400倍から100倍にすると，視野（見えている範囲）は16倍に広がることがわかっている。倍率を40倍から400倍にした場合の視野は何倍になるか答えなさい。

9　**土の中には，菌類や細菌類などの微生物がいる。これらの生物の働きを調べるために，森林の中から土を取ってきて，次の①～⑤の順番で実験を行った。あとの問いに答えなさい。**

［実験］

①　土からミミズなどの小動物を取り除き，水を加えてよくかきまぜた後ろ過して，ろ液を三角フラスコに半分程度入れた。

②　三角フラスコのろ液にデンプンのりを加えたあと，そのろ液を少量試験管に入れてヨウ素液を加えたところ，液の色は青紫色に変化した。

③　ろ液の残りが入った三角フラスコを密閉し，温度を30℃に保った暗所で数日保管した。

④　数日後，その三角フラスコ内の上部にたまった気体を収集し石灰水に通したところ，石灰水は白く濁った。

⑤　さらに，その三角フラスコ内のろ液にヨウ素液を加えたところ，液の色は変化しなかった。

問１　**菌類や細菌類**のように，生態系における消費者のうち有機物を無機物まで分解する生物のことを何というか。

問２　**実験⑤**において，液の色が青紫色に変化しなかった理由を，20字以内で答えなさい。

問３　**実験①**でろ過後のろ液を煮沸した場合，**実験④**と**実験⑤**の結果はどうなると考えられるか。最も適当な組み合わせを，次のページの**ア**～**ケ**から１つ選び記号で答えなさい。

	実験④　石灰水の色	実験⑤　ヨウ素液の色
ア	白くにごる	青紫色になる
イ	白くにごる	赤褐色になる
ウ	白くにごる	変化なし
エ	変化なし	青紫色になる
オ	変化なし	赤褐色になる
カ	変化なし	変化なし
キ	青紫色になる	青紫色になる
ク	青紫色になる	赤褐色になる
ケ	青紫色になる	変化なし

【社　会】（50分）　＜満点：60点＞

1　次の文章を読み，あとの問いに答えなさい。

日本国憲法の草案は，連合国軍総司令部（ＧＨＱ）最高司令官マッカーサーが示した①三原則によるマッカーサー草案を基に作られた。日本国憲法は，国民主権・（　1　）主義・基本的（　2　）の尊重を三大基本原理としている。また，『②天皇は日本国と日本国民統合の象徴』（第1条）とされ，国民の代表機関である国会が，『国権の最高機関であって，国の唯一の（　3　）機関』（第41条）と位置づけられた。また，日本国憲法は，『国の最高（　4　）』（第98条）であり，③改正手続きも定められている。

問1　文中の（1）～（4）にあてはまる適切な語句をそれぞれ漢字2字で答えなさい。

問2　下線部①について，三原則にあてはまらないものを（ア）～（エ）の中から1つ選びなさい。

（ア）　天皇は国家の元首　　（イ）　法の下の平等　　（ウ）　戦争の放棄

（エ）　封建制度の廃止

問3　下線部②について，あとの設問に答えなさい。

設問1　次の（A）・（B）の記述は『天皇の国事行為』（第7条）の一部である。文中の（あ）・（い）にあてはまる適切な語句をそれぞれ漢字で答えなさい。

（A）　憲法改正，法律，（　あ　）及び条約を公布すること。

（B）　衆議院を（　い　）すること。

設問2　皇位の継承の資格や継承の順序を定めた憲法第2条及び第5条に記載されている法律名を漢字4字で答えなさい。

問4　文中の下線部③について，憲法改正には国会の発議が必要である。憲法上，発議の要件としてあてはまるものを（ア）～（エ）の中から1つ選びなさい。

（ア）　衆議院と参議院のいずれかの出席議員の3分の2以上の賛成。

（イ）　衆議院と参議院のそれぞれの出席議員の3分の2以上の賛成。

（ウ）　衆議院と参議院のいずれかの総議員の3分の2以上の賛成。

（エ）　衆議院と参議院のそれぞれの総議員の3分の2以上の賛成。

2　次の文章を読み，あとの問いに答えなさい。

景気調整を実施することは政府の役割の一つである。景気とは国の経済が活発に活動しているか，沈滞しているかということである。①不景気（不況）と好景気（好況）とは交互にくり返される。不景気のときは生産活動が衰退し，（　1　）が増加し，所得の低下や消費が低迷する。物価はあまり上昇せず，ときには下落することもある。つまり不景気のときには政府の減税実施や②公共事業への支出を増加させることで，生産や消費の活動を活発にしようとする。一方，好景気のときも国民の生活にとってよいことばかりではない。なぜならば③好景気のときには物価の上昇が進み，国民の生活を圧迫するからである。政府は増税や公共事業の削減などにより景気をおさえようとする。このように財政の活動を通じ景気の波を調整することを（　2　）という。また，政府の重要な役割として，公共施設（社会資本）をつくり，医療や教育などの公共［　A　］の提供や社会保障のための支出などが国民の生活をよくしていることも忘れてはいけない。

問1　文中の（1）・（2）にあてはまる語句を（ア）～（オ）の中からそれぞれ選びなさい。

（ア）　市場　　（イ）　失業者　　（ウ）　資源　　（エ）　貿易　　（オ）　財政政策

問２　文中の［A］にあてはまる適切な語句を答えなさい。

問３　下線部①について，不景気と好景気が交互にくり返されることを何というか答えなさい。

問４　下線部②について，公共事業への支出を『公共［　B　］』という。［　B　］にあてはまる適切な語句を漢字２字で答えなさい。

問５　下線部③について，好景気のときに物価が上昇することを何というか答えなさい。

3　奈良時代から室町時代について，あとの問いに答えなさい。

問１　奈良時代の聖武天皇のころに栄えた文化を何文化と呼ぶか答えなさい。

問２　平安時代について書かれた次の文を読み，（１）・（２）にあてはまる語句を（ア）～（ク）の中からそれぞれ選びなさい。

> 奈良時代の政治の混乱から，794年に新たな都へ遷都した（　１　）天皇は，律令体制の立て直しのため尽力した。また，（　１　）天皇は朝廷の支配に抵抗を続ける蝦夷を平定するために（　２　）を征夷大将軍に任命し，東北地方の平定を目指した。

（ア）天智　（イ）アテルイ　（ウ）醍醐　（エ）坂上田村麻呂
（オ）天武　（カ）シャクシャイン　（キ）桓武　（ク）阿倍比羅夫

問３　平安時代の後半に，白河上皇がはじめた政治形態を何というか答えなさい。

問４　鎌倉時代のできごとで正しいものを（ア）～（エ）の中から２つ選びなさい。

（ア）空海が高野山に金剛峰寺を建立し，真言宗を広めた。
（イ）後鳥羽上皇が朝廷権力の回復を目指し，挙兵した。
（ウ）勘合貿易が開始され，日本に生糸などが輸入された。
（エ）鴨長明が随筆の「方丈記」を著した。

問５　室町時代の右の表を見て，あとの設問に答えなさい。

西　　暦	で　き　ご　と
１３３６年	南北朝の動乱がはじまる…**A**
１４０４年	日明貿易がはじまる…**B**
１４６７年	応仁の乱がはじまる
	↑ **C** ↓
１５７３年	室町幕府滅亡

設問１　表中Aに関する次の文章を読み，あとの問いに答えなさい。

> 鎌倉幕府を倒し，天皇親政をはじめた（　X　）天皇であったが，幕府再興をめざした足利尊氏により２年ほどで天皇親政は崩壊した。京都を追われた（　X　）天皇は①奈良

の山中に逃れ，北朝に対する皇位の正統を主張し，その後，約60年にわたる動乱が始まった。

⑴　文章中の（X）天皇にあてはまる人物を（ア）～（オ）の中から1つ選びなさい。
（ア）　後白河　　（イ）　後三条　　（ウ）　後水尾　　（エ）　後醍醐　　（オ）　後陽成
⑵　下線部①について，（X）天皇が逃れた地名を答えなさい。

設問2　表中Bに関する次の文章を読み，あとの問いに答えなさい。

1368年に，②元の支配を排して漢民族の王朝である明か建国された。これ以前より倭寇が活発に大陸沿岸で略奪行為を繰り返していたため，明は日本に倭寇の取締と朝貢を求めてきた。これに対し3代将軍足利義満は明と国交を開き，貿易を開始した。この貿易では日本に大量の明銭がもたらされ，鎌倉時代から③発達してきた貨幣経済において，大きな影響を与えた。

⑶　下線部②の元を建国した皇帝はだれか答えなさい。
⑷　下線部③について，室町時代の金融業者を（ア）～（オ）の中から1つ選びなさい。
（ア）　株仲間　　（イ）　酒屋　　（ウ）　座　　（エ）　馬借　　（オ）　借上

設問3　表中Cの時期に起きたできごとについて，（ア）～（エ）を年代の古い順に並べなさい。
（ア）　種子島に鉄砲が伝えられた。
（イ）　ポルトガルなどと南蛮貿易が開始された。
（ウ）　今川義元が桶狭間の戦いで敗れた。
（エ）　北陸で一向一揆が守護大名を倒した。

4　次の表を見て，あとの問いに答えなさい。

年　代	で　き　ご　と
1870年代	江華島事件がおこる…A
	↑ X ↓
1880年代	大日本帝国憲法の発布
1890年代	日英通商航海条約の締結…B
	日清戦争がおこる
1900年代	日露戦争がおこる
1910年代	ベルサイユ条約が結ばれる…C
1920年代	普通選挙法公布…D

問１　表中Ａの事件の翌年に結ばれた条約を（ア）～（オ）の中から１つ選びなさい。

（ア）　日清修好条規

（イ）　日韓基本条約

（ウ）　日米修好通商条約

（エ）　天津条約

（オ）　日朝修好条規

問２　表中Ｘの時期に起きたできごとについて，（ア）～（ウ）を年代の古い順に並べなさい。

（ア）　日本で内閣制度が成立し，初代首相に伊藤博文が就任した。

（イ）　自由民権運動の高まりのなか，国会期成同盟が結成された。

（ウ）　新政府の改革に不満を持った士族の反乱である西南戦争が起こった。

問３　表中Ｂについて，次の文章を読み，（１）～（３）にあてはまる語句を（ア）～（カ）の中からそれぞれ選びなさい。

> 開国以来，欧米との間で結ばれていた不平等条約の改正は，まず日清戦争直前，（　１　）が外相のとき（　２　）を撤廃した日英通商航海条約が結ばれた。さらに1911年には，外相の小村寿太郎は（　３　）を完全に回復し，条約上の国際的な対等の地位を得た。

（ア）　青木周蔵　　（イ）　関税自主権　　（ウ）　伊藤博文

（エ）　陸奥宗光　　（オ）　領事裁判権　　（カ）　井上馨

問４　表中の日清・日露戦争について述べた（ア）～（カ）の中から，正しいものを２つ選びなさい。

（ア）　三国干渉に反対し，日本で日比谷焼打ち事件がおこった。

（イ）　下関条約が日清戦争の講和会議で結ばれた。

（ウ）　旅順・大連の租借権を日本に譲り渡した。

（エ）　ロシア革命に干渉するため，シベリア出兵が行われた。

（オ）　日露戦争の賠償金をもとに，八幡製鉄所が建設された。

（カ）　日清戦争中，日本は二十一か条の要求を中国にせまった。

問５　表中Ｃのベルサイユ条約締結の年と同じ年に起こったできごととしてあてはまらないものを（ア）～（エ）の中から１つ選びなさい。

（ア）　三・一独立運動

（イ）　中華民国成立

（ウ）　五・四運動

（エ）　ワイマール憲法制定

問６　表中Ｄについて下記の文章を読み，（１）～（３）にあてはまる語句を答えなさい。

> 第二次護憲運動の後，（　１　）内閣は普通選挙法を成立させた。これにより，納税額にかかわらず，満（　２　）歳以上の男性に衆議院議員の選挙権が与えられた。しかし，同時に私有財産制を否定する結社や共産主義者を取り締まる（　３　）法も成立した。

5 次の文章を読み，あとの問いに答えなさい。

日本はエネルギー資源にきわめて乏しい国である。しかし，資源を大量に消費している。①石炭・原油・天然ガスなどのエネルギー資源は，消費量のほぼ100%を②輸入に依存している。かつて日本は，石炭の産出が盛んな時期もあり，ほぼ自給していた。しかし，③1960年代にエネルギー資源の中心が石油・天然ガスに変わり炭鉱はあいついで閉山し，自給率は大きく低下した。世界の④鉱産資源，エネルギー資源の分布にはかたよりがあり，資源の豊富な国と日本のように乏しい国とがある。

問１　下線部①について，石炭・原油・天然ガスなどのように地質時代の動植物が枯死（こし）し，地圧と地熱の影響で生じたエネルギー源の総称を何というか答えなさい。

問２　下線部②について，次の（A）～（C）は石炭・原油・天然ガスの生産量（2015年度）のグラフである。その資源の組み合わせとして正しいものを（ア）～（オ）の中から１つ選びなさい。

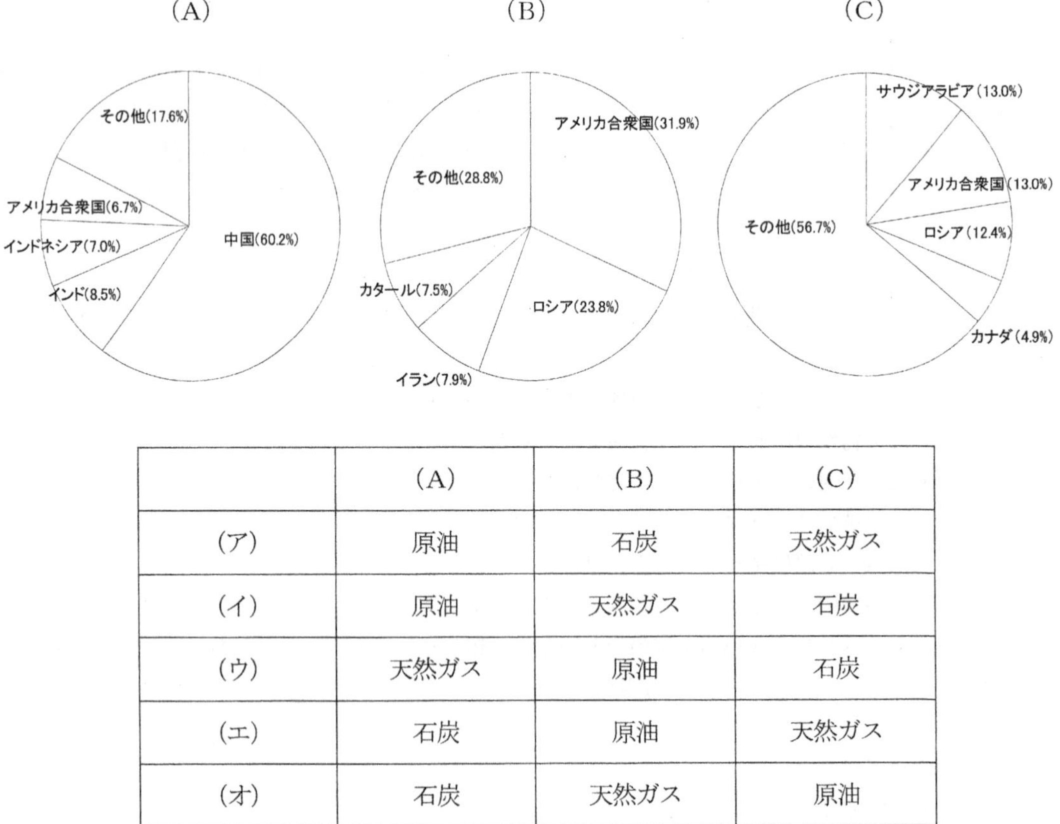

	（A）	（B）	（C）
（ア）	原油	石炭	天然ガス
（イ）	原油	天然ガス	石炭
（ウ）	天然ガス	原油	石炭
（エ）	石炭	原油	天然ガス
（オ）	石炭	天然ガス	原油

問３　石油に関する次の文章を読み，あとの設問に答えなさい。

> 1950年代に石油産出国に自国の資源は自国のために利用するべきだという運動が起こった。石油輸出国は原油価格の設定を通じて世界に対しての影響力を強めるために，1960年に石油輸出国機構を結成した。

設問１　資源は自国のために利用するという運動を何というか答えなさい。

設問２　1960年に結成した石油輸出国機構を英略語で答えなさい。

問４　下線部③について，この転換期を何というか答えなさい。

問５　下線部④について，下の地図中で●の大きさはある鉱産資源の産出量を示している。その資源名を（ア）～（オ）の中から１つ選びなさい。

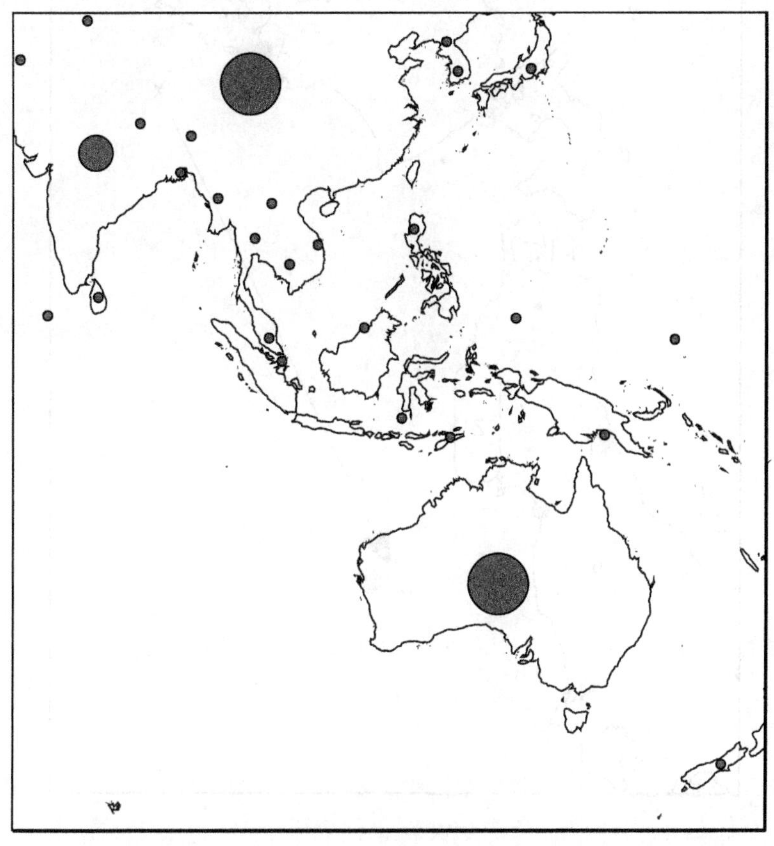

（ア）すず鉱　（イ）金　（ウ）鉄鉱石　（エ）ボーキサイト

（オ）ウラン

6　次の地図を見て，あとの問いに答えなさい。

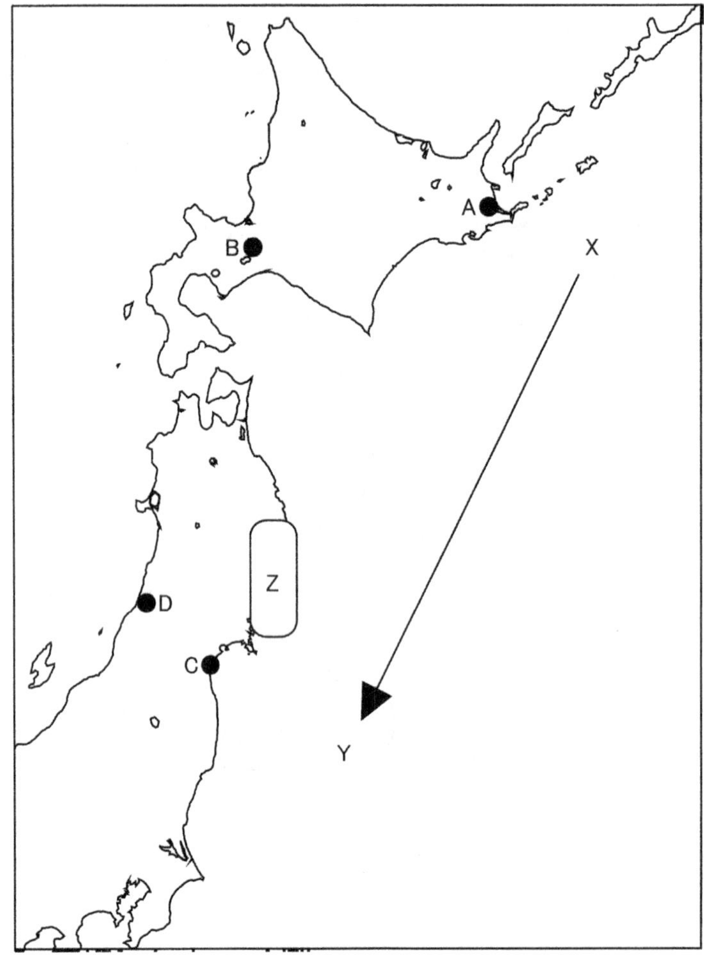

問１　下の雨温図（１）～（４）は地図中のA～D地点のものである。その正しい組み合わせをあとの（ア）～（オ）の中から１つ選んで答えなさい。

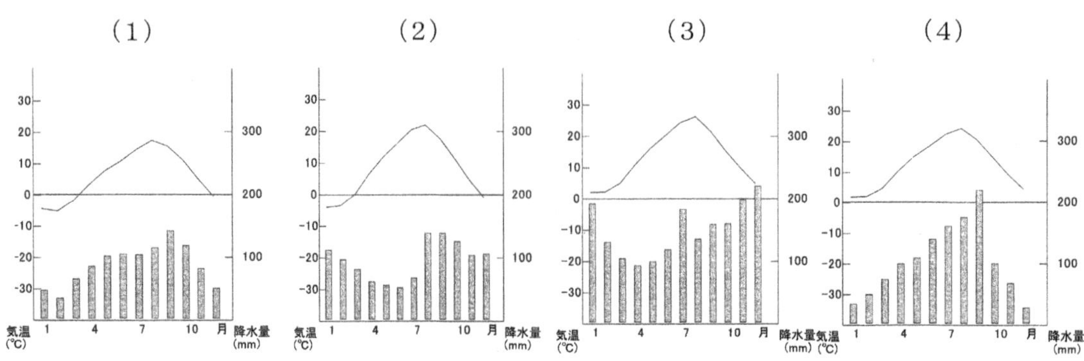

	(1)	(2)	(3)	(4)
(ア)	A	B	C	D
(イ)	B	C	D	A
(ウ)	C	D	A	B
(エ)	D	A	B	C
(オ)	A	B	D	C

問2　地図中のX→Yに流れる海流名を答えなさい。また，Yの場所はX→Yの海流と南から北上する海流がぶつかるため，良い漁場となっている。このように海流と海流がぶつかる境界を何というか答えなさい。

問3　地図中のZの海岸地形はV字谷が沈水して形成され，良い漁港として利用されるが，この海岸地形を何というか答えなさい。

問4　北海道や東北地方の太平洋岸に吹く初夏の北東の風を答えなさい。

問5　下の円グラフはある農産物の生産量（2017年度）をあらわしている。その農作物は何か答えなさい。

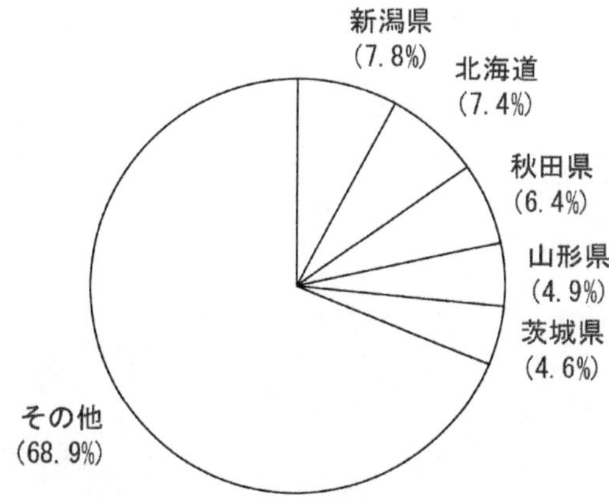

から一つ選びなさい。

ア　衣川に浮かべた楯の筏はほどけてしまったことよ。

イ　衣川の両岸の高い崖は今や崩れ落ちてしまったことよ。

ウ　衣川の小城はもはや打ち破られてしまったことよ。

エ　衣川に構えた鉄壁の守りの秘密はもれてしまったことよ。

問6　傍線部（3）「くつばみ（＝馬の口にくわえさせて馬を制御する金属製の道具）をやすらへ」とあるが、具体的には何をどうすることを表しているか。十字以内で答えなさい。

問7　傍線部（4）「やさしかりけることかな」とあるが、筆者はどのようなことを言っているのか。最も適当なものをア～エから一つ選びなさい。

ア　熾烈な戦いの最中だというのに連歌を詠みかけ合い、みごとな付け句を返した敵の命を惜しむ振る舞いが、趣深く風雅なものだったということ。

イ　「苦しさにたえかねて」と弱音を吐露してきた敵に対し、温情をかけて命を助けた振る舞いが、心優しい人間味あふれるものだったということ。

ウ　降伏を促したつもりが「逃げるのか」と逆に強がられ、気勢をそがれて敵を見逃した振る舞いが、武士にあるまじき恥ずべきものだったということ。

エ　互いの命が懸かった真剣な戦いの最中に、優雅な連歌にうつつを抜かしたばかりか敵を助ける振る舞いが、考えの甘い呆れたものだったということ。

問8　『古今著聞集』と同様、中世（鎌倉・室町時代）に成立した説話文学を、ア～エから一つ選びなさい。

ア　『竹取物語』　　イ　『徒然草』

ウ　『宇治拾遺物語』　　エ　『平家物語』

3 次の古文を読んで、後の問いに答えなさい。

*伊予守源頼義朝臣(a)、*貞任・*宗任らを攻むる間、陸奥に*十二年の春秋をおくりけり。*鎮守府を立ちて、*秋田城に移りけるに、雪はだれに降りて、軍のをのこどもの鎧、みな白妙になりにけり。*衣川の館、岸高く川ありければ、楯をいただきて甲に重ね、筏を組み攻め戦ふに、(A)らたへずして、つひに城の後ろよりのがれ落ちけるを、一男*八幡太郎義家、衣川に追ひたて攻め伏せて、(1)「きたなくも、後ろをば見するものかな。しばし引き返せ。もの言はん(b)」と言はれたりければ、貞任見返りたりけるに、

(2)衣のたてはほころびにけり

と言へりけり。貞任、(3)くつばみをやすらへ、*しころをふりむけて、

年を経し糸のみだれのくるしさに

と付けたりけり。其の時、(B)、*はげたる矢をさしはづして帰りにけり。

さばかりの戦ひの中に、(4)やさしかりけることかな。

（橘成季編『古今著聞集』巻第九 三三六「源義家衣川にて安倍貞任と*連歌の事」による）

（注）*伊予守…伊予の国の長官。
*源頼義…平安時代後期の武将。義家の父。
*貞任…安倍貞任。奥州の豪族。前九年の役で敗死。
*宗任…貞任の弟。
*十二年…頼義は朝命によって、一〇五一～一〇六二まで奥州安倍氏の討伐にあたった。
*鎮守府…奥州出羽の蝦夷を鎮撫するための役所。
*秋田城…秋田市寺内町にあった城砦。
*衣川…岩手県平泉で北上川に合流する川。
*衣川の館…平泉にあった安倍氏の城。
*八幡太郎義家…源義家。頼義の息子。強弓で有名。和歌にも優れていた。
*しころ…兜の鉢の左右及び後ろに垂れて首を覆うもの。
*はげたる矢…弓につがえた矢。
*連歌…短歌を上の句・下の句に分けて二人で読み合うもの。

問1 二重傍線部（a）「朝臣」の読みを現代仮名遣いで答えなさい。

問2 二重傍線部（b）「ん」について、傍線部が同じ意味で用いられているものを、ア～エから一つ選びなさい。

ア 「少納言よ。香炉峰の雪いかならん」
イ 「まろ、この歌に返しせん」
ウ 「これが花の咲かん折は来んよ」
エ 「よき御男ぞ出で来ん」

問3 空欄（A）・（B）にあてはまる人物名として最も適当なものを、ア～エからそれぞれ一つずつ選びなさい。

ア 頼義　イ 貞任　ウ 宗任　エ 義家

問4 傍線部（1）「きたなくも（＝卑怯にも、恥も知らずに）」とあるが、このように判断したのは誰がどのような行動を取ったからか。本文の内容に合わせて二十五字以内で説明しなさい。

問5 傍線部（2）「衣のたてはほころびにけり（＝着物の縦糸はほころびてしまった）」とあるが、ここでの「衣のたて」には二つの意味が掛けられている。もう一つの解釈として最も適当なものを、ア～エ

な色の着物を着ていた。それが汽車の通るのを仰ぎ見ながら、一斉に手を挙げるが早いか、いたいけな喉を高くそらせて、何とも意味の分からない喊声（かんせい）を一生懸命にほとばしらせた。するとその瞬間である。窓から半身を乗り出していた例の娘が、あの霜焼けの手をつとのばして、勢いよく左右に振ったと思うと、(d)たちまち心を躍らすばかり暖かな日の色に染まっている蜜柑（みかん）がおよそ五つ六つ、汽車を見送った子供たちの上へばらばらと空から降って来た。私は思わず息をのんだ。そうして刹那に一切を了解した。小娘は、恐らくはこれから奉公先へおもむこうとしている小娘は、そのふところに蔵していた＊幾顆（いくか）の蜜柑を窓から投げて、わざわざ踏切りまで見送りに来た弟たちの労に報いたのである。

暮色を帯びた町はずれの踏切りと、小鳥のように声をあげた三人の子供たちと、そうしてその上に乱落するあざやかな蜜柑の色と――すべては汽車の窓の外に、またたく暇もなく通り過ぎた。が、私の心の上には、切ないほどはっきりと、この光景が焼きつけられた。そうしてそこから、ある得体の知れない朗らかな心持ちがわき上がって来るのを意識した。私は＊昂然（こうぜん）と頭を挙げて、まるで別人を見るようにあの小娘を注視した。小娘はいつかもう私の前の席に返って、相変わらずひびだらけの頬を萌黄色の毛糸の襟巻きにうずめながら、大きな風呂敷包みを抱えた手に、しっかりと三等切符を握っている。……………

私はこの時はじめて、言いようのない疲労と倦怠とを、そうしてまた不可解な、下等な、退屈な人生を(3)わずかに忘れることができたのである。

（芥川龍之介「蜜柑」による）

（注）＊日和下駄…天気の良いときにはく歯の低い下駄。
＊赤帽…駅や港で働く荷運びを仕事にする人。
＊ひっつめ…髪にふくらみをつけない無造作な髪型。
＊銀杏返し…女性の髪型の一種。
＊講和問題…第一次大戦後の取り決め。
＊涜職…汚職のこと。
＊蕭索…ものさびしいさま。
＊一旒の…一すじの
＊幾顆…何個か
＊昂然…自信に満ちて、意気盛んなさま。

問1　二重傍線部（a）・（c）のカタカナを漢字に直し、（b）の漢字には読みをひらがなで答えなさい。

問2　二重傍線部（d）「たちまち」が修飾している一文節を抜き出しなさい。

問3　空欄（A）に入る副詞として最も適当なものを、ア～エから一つ選びなさい。

ア　そもそも　　イ　もっとも　　ウ　あたかも　　エ　まだしも

問4　傍線部（1）「田舎者らしい娘だった」とあるが、「私」はこの「田舎者らしい娘」をどのように感じているか。同じ段落中の表現を用いて五十字以内で説明しなさい。

問5　傍線部（2）「その理由が私にはのみこめなかった」とあるが、「その理由」は何であったか。「～ため」となるように、次の段落中の表現を用いて十字以内で答えなさい。

問6　傍線部（3）「わずかに忘れることができた」とあるが、その理由がわかる一文を文中より抜き出し、最初と最後の五字を答えなさい。

いった一瞬間、汽車の走っている方向が逆になったような錯覚を感じながら、それらの索漠とした記事から記事へ、ほとんど機械的に目を通した。が、その間ももちろんあの小娘が、（　A　）卑俗な現実を人間にしたような面持ちで、私の前に座っていることを絶えず意識せずにはいられなかった。このトンネルの中の汽車と、この田舎者の小娘と、そうしてまた、この平凡な記事にうずまっている夕刊と、――これが(C)ショウチョウでなくて何であろう。不可解な、下等な、退屈な人生のショウチョウでなくて何であろう。私は一切がくだらなくなって、読みかけた夕刊をほうり出すと、また窓枠に頭をもたせながら、死んだように目をつぶって、うつらうつらし始めた。

　それから幾分か過ぎた後であった。ふと何かにおびやかされたような心持ちがして、思わずあたりを見まわすと、いつの間にか例の小娘が、向こう側から席を私の隣りへ移して、しきりに窓を開けようとしている。が、重いガラス戸はなかなか思うようにあがらないらしい。あのひびだらけの頬はいよいよ赤くなって、時々はなをすすりこむ音が、小さな息の切れる声といっしょに、せわしなく耳へはいって来る。これはもちろん私にも、幾分ながら同情をひくに足るものには相違なかった。しかし汽車が今まさにトンネルの口へさしかかろうとしていることは、暮色の中に枯れ草ばかり明るい両側の山腹が、間近く窓側に迫って来たのでも、すぐに合点（がてん）のいくことであった。にもかかわらずこの小娘は、わざわざしめてある窓の戸を下ろそうとする、――(2)その理由が私にはのみこめなかった。いや、それが私には、単にこの小娘の気まぐれだとしか考えられなかった。だから私は腹の底に依然として険しい感情をたくわえながら、あの霜焼けの手がガラス戸をもたげようとして悪戦苦闘するようすを、まるでそれが永久に成功しないことでも祈るような冷酷な目で眺めていた。すると間もなくすさまじい音をはためかせて、汽車がトンネルへなだれこむと同時に、小娘の開けようとしたガラス戸は、とうとうばたりと下へ落ちた。そうしてその四角な穴の中から、すすをとかしたようなどす黒い空気が、にわかに息苦しい煙になって、もうもうと車内へみなぎり出した。元来咽喉（のど）を害していた私はハンケチを顔に当てる暇さえなく、この煙を満面に浴びせられたおかげで、ほとんど息もつけないほどせきこまなければならなかった。が、小娘は私に頓着（とんちゃく）する気色も見えず、窓から外へ首をのばして、闇を吹く風に銀杏返しの鬢（びん）の毛をそよがせながら、じっと汽車の進む方向を見やっている。その姿を煤煙（ばいえん）と電灯の光との中に眺めた時、もう窓の外が見る見る明るくなって、そこから土の匂いや枯れ草の匂いや水の匂いが冷やかに流れこんで来なかったなら、ようやく咳きやんだ私は、この見知らない小娘を頭ごなしに叱りつけてでも、また元の通り窓の戸をしめさせたのに相違なかったのである。

　しかし汽車はその時分には、もうやすやすとトンネルをすべりぬけて、枯れ草の山と山との間に挟まれた、ある貧しい町はずれの踏切りに通りかかっていた。踏切りの近くには、いずれも見すぼらしいわら屋根やかわら屋根がごみごみと狭苦しく建てこんで、踏切り番が振るのであろう、ただ*一旒（いちりゅう）のうす白い旗がものうげに暮色をゆすっていた。やっとトンネルを出たと思う――その時その*蕭索（しょうさく）とした踏切りの柵（さく）の向こうに、私は頬の赤い三人の男の子が、めじろ押しに並んで立っているのを見た。彼らは皆、この曇天に押しすくめられたかと思うほど、そろって背が低かった。そうしてまた、この町はずれの陰惨たる風物と同じよう

① なぜ「一人でいられる力」が求められるのか。その理由を、第③段落の表現を用いて七十字以内で答えなさい。

② 筆者は、「一人でいられる力」を失わないために何が必要だと述べているか。具体的に述べている箇所を文中より二十字で抜き出しなさい。

2 次の文章を読んで、後の問いに答えなさい。設問の都合により、原文の旧漢字を一部改めた箇所がある。

ある(a)クモった冬の日暮れである。私は横須賀発上り二等客車の隅に腰を下ろして、ぼんやり発車の笛を待っていた。とうに電灯のついた客車の中には、珍しく私のほかに一人も乗客はいなかった。外をのぞくと、うす暗いプラットフォームにも、今日は珍しく見送りの人影さえあとを絶って、ただ、檻に入れられた小犬が一匹、時々悲しそうに、ほえ立てていた。これらはその時の私の心持ちと、不思議なくらい似つかわしい景色だった。私の頭の中には言いようのない疲労と倦怠とが、まるで雪グモりの空のようなどんよりした影を落していた。私は外套のポッケットへじっと両手をつっこんだまま、そこにはいっている夕刊を出して見ようという元気さえ起こらなかった。

が、やがて発車の笛が鳴った。私はかすかな心のくつろぎを感じながら、後ろの窓枠へ頭をもたせて、目の前の停車場がずるずると後ずさりを始めるのを待つともなく待ちかまえていた。ところがそれよりも先にけたたましい*日和下駄の音が、改札口の方から聞こえ出したと思うと、間もなく車掌の何か言いののしる声とともに、私の乗っている二等室の戸ががらりと開いて、十三、四の小娘が一人、あわただしく中へはいって来た。と同時に一つずしりと揺れて、おもむろに汽車は動き出した。一本ずつ目をくぎってゆくプラットフォームの柱、置き忘れたような運水車、それから車内の誰かに祝儀の礼を言っている*赤帽――そういうすべては、窓へ吹きつける煤煙の中に、未練がましく後ろへ倒れていった。私はようやくほっとした心持ちになって、巻煙草に火をつけながら、初めてものういまぶたをあげて、前の席に腰を下ろしていた小娘の顔を一瞥した。

それは油気のない髪を*ひっつめの*銀杏返しに結って、横なでの痕のあるひびだらけの両頬を気持ちの悪いほど赤くほてらせた、いかにも(1)田舎者らしい娘だった。しかも垢じみた萌黄色の毛糸の襟巻きがだらりと垂れ下がった(b)膝の上には、大きな風呂敷包みがあった。そのまた包みを抱いた霜焼けの手の中には、三等の赤切符が大事そうにしっかり握られていた。私はこの小娘の下品な顔だちを好まなかった。それから彼女の服装が不潔なのもやはり不快だった。最後にその二等と三等の区別さえもわきまえない愚鈍な心が腹立たしかった。だから巻煙草に火をつけた私は、一つにはこの小娘の存在を忘れたいという心持ちもあって、今度はポッケットの夕刊を漫然と膝の上へひろげて見た。するとその時夕刊の紙面に落ちていた外光が、突然電灯の光に変わって、刷りの悪い何欄かの活字が意外なくらい鮮やかに私の目の前へ浮かんで来た。言うまでもなく汽車は今、横須賀線に多いトンネルの最初のそれへはいったのである。

しかしその電灯の光に照らされた夕刊の紙面を見渡しても、やはり私の憂鬱を慰むべく、世間は余りに平凡な出来事ばかりで持ち切っていた。*講和問題、新婦新郎、*涜職事件、死亡広告――私はトンネルへは

になっていく。一人になることの不安を克服することだ。これほどつながりだらけの世界というのはかつてなかったが、孤独に浸りにくいという意味では、思考力や発想力の危機の時代とも言える。

人と一緒だと自分の中に沈潜することがない。目の前の刺激をじっくり噛みしめることなく上滑りする。ゆえに思考が深まらない。情報が知識になっていかない。記憶と触れあう余裕がない。そのため課題解決の知恵が湧いてこないし、インスピレーションも湧いてこない。

(5)今求められるのは、まさに「一人でいられる力」だ。

（榎本博明『薄っぺらいのに自信満々な人』による）

（注）＊コミュ力…コミュニケーション能力の略。
＊コピペ…コピーアンドペーストの略。文章を複製して別の場所に貼りつけること。
＊沈潜…心を落ち着けて深く思索すること。

問1　二重傍線部（a）のカタカナを漢字に直しなさい。

問2　傍線部（1）「そのような見方」とあるが、どのような見方か。文中の表現を用いて四十字以内で答えなさい。

問3　傍線部（2）「同調圧力」とあるが、これをわかりやすく説明している一文を、第二段落より二十字以内で抜き出しなさい。

問4　空欄（A）・（B）に入る語句の組み合わせとして最も適当なものを、ア～エから一つ選びなさい。

ア（A）コミュ力のない成熟したヤツ
（B）一人でいられない楽しいヤツ

イ（A）コミュ力のない未熟なヤツ
（B）一人でいられない寂しいヤツ

ウ（A）コミュ力のない楽しいヤツ
（B）一人でいられない成熟したヤツ

エ（A）コミュ力のない寂しいヤツ
（B）一人でいられない未熟なヤツ

問5　傍線部（3）「自由自在に検索できるという魔力を手に入れたことによる弊害」とあるが、

①　ここでの「魔力」とは、どういうことか。それを述べた一文を文中より抜き出し、最初の五文字を答えなさい。

②　「魔力を手に入れたことによる弊害」について、どのような「弊害」があるというのか。最も適当なものをア～オから一つ選びなさい。

ア　スマホの急速な普及により、学生に限らず社会人でも若い世代のスマホ依存が目立つようになったということ。

イ　プライベートから仕事上まで日常生活の中でスマホを手放せない人たちが、寛ぎの時間を奪われてしまうということ。

ウ　検索して情報を引き出せば解決するという感覚が強く、専門家までがうっかりコピペで済ませてしまうということ。

エ　これから先単純労働はますます自動化され、機械やロボットに仕事を任せればよい時代になっていくということ。

オ　検索することだけで満足してしまい、思索に耽ったりじっくり考えたりする習慣が奪われていくということ。

問6　傍線部（4）「自分の発想を練る」とあるが、これを端的に言い換えている語句を文中より六字で抜き出しなさい。

問7　傍線部（5）「今求められるのは、まさに『一人でいられる力』だ」とあるが、

する時間がなくなった。そんな人が非常に多い。移動中の電車内にいるときなどは、物理的には一人でいる自由な時間なのだが、SNSを通してみんなとつながっていて、返信やコメントを要求されており、まったく自由ではない。どこにいても一人になれずに解放されない。そのうちスマホ依存になり、電車に乗ったとたんにスマホを取り出し、返信やコメントをしてからも、みんながどんなことを言っているのかが気になり、みんなの反応を見ているだけで時間が過ぎていく。そんな人も少なくない。

家に帰ってからもスマホを手放せないという人も珍しくなくなっている。食事をしているときも、テレビを見ているときも、スマホを放り出すことができずに、メッセージが飛び込むたびにチェックする人もいる。寝床に入ってからもスマホのスイッチを切らずにいじっている人もいる。どんな時空にも侵入してくる電子メッセージのせいで、寛ぎの時間がどんどん奪われていく。

寛ぎの時間か浸食されるだけではない。スマホにいちいち反応することにより、自分の世界に入り込んで思索に耽るということができなくなる。思索を情報検索に置き換えて、スマホを検索するだけで、考えているつもりになる。検索して出てくるのは人が整理してくれた情報である。いろんな情報を引き出すだけでは何も考えたことにはならない。それなのに検索すれば解決するといった感覚が強く、調べるだけで自分の頭でじっくり考えを練るということが少なくなってきている。専門家まで(3)がうっかりコピペ*で済ませてしまう時代である。自由自在に検索できるという魔力を手に入れたことによる弊害も小さくない。

情報をもとに頭の中を整理する。ある情報と別の情報の関係について考える。そのように、検索というのは何かの考えを裏づけるための素材を得たり、考えるヒントを得たりするために行うもののはずなのだが、いくらでも検索し続ける道具を手に入れたために、検索ばかりして満足してしまう人も出てきている。それによって自分の頭でじっくり考えるという習慣が奪われつつある。単純労働はつぎつぎに自動化されてきた。これから先、そうした動きはますます加速し、単純労働はすべて機械やロボットに任せればよい時代になっていく。そうなると考える力がこれまで以上に重要となる。ところが今、この考える力が危機に瀕(ひん)している。

③人と一緒にいると気が散って集中できないという経験があるだろう。アイデアを練ったり、考えを整理したりしているときは、自分の世界に没頭することが必要だ。人と一緒にいるときには、自分の発想をぶつけ、意見をもらうことで、それを別の視点からチェックすることができるが、(4)自分の発想を練るのは一人の孤独のときしかできない。発想は何もしていないときに湧いてくる。一人っきりでいるとき、外的刺激が何もないときに、内的刺激に対して心が開かれていく。自分との対話だ。ゆえに、孤独になれない人間は、発想を練ることができない。絶えずSNSでだれかとつながり、だれかを気にしているような状況では、考えるという行為に沈潜することができない。SNSを遮断して自分の世界に浸りきることが必要だ。

絶えず人と一緒にいると、物事をじっくり考える時間も習慣も失われる。自分と向き合う時間も習慣も失われる。それによって思考力や創造性が失われていく。一人になれない人物の発想は、常識に縛られ、貧困

【国語】（五〇分）〈満点：六〇点〉

1 次の文章を読んで、後の問いに答えなさい。設問の都合により、原文を一部改めた箇所がある。また、本文の大段落には①～③の番号を付してある。

①みんなでワイワイ楽しくしていても、みんなと別れて一人になると、ドッと疲れが出ることがある。人と一緒だと合わせないといけないし、一人のときのようにそのままの自分でいるわけにもいかず、どこかで気を遣うものだ。一人になると肩の力が抜けて、本来の自分に立ち返る。

　昼に職場のみんなでランチを食べながらおしゃべりするのも楽しいが、たまに一人でランチに行くのも、人に気を遣わずにすむから気楽な面がある。職場の喧噪から一人離れ、近くの公園のベンチに座り、ぼんやりと行き交う人を眺めたり、エサをあさるハトやスズメたちを観察したり、浮き雲を見上げたり。そんなふうに気分をリフレッシュすることも大切だ。

　人と一緒だと楽しい。一人だと寂しい。でも、人と一緒だと気を遣う。一人だと気楽だ。そうした両極の間を揺れ動いているのがふつうだ。一人でいるのを見られるとコミュ力*のない不適応な人物みたいに思われると危惧する若者が多く、絶えず人とつながることでコミュ力のある人物に見せないといけないと無理をしているようだ。

　しかし、(1)そのような見方は、周りのみんながまだ未熟な学生時代の感受性に基づいたものだろう。未熟な人は自立した人物に引け目を感じるため、自分と同じような者同士で群れたがる。そんな群れの(2)同調圧力が一人でいることに抵抗を感じさせる。

　だが、成熟した人たちの間では見方は逆転する。群れている人物は未熟で弱々しく自分というものができていないといったイメージになる。一人でいられる人物が「（　A　）」と見られるよりも、絶えず群れている人物が「（　B　）」と見られるようになる。心が成熟してくると一人でいられるようになるというのが通常の発達理論から言えることなのだが、そこを勘違いしている若者が多いようだ。一人でいるのがカッコ悪いのではなく、一人でいられない方がカッコ悪いのだ。

②ここ数年でスマホが急速に普及した。そのため、とくに若い世代でスマホ依存が顕著にみられる。私が２０代～７０代の社会人および２０歳前後の学生を対象に実施した調査では、「一人になるとすぐにスマホをいじり出す」という３０代以上の社会人は３２％だが、２０代の社会人は４８％、学生は５６％と、若い世代の比率が非常に高い。

　同様に「ＳＮＳをしょっちゅう気にしている」という３０代以上の社会人は１１％なのに対して、２０代の社会人は３２％、学生は３９％、「友だちとしょっちゅうメールやＳＮＳでやりとりしている」という３０代以上の社会人は１４％なのに対して、２０代の社会人は３９％、学生は４８％と、どれをみても若い世代のスマホ依存度の高さが目立つ。学生だから暇がありスマホに依存しがちということではなく、社会人であっても若い世代ではスマホ依存度が高いことがわかる。

　以前は電車の中の移動時間は本や新聞を読みながらいろいろ考えたり、物思いに耽ったりしていたのに、このところ電車に乗るとスマホでメッセージをチェックして返信したり、プライベートや仕事上の関係者の(a)トウコウにコメントしたりするのに忙しくて、読んだり考えたり

大切なことはメモしておこうネ！

2019年度

解答と解説

《2019年度の配点は解答欄に掲載してあります。》

＜数学解答＞

1 (1) 5　(2) $\frac{13}{4}$　(3) $\frac{5x-6}{4}$　(4) a^2　(5) $11-4\sqrt{7}$　(6) $4xy$

2 (1) $x=6$　(2) ① 39　② $x=-2,\ 3$

3 (1) $\frac{1}{6}$　(2) $\frac{3}{4}$　(3) $\frac{23}{36}$

4 (1) A(1, 6)　(2) C(3, 0)　(3) 24　(4) $y=3x+3$

5 ① π　② $\sqrt{3}$　③ 1　④ 1　⑤ $\sqrt{3}$　⑥ 3

6 (1) 1冊　(2) 3冊　(3) 2.5冊

○配点○

1 各2点×6　2 (1) 2点　(2) 各3点×2(②完答)　3 (1) 2点

(2)・(3) 各3点×2　4 各3点×4　5 各3点×4(②と③, ④と⑤は完答)

6 (1) 2点　(2)・(3) 各3点×2　計60点

＜数学解説＞

基本 1 （数・式の計算，平方根の計算）

(1) $-2-(-7)=-2+7=5$

(2) $\frac{11}{4}-\frac{2}{3}\div\left(-\frac{4}{3}\right)=\frac{11}{4}-\frac{2}{3}\times\left(-\frac{3}{4}\right)=\frac{11}{4}+\frac{2}{4}=\frac{13}{4}$

(3) $\frac{x-3}{2}+\frac{3}{4}x=\frac{2(x-3)+3x}{4}=\frac{2x-6+3x}{4}=\frac{5x-6}{4}$

(4) $a\times(a^2\div a)=a\times a=a^2$

(5) $(\sqrt{7}-2)^2=(\sqrt{7})^2-2\times\sqrt{7}\times2+2^2=7-4\sqrt{7}+4=11-4\sqrt{7}$

(6) $(x+y)^2-(y-x)^2=x^2+2xy+y^2-(y^2-2xy+x^2)=x^2+2xy+y^2-y^2+2xy-x^2=4xy$

基本 2 （比例式，演算，2次方程式）

(1) $12:8=9:x$　$12x=8\times9=72$　$x=72\div12=6$

(2) ① $5☆(-2)=5^2-5\times(-2)-2\times(-2)=25+10+4=39$

② $x☆1=x^2-x\times1-2\times1=x^2-x-2$　$x^2-x-2=4$から，$x^2-x-6=0$　$(x+2)(x-3)=0$
$x=-2,\ 3$

3 （確率，数の性質）

基本 (1) a, bの目の出方は全部で，$6\times6=36$(通り)　そのうち，$a+b$が6の倍数になる場合は，$(a, b)=(1, 5), (2, 4), (3, 3), (4, 2), (5, 1), (6, 6)$の6通り　よって，求める確率は，$\frac{6}{36}=\frac{1}{6}$

(2) $2a-b$が正の整数にならない場合は，$(a, b)=(1, 2), (1, 3), (1, 4), (1, 5), (1, 6), (2, 4), (2, 5), (2, 6), (3, 6)$の9通り　よって，$2a-b$が正の整数になる場合は，$36-9=$

27(通り)　したがって，求める確率は，$\frac{27}{36}=\frac{3}{4}$

(3)　aとbの最大公約数が1になる場合は，$(a,\ b)=(1,\ 1)$，(1, 2)，(1, 3)，(1, 4)，(1, 5)，(1, 6)，(2, 1)，(2, 3)，(2, 5)，(3, 1)，(3, 2)，(3, 4)，(3, 5)，(4, 1)，(4, 3)，(4, 5)，(5, 1)，(5, 2)，(5, 3)，(5, 4)，(5, 6)，(6, 1)，(6, 5)の23通り　よって，求める確率は，$\frac{23}{36}$

4 (図形と関数・グラフの融合問題)

$y=x+5$…①，$y=-3x+9$…②とする。

基本 (1)　$x+5=-3x+9$から，$4x=4$　$x=1$　これを①に代入して，$y=1+5=6$　よって，A(1, 6)

基本 (2)　②に$y=0$を代入して，$0=-3x+9$　$3x=9$　$x=3$　よって，C(3, 0)

(3)　①に$y=0$を代入して，$0=x+5$　$x=-5$　よって，B$(-5,\ 0)$　BC$=3-(-5)=8$

△ABCのBCを底辺とすると，高さは点Aのy座標である6だから，△ABC$=\frac{1}{2}\times8\times6=24$

重要 (4)　BCの中点をDとすると，直線ADは△ABCの面積を2等分する。$\frac{3-5}{2}=-1$から，D$(-1,\ 0)$

直線ADの式を$y=ax+b$として点A，Dの座標を代入すると，$6=a\times1+b=a+b$…③　$0=a\times(-1)+b=-a+b$…④　③－④から，$6=2a$　$a=3$　これを④に代入して，$0=-3+b$　$b=3$　よって，求める直線の式は，$y=3x+3$

5 (図形と関数・グラフの融合問題)

基本 ①　おうぎ形OAD$=\pi\times2^2\times\frac{1}{4}=4\pi\times\frac{1}{4}=\pi$

②，③　OB=2　右の図のように，点Bからx軸へ垂線BEを引くと，∠BOE$=90°\div3=30°$　△OBEは∠BOE=30°の直角三角形になるから，OE$=2\times\frac{\sqrt{3}}{2}=\sqrt{3}$，BE$=2\times\frac{1}{2}=1$　よって，B$(\sqrt{3},\ 1)$

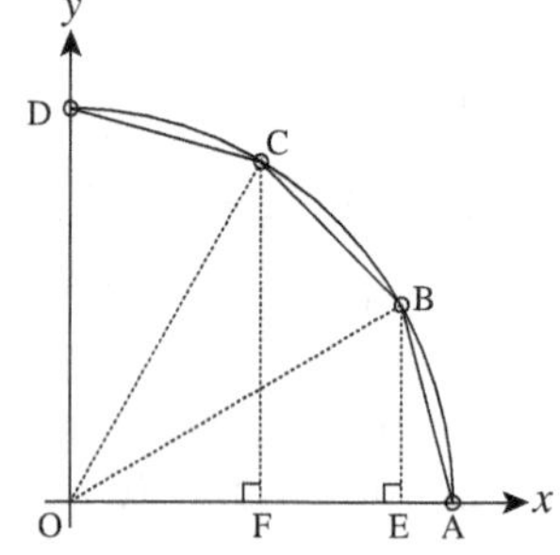

④，⑤　点Cからx軸へ垂線CFを引くと，△COFは∠COF=60°の直角三角形になるから，OF=1，CF$=\sqrt{3}$　よって，C$(1,\ \sqrt{3})$

重要 ⑥　△OAB$=\frac{1}{2}\times2\times1=1$　△OAB＝△OBC＝△OCDから，△OAB＋△OBC＋△OCD$=1\times3=3$

6 (統計)

基本 (1)　資料より，1冊借りている生徒が最も多いので，1冊

(2)　平均値は，$\frac{0\times2+1\times9+2\times7+3\times4+4\times3+5\times7+6\times2+7\times2}{36}=\frac{108}{36}=3$(冊)

(3)　生徒数が36人だから，18番目と19番目の平均値が中央値となる。資料より，18番目は2，19番目は3だから，$\frac{2+3}{2}=2.5$(冊)

★ワンポイントアドバイス★

4は，問題を読みながら，余白に自分でグラフをかいていくと，解法が見えてくる。面積を半分にする直線の式の求め方の手順など，しっかり覚えておこう。

＜英語解答＞

Ⅰ 問1 [1] B [2] A [3] C [4] A [5] C [6] B
問2 [1] D [2] B [3] A

Ⅱ 問1 Have you ever been to Canada? 問2 イ 問3 For example 問4 ア
問5 ウ 問6 ウ 問7 1 × 2 ○ 3 × 4 ○

Ⅲ 問1 A 5[2] B 2 C 1 D 7 E 4 F 10 G 6 H 8 I 9
J 3 問2 1 written characters 2 Intangible Cultural Heritage 3 pray
問3 1 四季 2 豆まき 3 コスプレ

Ⅳ 問1 which [that] 問2 エ 問3 (a spoon) is used to put food in (their mouth.)
問4 エ 問5 イ 問6 3, 5, 6

○配点○

Ⅰ問1・Ⅱ問7・Ⅲ 各1点×26 他 各2点×17 計60点

＜英語解説＞

Ⅰ リスニング問題解説省略。

Ⅱ (会話文)

(全訳) Emma：今日は10月14日だね。お誕生日おめでとう，サキ。これプレゼントよ。気に入ってくれるといいな。

Saki ：ありがとう，エマ。あら，何て素敵な筆入れ。すごく気に入ったわ。カナダに持って行くことにするわ。

Emma：えっ，あなたカナダへ行くの？

Saki ：ええ。来月トロントへ行って，3週間カナダ人の家庭にホームステイするのよ。

Emma：すごいわね。①今までカナダに行ったことはあるの？

Saki ：いいえ，カナダへ行くのは初めてよ。

Emma：いいわね。きっとあなたにとって素晴らしい滞在になると思うわ。

Saki ：②おみやげには何を持って行ったらいい？

Emma：カナダの人はどんな贈り物でも喜ぶと思うわ。③例えば，漫画，扇子，折り紙。何でも大丈夫よ。

Saki ：わかった。私英語が上手に話せないでしょ，だからそれが不安なのよね。

Emma：④心配ないわ。上手く英語が話せているわよ，サキ。ホストファミリーもきっとあなたに親切にしてくれるわ。

Saki ：彼らの英語がわからなかったら，どうしたらいい？

Emma：⑤もう少しゆっくり話してくれるように頼めばいいのよ。

Saki ：ありがとう。もう一つ聞きたいことがあるの。カナダの食べ物について教えてくれない。

Emma：そうね，カナダは世界中から様々な人たちが来ていて，⑥そこではいろんな種類の食べ物を楽しむことができるわ。ハンバーガーやステーキ，そして中華料理，インド料理，日本料理もよ。そうだ，絶対メープルクッキーも食べてね。私の大好きなカナダの食べ物よ。

Saki ：アドバイスしてくれてありがとう，エマ。

Emma：どういたしまして，サキ。

重要 問1 have been to ～「～へ行ったことがある」(現在完了の経験用法)

問2 この後で gift「贈り物」について話していることから判断できる。

重要 問3 For example「たとえば」

問4 英語を上手く話せずに心配している Saki に対して，上手だと答えているところから判断できる。

重要 問5 〈ask＋人＋ to ～〉「人に～するように頼む」

問6 カナダには世界中から人が来ているという話の流れから，「そこでは」が指しているのが「カナダ」であると判断できる。

問7 1 「サキは12月にカナダに行く予定だ」 今日は10月14日で来月行くので×。 2 「サキは今まで一度もカナダに行ったことがない」 Saki の3番目の発言から○。今回が初めての訪問だと言っている。 3 「エマはカナダ人は扇子が嫌いだと思っている」 Emma の5番目の発言から×。マンガ，扇子，折り紙など何でも贈り物としてよいと言っている。 4 「メープルクッキーはエマの一番好きなカナダの食べ物だ」 Emma の最後の発言より○。大好きなカナダの食べ物だと言っている。

基本 Ⅲ （長文読解：説明文：適語選択，語句）

問1 A 前文の内容を指す代名詞 they ／「～がある」 there are ～ でも可。 B 「ほとんど～ない」という表現。 C 「～するとき」を表す when D 道具・手段を表して「～で」を表す前置詞 with E 未来を表す表現。後が動詞の原形であることから助動詞が入ると判断できる。 F 「～と同じくらい」を表す表現 as ～ as … G 季節を表す単語の直前に置く前置詞 in H 「特定の日」を表す単語の直前に置く前置詞 on I 「～の下で」を表す前置詞 under J It is believed that ～ という It の内容が that 以下を表す構文。

問2 1 第2段落第1文参照。 2 第3段落最終文参照。 3 第5段落第1文参照。

問3 1 第1段落第3文参照。 2 第5段落第2文参照。 3 第5段落第7文参照。

Ⅳ （長文読解・説明文：適語補充，語句整序[受動態，不定詞]，指示語，内容吟味）

（全訳） タイでは，お米はとても大切である。お米は単なる食べ物にとどまらない。それは，文化であり言語である。タイではお米と食べ物という言葉は同じ Khao という言葉で言い表される。それはとても興味深いことである。何故なら日本でもご飯という言葉が炊かれた米や食事を表す言葉として使われるからである。つまり，タイと日本では米に対して二通りの考えを持っているということである。

タイでは，一日は Khao Chao つまり朝ごはんで始まる。タイの人々はよく白いご飯と一緒にオムレツを食べる。①これは辛いソースのかかったオムレツである。時折，彼らは豚肉，鶏肉，魚またはエビの入ったおかゆを好んで食べる。

タイでは食事をする際にはいくつかの②決まりごとがある。お皿に食べ物を残してはいけない。タイの人々は食べ物を分け合うので，あまり取り過ぎてはいけないのだ。そして，食べるのにフォークを使わない。箸を使うか，③食べ物を口に入れるために，スプーンが使われる。ご飯は常に別のお椀かお皿に入れて，それにソースを混ぜ入れる。

人間は約13,500年前，野生の米から④稲作を始めた。インド米，中国米そして日本米は全て同じ野生の米からできている。タイでは5,000年もの間お米を食べている。中国やインドよりも先にタイはお米を栽培した。④稲作はタイで始まり，それから⑤彼ら(タイの人々)が訪れた他の国々にお米を伝えた。

今日，タイでは多くの人たちがお米の仕事に関わっている。1,600万人の稲作農民がいるのだ。タイの米農家は3,500種類のお米を栽培している。

お米はタイにとってとても大切なものである。世界の人々が米はとても特別な植物であり食べ物であるととらえているのは周知のことだ。

重要 問1　This is the omelet. + It has a spicy sauce. 関係代名詞を使って左の英文を1つの英文にした形。主格の関係代名詞 which を用いてつなぐことができる。

問2　この後に Don't ~. と禁止されていることが書かれているため，決まりごとについて述べているとわかる。

問3 「使われる」 is used 「~するために」 to ~「食べ物を~に入れる」 put food in ~

問4 「米を育てること」は動名詞を用いて表現する。

問5　前文の「タイの人々」を指している。

重要 問6　1 「タイの人々は日本人と同じように食べ物のことを『ご飯』と呼ぶ」 第1段落第6文参照。タイも日本と同じようにご飯という言葉が炊かれた米や食事を表す言葉として使われるとあるので不適切。　2 「タイの人々にとってお米は食べ物ではないので彼らはお米を食べない」 第1段落第2文参照。タイでは，お米は単なる食べ物にとどまらないとあるので不適切。　3 「タイでは Khao Chao は朝ごはんを意味する」 第2段落第1文参照。Khao Chao は朝ごはんを表しているので適切。　4 「日本人は豚肉，鶏肉，魚やえびの入ったおかゆを食べない」 第2段落最終文参照。豚肉，鶏肉，魚やえびの入ったおかゆについては，日本人に関する記述がないので不適切。　5 「タイの人々は互いに食べ物を分け合いたいので，食べ物を取り過ぎたりはしない」 第3段落第3文参照。食べ物を分け合うので，取り過ぎてはいけないとあるため適切。　6 「同じ種類の野生の米が，インド米，中国米そして日本米になっている」 第4段落第2文参照。全て同じ野生の米からできているとあるので適切。　7 「タイでは3,500人の農家の人たちがお米を育てている」 第5段落第2文参照。1,600万人の稲作農民がいるとあるので不適切。　8 「お米は日本とタイだけでとても大切である」第6段落最終文参照。世界の人々が米は特別な植物だと考えているので不適切。

★ワンポイントアドバイス★

会話文も文章読解問題も内容一致の問題が出題されているため，正確に文章を読みとる必要がある。問題集などを用いて，数多くの文章に触れるようにしたい。

＜理科解答＞

[1] ① ウ　② イ　③ オ　④ エ　⑤ ア　[2] 400g

[3] 問1 R1 0.5Ω　R2 2Ω　問2 25A　問3 7.5V

[4] 問1 イ　問2 エ

[5] 問1 電解質　問2 イ　問3 Cl_2　問4 4.2g

[6] 問1 溶解度　問2 24%　問3 10g　問4 3g

[7] 問1 ア 公転　イ 二酸化炭素　ウ 衛星　問2 ⑤　問3 午後7時

[8] 問1 b レボルバー　d ステージ　問2 600倍　問3 カ　問4 3　問5 $\frac{1}{100}$倍

[9] 問1 分解者　問2 デンプンがすべて消費されたから　問3 エ

○配点○

[1] 各1点×5　[2] 2点　[3] 各2点×4　[4] 各2点×2　[5] 各2点×4

[6] 各2点×4　[7] 各2点×5　[8] 問1・問2 各1点×3　他 各2点×3

[9] 各2点×3　計60点

＜理科解説＞

1 （天気の変化―日本列島の天気図）

① ウでは，950ヘクトパスカルの非常に強い勢力の台風が沖縄地方にある。

② 冬型の気圧配置の特徴は西高東低である。等圧線が縦に並び，間隔が狭い。イの天気図がこれにあたる。

③ オの天気図では，梅雨前線が太平洋側に停滞しているのがわかる。

④ エの天気図では，寒冷前線が日本海側から近づいている。

⑤ アの天気図では，日本列島が広く高気圧に覆われている。全国的に好天になる。

重要 2 （力・圧力―圧力）

同じスポンジが同じ深さだけ沈むのは，スポンジにかかる圧力が同じ大きさだから。圧力は，力の大きさを力がかかっている面積で割ることで求められる。物体Bの重さをx(g)として，100÷(3×3)＝x÷(6×6)　x＝400(g)である。

3 （電流と電圧―回路の抵抗とオームの法則）

基本 問1　抵抗＝電圧÷電流より，R1＝2.0÷4.0＝0.5(Ω)　R2＝2.0÷1.0＝2(Ω)

重要 問2　抵抗を並列につないだ時，全体の抵抗の大きさをRとすると，$\frac{1}{R}=\frac{1}{R_1}+\frac{1}{R_2}$となる。これより，回路全体の抵抗は，$\frac{1}{R}=\frac{1}{0.5}+\frac{1}{2}$　R＝0.4(Ω)　電圧が10Vなので，電流の大きさは10÷0.4＝25(A)である。

重要 問3　抵抗を直列につないだ時，全体の抵抗の大きさRは$R=R_1+R_2$なので，R＝0.5＋2＝2.5(Ω)　電流が3.0Aより，電圧は2.5×3.0＝7.5(V)である。

基本 4 （光と音の性質―音波）

問1　振幅の小さいものほど音の大きさは小さい。

問2　1秒間に往復する波の数を振動数という。振動数が多いほど音は高くなる。

5 （電気分解とイオン―電気分解）

基本 問1　水に溶かすとイオンにわかれる物質を電解質という。イオンが水溶液中を移動することで電流が流れる。

重要 問2　塩化銅の水溶液を電気分解すると，陰極に銅が出てきて水溶液中の銅イオンが減少する。そのため，水溶液の青色がうすくなってゆく。

問3　塩化銅の水溶液を電気分解すると，陽極側で塩素が発生する。塩素の化学式はCl_2である。

重要 問4　塩化銅中の銅と塩素の質量比が10：11なので，2.0gの銅に結合する塩素の質量は10：11＝2.0：x　x＝2.2(g)であり，電気分解された塩化銅の質量は2.0＋2.2＝4.2(g)である。

6 （溶液とその性質―溶解度）

基本 問1　水100gに溶ける物質の最大の質量を溶解度という。溶解度は温度によって変化する。一般的に固体の溶解度は温度が高くなると大きくなる。

基本 問2　濃度(%)＝(溶質の質量÷溶液の質量)×100より，(32÷132)×100＝24.2≒24(%)

重要 問3　10℃で硝酸カリウムは水100gに22gまで溶ける。はじめ32gの硝酸カリウムが溶けていたので，32－22＝10(g)が溶けきれずに固体として出てくる。

問4　40℃で水100gに硝酸カリウム60gを溶かすと160gの飽和溶液になる。これを30℃まで冷やすと，45gの硝酸カリウムが溶け，60－45＝15(g)の硝酸カリウムが出てくる。40℃で32gの飽和溶液を30℃まで冷やしたときにx(g)の硝酸カリウムが出てくるとすると，飽和溶液の質量：析出量の比をとって，160：15＝32：x　x＝3(g)が析出する。

7 (地球と太陽系―惑星と衛星)

基本 問1 月は公転周期と自転周期が同じなので，いつでも同じ側を地球に向けている。火星の大気のほとんどは二酸化炭素である。惑星の周囲を回る星を衛星という。

問2 地球の自転軸の傾きは23.4°である。火星の自転軸の傾きもこれに近い値になる。火星の直径は地球の約半分である。

重要 問3 同時刻で観測すると，星は1ヶ月で30°東から西へ移動する。また，1日のうちでは1時間で15°東から西へ移動する。1か月後の真南に星が見えるのは，午後9時より2時間前の午後7である。

8 (顕微鏡の使い方)

基本 問1 bはレボルバー，dはステージという。

基本 問2 顕微鏡の倍率は，対物レンズ(c)の倍率と接眼レンズ(a)の倍率をかけた値になる。15×40=600(倍)である。

問3 顕微鏡の画面の像は，実際の像と上下左右が逆になっているので，移動させたい方向と逆の方向にプレパラートを移動させる。

問4 ③が間違い。ピントを合わせるときは，顕微鏡を横から見て，ステージを対物レンズに近づけ，接眼レンズをのぞきながらステージを下げていく。

問5 倍率を4分の1倍にすると，視野は4×4=16(倍)になる。倍率を10倍にすると，視野は$\frac{1}{10}\times\frac{1}{10}=\frac{1}{100}$(倍)になる。

9 (生物どうしのつながり―生態系)

問1 このような働きをするものを分解者という。

問2 土の中の菌類や細菌類がデンプンのり分解したので，ヨウ素を加えてもデンプンとの反応で青紫色になる変化が起きなかった。

問3 ろ液を煮沸すると菌類や細菌類が死んでしまい，呼吸による二酸化炭素の放出がない。そのため石灰水は変化しない。また，デンプンの分解も起きないので，ヨウ素を加えると青紫色に変化する。

★ワンポイントアドバイス★

問題のレベルは基礎から標準レベルである。理科全般の幅広い知識が求められる問題である。問題数が多いので時間配分に気をつけること。

<社会解答>

1 問1 (1) 平和 (2) 人権 (3) 立法 (4) 法規 問2 イ
問3 設問1 あ 政令 い 解散 設問2 皇室典範 問4 エ

2 問1 (1) イ (2) オ 問2 サービス 問3 景気変動 問4 投資
問5 インフレーション

3 問1 天平文化 問2 (1) キ (2) エ 問3 院政 問4 イ・エ
問5 設問1 (1) エ (2) 吉野 設問2 (3) フビライ (4) イ
設問3 エ→ア→イ→ウ

4 問1 オ 問2 ウ→イ→ア 問3 (1) エ (2) オ (3) イ 問4 イ・ウ
問5 イ 問6 (1) 加藤高明 (2) 25 (3) 治安維持
5 問1 化石燃料 問2 オ 問3 設問1 資源ナショナリズム 設問2 OPEC
問4 エネルギー革命 問5 ウ
6 問1 オ 問2 (海流名) 千島海流[親潮] (境界) 潮目[潮境] 問3 リアス海岸
問4 やませ 問5 米

○配点○
1 問3の設問2 2点 他 各1点×8 2 問1 各1点×2 他 各2点×4
3 各1点×10(問4は完答) 4 各1点×10(問4は完答)
5 問3 各1点×2 他 各2点×4 6 問2 各1点×2 他 各2点×4 計60点

＜社会解説＞

1 (公民—日本国憲法など)

重要 問1 (1) 前文ならびに9条で規定。 (2) 人が生まれながらに持っている権利。 (3) 政令や条例は法律の下位に位置する。 (4) 憲法に反する法律などはその効力を有さない。

問2 マッカーサーの三原則とは天皇制の存続，戦争の放棄，封建制の廃止。

問3 設問1 あ 内閣が制定する命令。法律の実施細目などを規定する委任立法。 い 解散されると40日以内に総選挙を行い選挙から30日以内に国会が召集される。 設問2 旧法は憲法と同じく最高法規とされていたが，現在の法は一般の法律と同様となっている。

問4 発議要件が極めて厳格なため最近はこの規定を過半数にしようという意見も増えている。

2 (日本と世界の公民—経済生活など)

問1 (1) 企業の利益は減少し賃金の低下や倒産，失業者も増加する。 (2) 日本銀行の行う金融政策と並び景気の安定を図る重要な経済政策の一つ。

問2 公的な機関によって提供される，人が生活するうえで欠かせない様々なサービス。近年は民間やNPOなどによる公共性の高いサービスも行われている。

問3 在庫の増減や設備投資の過不足，技術革新など様々な周期の波があるといわれる。

問4 利益追求を目的とする民間企業には関与しづらい社会資本に対する投資。

重要 問5 通貨量の増大に伴い物価が継続的に上昇する現象。通貨の価値が下がるため年金生活者など低所得者には大きな打撃となる。この逆の現象がデフレーション。

3 (日本と世界の歴史—古代～中世の政治・経済・文化史など)

問1 天平年間を中心に，仏教的色彩が強く唐の影響を受け国際色も豊かな文化。

問2 (1) 国司の監督を強化，班田制や軍制の改革など律令制度の再建に努めた天皇。 (2) 蝦夷の指導者・阿弖流為(あてるい)を捕え胆沢城を築いて東北の支配を固めた武将。

重要 問3 藤原氏の摂関勢力を抑え上皇として院(上皇の御所)で政務を執った政治形態。

問4 承久の乱は1221年，方丈記が著されたのは13世紀初め。空海は9世紀初頭に入唐(にっとう)，足利義満が勘合貿易を始めたのは15世紀初頭。

問5 設問1 (1) 倒幕計画に失敗し隠岐に流されたが島を脱出し新田義貞や足利尊氏の協力を得て倒幕に成功。 (2) 奈良県南部の山岳地帯にある修験道の本拠地で世界遺産にも指定されている。 設問2 (3) モンゴルを統一したチンギス・ハンの孫。 (4) 酒造業は多額の資本を必要とするため高利貸し(土倉)を兼ねるものが多かった。 設問3 ポルトガル人による鉄砲伝来(1543年)以降交易も開始。その鉄砲を有効利用した織田信長が台頭するきっかけとなったのが桶狭間の戦い。守護・富樫氏を滅ぼした加賀の一向一揆は1488年。

4 (日本と世界の歴史ー近代の政治・外交史など)

問1 日本の軍艦がソウル防衛の拠点である江華島の砲台を占拠。翌年軍事力を背景に日本に有利な不平等条約を締結し鎖国政策をとる朝鮮を開国させた。

問2 西南戦争(1877年),国会期成同盟(1880年),内閣制度(1885年)の順。民撰議院設立の建白書(1874年)後に結党された愛国社が再結成されたのが国会期成同盟,翌年自由党に発展的解消。

問3 (1) 坂本竜馬の海援隊にも参加していた政治家。 (2) 外国人の犯罪を領事が自国の法で裁判。 (3) 関税自主権がないため安い外国製品が流入し国内産業の育成ができなかった。

問4 ウは日露戦争のポーツマス条約。日比谷焼打ち事件はポーツマス条約,賠償金を得たのは日清戦争,ロシア革命や二十一か条の要求は第1次世界大戦中の出来事。

やや難 問5 第1次世界大戦のベルサイユ条約は1919年。同年,中国では辛亥革命が発生,翌年孫文を臨時大総統とする中華民国が建国され中国初の共和国が誕生した。

問6 (1) 護憲三派は憲政会総裁の加藤高明を首相とする連立内閣を組織。 (2) 納税制限を撤廃,有権者は約4倍に増加。 (3) 拡大解釈により反政府,反軍部的言動の取り締まりに利用された。

5 (地理ー世界の国々・エネルギー問題など)

問1 化石燃料は地球温暖化などの環境問題を引き起こすだけでなく,資源量の限界も指摘される。

問2 地下の頁岩(シェール)中の石油やガスの開発によりアメリカの生産量は急増。

問3 設問1 外資系企業の国有化や経営参加の動きなども拡大。 設問2 石油危機以降は原油価格の決定権を握り大きな影響力を持ったが,最近その力は低下しつつある。

問4 中東で大規模な油田が発見されたことや大型タンカーなど輸送技術の発展が要因の一つ。

やや難 問5 鉄鉱石はオーストラリア・ブラジル・中国・インド・ロシアの順。中国は需要を賄いきれず世界1の輸入国でもある。すず鉱は中国・インドネシア,金は中国・オーストラリア,ボーキサイトはオーストラリア・中国,ウランはカザフスタン・カナダなどが主な産出国。

6 (日本の地理ー東日本の自然・気候・産業など)

問1 北海道東部は夏でも気温が上がらず冬の寒さも厳しいが降雪量はさほど多くない。

問2 水温が低く栄養分に富んだ海流。プランクトンが多く生物生産力が高いため親潮とも呼ばれる。海流がぶつかる潮境では海底の栄養分が巻き上げられたくさんの魚が集まる好漁場となる。

問3 のこぎりの歯のように複雑に入り組んだ海岸。比較的波が穏やかで水深が深いため養殖や港としての価値が高いが津波には極めて弱い。

問4 親潮の上空を通過するため冷たく湿った風となりしばしば冷害を引き起こしてきた。

基本 問5 日本の主食であり自由化後も高い関税で保護しているが,長い間続けてきた減反政策は2018年に廃止された。東北地方は全国の4分の1以上を生産するため日本の穀倉地帯と呼ばれている。

★ワンポイントアドバイス★

時代の並び替えは歴史を得意とする受験生でもなかなか難しいものである。単純に年号を暗記するのではなく流れをつかむことを考えることが大切である。

<国語解答>

1 問1 a 投稿 問2 (例) 誰かが一人でいるのを見ると，コミュ力のない不適応な人物みたいに思う見方。(36字) 問3 どこにいても一人になれずに解放されない。(20字)
問4 エ 問5 ① 思索を情報 ② オ 問6 自分との対話 問7 ① (例) 絶えず人と一緒にいて，物事をじっくり考え自分と向き合う時間や習慣を失うと，思考力や創造性が失われ，発想力も常識に縛られて貧困になるから。(68字) ② SNSを遮断して自分の世界に浸りきること

2 問1 a 曇(った) b ひざ c 象徴 問2 降って来た 問3 ウ
問4 (例) 顔立ちが下品で服装が不潔であり，二等と三等の区別もわきまえない心持ちが愚鈍だと，不快に感じている。(49字) 問5 (例) 弟たちの労に報いる(9字) [弟たちに蜜柑を投げる(10字)](ため。) 問6 そうしてそ～意識した。

3 問1 a あそん[あそみ] 問2 イ 問3 A イ B エ 問4 (例) 貞任が城を捨て，敵に背中を見せて逃げたから。(22字) [貞任が城を捨て，敵に背中を見せて逃げる行動。(22字)] 問5 ウ 問6 (例) 馬の歩を止めること。(10字) 問7 ア
問8 ウ

○配点○

1 問2 3点 問7① 4点 他 各2点×7 2 問4 4点 問5 3点 他 各2点×6
3 問4・問7 各3点×2 他 各2点×7 計60点

<国語解説>

1 (論説文―大意・要旨，内容吟味，指示語，脱文・脱語補充，漢字の書き取り)

基本 問1 aは，SNSなどで公開するために文章を送ること。「稿」は「禾(のぎへん)」であることに注意。

問2 傍線部(1)の「そのような」は，直前の段落で述べている「一人でいるのを見られるとコミュ力のない不適応な人物みたいに思われる」ことを指すが，この段落では見られる立場から説明しているので，「見る」立場からの「見方」として説明する。

問3 「同調圧力」は，他人と同じような態度や意見にしなければならない，ということで，第②段落の「以前は……」ではじまる段落の「どこにいても一人になれずに解放されない。」ことである。

やや難 問4 A・Bのある文は，直前の「群れている人物は未熟で弱々しく自分というものができていないといったイメージになる」ことを，さらに説明しており，「一人でいられる人物が『コミュ力のない寂しいヤツ』と見られるよりも，絶えず群れている人物が『一人でいられない未熟なヤツ』と見られるようになる」となるので，エが適当。

重要 問5 ① 第②段落では，傍線部(3)前までで，急速に普及したスマホの依存度が高くなっていることによる弊害について述べており，(3)の「自由自在に検索できるという『魔力』」は直前で述べている，「思索を情報検索に置き換えて，スマホを検索するだけで，考えているつもりになる。」ということなので，この一文の最初の五字を抜き出す。

② ア，イ，ウは，スマホの急速な普及による弊害として述べられているが，「魔力」による弊害として，第②段落最後で，「考える力が危機に瀕している」と述べているので，オが適当。これからは，単純労働がますます自動化され，機械やロボットに任せればよいという時代になっていき，考える力がこれまで以上に重要となる，と述べているので，エは弊害とはいえない。

問6　傍線部(4)直後で，(4)の説明として「自分との対話」と述べているので，この語句を抜き出す。

問7　①　第③段落後半で，「絶えず人と一緒にいると，物事をじっくり考える時間も習慣も失われ」「自分と向き合う時間も習慣も失われる」こと，それによって，「思考力や創造性が失われて」「一人になれない人物の発想は，常識に縛られ，貧困になっていく」ことが述べられている。これらのことが理由となって(5)のように述べているので，この部分の内容をまとめていく。

②　第③段落前半最後で，絶えずSNSでだれかとつながり，だれかを気にしているような状況では，考えるという行為に沈潜することができないため，「SNSを遮断して自分の世界に浸りきることが必要だ」と述べているので，この部分を抜き出す。

2　**(小説―情景・心情，内容吟味，脱語補充，漢字の読み書き，文と文節)**

問1　aは，雲でおおわれている天気を表す。「雲」はそれ自体を表すので，区別する。bは，座ったときの，ももの上側にあたる部分。cの「象」を「像」など，「徴」を「微」などと間違えないこと。

基本　問2「たちまち」は，主に用言にかかる副詞で，dは述語の複合動詞「降って来た」にかかる。

問3　空欄A直後に「……ような」とあることから，「まるで……のような」という意味の，直喩の比喩表現であるウが適当。

やや難　問4　傍線部(1)後で，「田舎者らしい娘」に対して，「下品な顔立ちを好まなかった」「彼女の服装が不潔なのもやはり不快だった」「二等と三等との区別さえもわきまえない愚鈍な心が腹立たしかった」と感じている「私」の心情が具体的に描かれているので，これらの内容をまとめていく。

問5　傍線部(2)は，直前にあるように，小娘が「窓の戸を下ろそうとする」理由がのみこめなかった，ということである。(2)のある段落の次段落で，踏切りの柵の向こうに立って，手を挙げ，喊声(大きな声)をあげていた三人の男の子に，小娘が彼らに勢いよく手を振り，蜜柑を投げたのを見た「私」が，「一切を了解した」すなわち，小娘が，見送りに来た「弟たちの労に報いる」ために，(2)のようにしたことがわかったことが描かれている。小娘が実際に行った「弟たちに蜜柑を投げる(ため)」でもよい。

重要　問6　傍線部(3)のある一文が，「私はこの時はじめて，言いようのない疲労と倦怠と……不可解な，下等な，退屈な人生をわずかに忘れることができたのである」とあることから，「この時」に，(3)のような心情になったことを読み取る。(3)前で，小娘が汽車の窓から弟たちに蜜柑を投げる光景が「私」の心に焼きつけられ，「そうしてそこから，ある得体の知れない朗らかな心持ちがわき上がって来るのを意識した。」という心情が描かれているので，この一文の最初と最後の五字を抜き出す。

3　**(古文―主題，情景・心情，文脈把握，品詞・用法，仮名遣い，口語訳，文学史)**

〈口語訳〉　伊予守源頼義の朝臣は，安倍貞任・宗任らを攻めている間に，陸奥で十二年の歳月を送った。鎮守府を出発して，秋田の城に移ったところ，雪がまだらにはらはらと降って，軍の男たちの鎧はみな白くなってしまった。(貞任らの居城である)衣川の館は，川岸の高いところにあったので，(頼義の軍は)盾を頭の上に乗せて甲の上に重ね，筏を組んで(川に侵入し)攻めたてたところ，貞任らは耐えることができずに，ついに城の後ろから逃げ落ちて行ったのを，(頼義の)長男の八幡太郎義家は，衣川に追い攻め立てて，「卑怯にも，(敵に)背中を見せるものよ。少しの間引き返してこい。言いたいことがある。」とおっしゃったので，貞任が振り返ったところ，

着物の縦糸はほころびてしまった(それと同じように，衣川の館も滅んでしまったぞ)

と(義家は下の句を)詠んだ。貞任は馬のくつわを緩めて歩を止め，しころを(義家の方に)振り向けて，

年月を経た糸の乱れに耐え切れずに(それと同じように，長年にわたる戦にこらえることができなかった)

と(義家の詠んだ下の句に上の句を)付け足した。その時，義家は，弓につがえた矢を外して帰ってしまった。

このような戦いの中で，優雅であったことよ。

問1 「朝臣」は，五位以上の人の姓名に付ける敬称。「あそみ」は，上代に制定された姓(かばね)の一つで，これが転じたのが「あそん」である。

基本 問2 二重傍線部bは，八幡太郎義家の言葉で，義家自身が主語＝一人称が主語なので，文末の「ん(む)」は意志の意味になる。イは「わたくしが，この歌の返しをします」という意味で，一人称である「まろ(わたくし)」が主語なので，bと同じ意味。アは「清少納言よ。香炉峰の雪はどうであろうか」という意味で，主語は「雪」，エは「立派な殿方が現れるでしょう」という意味で，主語は「御男」なので，いずれも三人称。ウは「これが花を咲かせるような頃には訪ねてきますよ」という意味で，「折」を修飾する婉曲の用法。

重要 問3 Aは，義家が攻めたてた相手なので，「貞任」か「宗任」になるが，本文は，出典の題名に『源義家衣川にて安倍貞任と連歌の事』とあるように，義家と貞任の連歌のやり取りを中心に描かれているので，イが適当。Bは，言いたいことがあると言う義家に引き留められて振り返った貞任に，義家が下の句を詠み，その句に貞任が上の句を付けた時，「義家」が，弓につがえた矢を外して帰ってしまった，ということなので，エが適当。

問4 傍線部(1)は，「つひに城の後ろよりのがれ落ちける」貞任に対する，義家の言葉である。(1)直後の「後ろをば見するものかな」という言葉も踏まえて，義家が「きたなくも」と判断した，貞任の行動をまとめていく。

やや難 問5 「衣のたて」は，設問にもあるように「着物の縦(たて)糸」と，衣川の「館(たて)」を掛けており，着物の縦糸がほころびてしまったように，衣川の館である城は滅んでしまった，ということを詠んでいるので，「館」すなわち城のことを説明しているウが適当。貞任を攻めている義家軍の楯の筏がほどけてしまった，とは描かれていないので，アは不適当。イの「両岸の高い崖」，エの「鉄壁の守りの秘密」も「衣のたて」が掛かっていないので，不適当。

問6 「やすらへ(やすらふ)」は，足を止める，という意味で，傍線部(3)は「馬のくつわを緩めて歩を止め」という意味になる。模範解答の「馬の歩を止めること。」などの形で，指定字数以内でまとめる。

重要 問7 傍線部(4)の「やさしかり」は，優美である，優雅である，趣がある，という意味で，直前で描かれているように，「さばかりの戦ひの中」で，義家と貞任が連歌のやりとりをしていることを，筆者は(4)のように感じているので，アが適当。連歌のやりとりを説明していないイは不適当。ウの「恥ずべきもの」，エの「呆れたもの」も不適当。

基本 問8 『古今著聞集』と同時代に成立した説話文学は，ウである。アは，平安時代に成立した物語。イは，鎌倉時代に成立した，兼好法師の随筆。エは，鎌倉時代に成立した軍記物語。

★ワンポイントアドバイス★

古文では，最後に筆者の思いや主題を述べている場合が多いので，本文全体を通して，どのようなことを伝えようとしているのかをしっかり読み取ろう。

2018年度

★★★★★★★★★★★★★★★★★★★★★★★★

入　試　問　題

2018年度

北海学園札幌高等学校入試問題

【数　学】（50分）　　＜満点：60点＞

1　次の計算をしなさい。

(1)　$-\dfrac{1}{2}-\dfrac{5}{2}$

(2)　$6-4\times(-3)-(-2)\times4$

(3)　$\dfrac{2(x-y)}{5}-\dfrac{-x+y}{3}$

(4)　$(-3a^3b^2)^2\div(-ab^3)$

(5)　$(\sqrt{32}-\sqrt{2})^2$

(6)　$(4x+y)^2-(x+y)(2x-5y)$

2　次の問いに答えなさい。

(1)　連立方程式 $\begin{cases}5x-y=7\\7x-3y=-3\end{cases}$ を解きなさい。

(2)　２次方程式 $x^2-3x+1=0$ を解きなさい。

(3)　原価 x 円の品物に20％の利益を見込んで定価をつけたが，売れ残ったので定価の15％引きである510円で販売した。このとき，x の値を求めなさい。

3　次の問いに答えなさい。

(1)　次のことがらのうち，同様に確からしいといってよいものをすべて選び，①～④の番号で答えなさい。

①　１個のさいころを投げるとき，２の目が出ることと４の目が出ること。

②　ジョーカーを除く52枚のトランプから１枚を引くとき，絵札が出ることとエースが出ること。

③　赤玉３個と白玉２個が入った袋から１個取り出すとき，赤玉が出ることと白玉が出ること。

④　１枚のコインを投げるとき，表が出ることと裏が出ること。

(2)　赤玉２個と白玉３個が入った袋から，同時に２個の玉を取り出すとき，赤玉が少なくとも１個出る確率を求めなさい。

(3)　0，1，2，3の数字が１つずつ書かれた４枚のカードがある。このカードを続けて３枚引き，はじめに引いたカードを百の位，次に引いたカードを十の位，最後に引いたカードを一の位として３桁の整数を作る。３桁の整数は，全部で何通りできるか答えなさい。

(4)　A，B，C，D，E の５人の中から委員長と副委員長を１人ずつくじ引きで選ぶとき，C が委員長にも副委員長にも選ばれない確率を求めなさい。

4 右の図のように，点Pは直線 $y=x$ 上を動く。点Pからx軸におろした垂線とx軸との交点をQ，線分PQを一辺とする正方形を線分PQの右側に作り，残りの頂点をそれぞれR，Sとするとき，次の問いに答えなさい。ただし，点Pのx座標は0より大きいものとする。

(1) 点Qの座標が（2，0）のとき，点Sの座標を求めなさい。

(2) 点Rの座標が（6，0）のとき，正方形$PQRS$の面積を求めなさい。

(3) 点Qの座標を（a，0），正方形$PQRS$の面積をbとする。このとき，bをaの式で表しなさい。

(4) 点Pが動くとき，点Sのえがく1次関数のグラフの式をxとyを用いて表しなさい。

5 右の図のように，原点をOとする座標平面上に，2点A(1，2)，B(3，3)がある。このとき，次の問いに答えなさい。ただし，円周率はπとする。

(1) 線分OAの長さを求めなさい。

(2) 線分OBの長さを求めなさい。

(3) $\triangle OAB$の面積を求めなさい。

(4) 線分ABを，原点Oを中心に時計回りに1回転させると，線分が通った後にある図形ができる。この図形の面積を求めなさい。

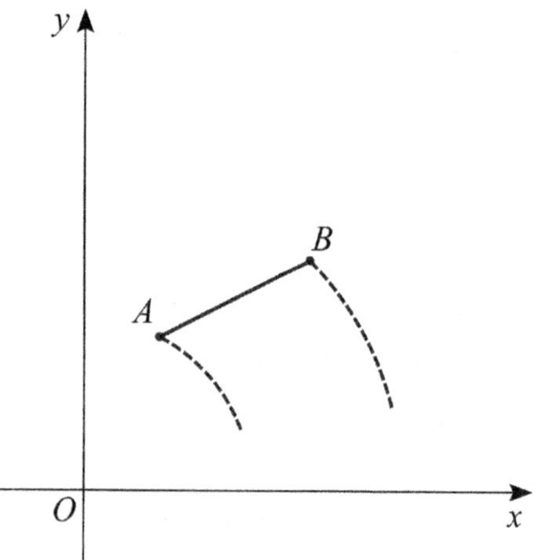

6 下の資料は8人の生徒の数学の得点である。次の問いに答えなさい。

36	28	47	19	28	41	23	34

(1) 平均値を求めなさい。

(2) 中央値・範囲をそれぞれ求めなさい。

(3) 19点の生徒の得点が27点となるとき，次の中で正しいものをすべて選び，①～⑥の番号で答えなさい。

① 平均値は1.0大きくなり，範囲は8.0大きくなる。

② 中央値は変わらないが，範囲は4.0小さくなる。

③ 平均値は1.0大きくなるが，中央値は変わらない。

④ 中央値は変わらないが，範囲は8.0小さくなる。

⑤ 最頻値も中央値も変わらない。

⑥ 平均値は1.0大きくなり，中央値は1.0大きくなる。

【英　語】（50分）　＜満点：60点＞

[I] 次の問いの要領にしたがって，放送される英文を聞きなさい。(リスニング問題)

問1　［1］～［6］の順に短い会話が1度だけ読まれます。その会話の応答として最も適切なものをそれぞれのA～Cから選び，記号で答えなさい。

［1］ A. He is so cool.
B. Oh, I didn't know that.
C. Ah, that's better.

［2］ A. I often go shopping.
B. I found a new shop downtown.
C. This was the first time.

［3］ A. I think you should see a doctor.
B. I'm getting better. Thank you.
C. My mother is fine very much.

［4］ A. I think I did. I tried my best.
B. Yes. I didn't have enough time.
C. Yes. It was the easiest test.

［5］ A. I'd like to visit my friend next time.
B. Yes. You should try it.
C. It was last Saturday.

［6］ A. I can teach you. So let's go.
B. Thank you. I'll be very busy.
C. We'll see you then.

問2　［1］～［3］の順に英文が読まれます。それに続いてその内容に関する質問が読まれます。次に同じ英文と質問をもう1度繰り返します。その質問に対する答えとして最も適切なものをそれぞれのA～Dから選び，記号で答えなさい。

［1］ A. It was a key ring he made.
B. It was a photo he took.
C. It was a scarf he bought.
D. It was a picture he drew.

［2］ A. He wants to see his father.
B. He wants to become a photographer.
C. He wants to take Japanese lessons.
D. He wants to go to Japan for work.

［3］ A. Because she was having dinner.
B. Because she was doing her homework.
C. Because she was sleeping.
D. Because she was not at home.

〈リスニング放送台本〉

問1

[1] A：It's very hot today.
B：So we should not go hiking.
A：OK. How about going swimming in the pool?
B：(　　　)

[2] A：I like your shirt. Where did you get it?
B：I bought it on the Internet.
A：Do you often buy something online?
B：(　　　)

[3] A：I didn't see you at school last week.
B：I had a bad cold.
A：That's too bad. How are you feeling now?
B：(　　　)

[4] A：How was your Japanese test?
B：It was very difficult, but I hope I can get a good score.
A：Did you study a lot before the test?
B：(　　　)

[5] A：Have you been to the new ice cream shop?
B：Yes. I went with my friend.
A：Did you like it?
B：(　　　)

[6] A：What are you going to do next Sunday?
B：I'm going snowboarding. Would you like to come?
A：I think I would. But I have never tried.
B：(　　　)

問2

[1] Thomas was thinking of a birthday present for his grandmother. He was going to buy a scarf or a key ring for her. But, his mother told him to draw a picture of his grandmother because he is very good at drawing. She thought that his grandmother would be very happy with his picture. After listening to his mother's advice, he decided to do it.

Question: What was the birthday present Thomas gave to his grandmother?

[2] Jim's father is in Japan for his business. He sometimes gets photos from his father. He is able to see many things about Japan in the photos. Now, he is very interested in Japan and his dream is to work in Japan like his father in the future. So, he has decided to learn Japanese language and culture from next month.

Question: What is Jim's future dream?

[3] Jane likes to watch soccer games on TV. On Saturday night, a very big game was going to be on TV. But she had a lot of homework to do. So she decided to get up early and do her homework very hard. She finished it in the evening and had dinner. But after that she fell asleep, so she couldn't watch the soccer game.

Question: Why couldn't Jane watch the soccer game?

Ⅱ 次の文は，アメリカからの留学生ティム（Tim）と日本人の高校生ケン（Ken）の会話です。これを読んで，後の問いに答えなさい。

Ken: You have been in Japan for a month. Have you visited any interesting places?

Tim: No, not yet. ①I was (A) busy studying Japanese (B) I couldn't go to many places.

Ken: [②] Japan has a lot of interesting places to visit. I know an exciting amusement park not far from here. Let's go there sometime. Anyway, this is your first time to come to Japan. How do you like it here?

Tim: [③]

Ken: That's good. ④(food / you / any / had / have / Japanese)?

Tim: Yes. I have tried some. For example, I ate *soba* at a Japanese restaurant last Sunday. Everyone in that restaurant made slurping sounds when they were eating *soba*, but I couldn't make them.

Ken: Did those sounds bother you?

Tim: [⑤] Why do Japanese people make sounds like those?

Ken: Well, there are some reasons. One of ⑥them is that people can enjoy a better flavor by making the sounds, I heard.

Tim: Oh, I didn't know that. How interesting! I want to eat *soba* again. Let's go to eat it tomorrow.

Ken: Sounds good.

［注］ amusement park 遊園地　sometime いつか　slurping sounds すする音
bother 不愉快にさせる　flavor 香り

問1 下線部①を意味が通るように（A），（B）に入る語をそれぞれア～エから選び，記号で答えなさい。

ア．so　イ．to　ウ．because　エ．that

問2 ②，③，⑤に入るものをそれぞれア～エから選び，記号で答えなさい。

ア．Yes, a little.　イ．No, I haven't.
ウ．That's too bad.　エ．I really enjoy it.

問3 下線部④を意味が通るように（ ）内の語を並べかえ，文を完成させなさい。ただし，文頭にくる語も小文字になっています。

問4　下線部⑥の指しているものをア～エから選び，記号で答えなさい。

ア．Tim and Ken　　イ．some reasons

ウ．people　　エ．slurping sounds

問5　本文の内容に合うものには○を，合わないものには×を書きなさい。

1．Tim went to many interesting places after he came to Japan.

2．Tim has never been to a Japanese restaurant.

3．Tim didn't know why Japanese people make slurping sounds.

4．Tim and Ken are going to eat *soba* together the next day.

Ⅲ　次の英文と日本語訳文をよく見て，後の問いに答えなさい。

Fire Ants

Alien poisonous ants (A) found at several places in Japan in 2017. Above all, the discovery of an ant queen of the species at Osaka port shocked us (B) they may be able to have colonies. Most people stung by the ants have a sense of burning. And it is the reason they are called "fire ants." (B) fire ants are aggressive and have strong toxicity, they are designated as an invasive alien species.

Fire ants are native to South America, (C) they have spread to Pacific-rim countries, including the United States, Australia, Malaysia, China, and Taiwan, many of Japan's major trading partners. (D) the invasion of the species was inevitable in reality. Actually the first discovery of fire ants was in a container (E) came from a cargo ship at the ports.

A fire ant queen can lay more than 1,000 eggs a day. Total time from egg to adult is about 30 days. Fire ant queens may live 6-7 years and produce eggs every day. Normally, ant colonies (F) one queen, but fire ant colonies (F) municipal queens. Fire ants can move hundreds of meters (G) look for food and build new colonies there. The government is now carrying out extermination measures at each port.

If you are stung by fire ants, rest for a moment and pay attention to any changes in body condition. If a body condition is changed quickly, tell the doctor at the hospital that you were stung by fire ants. Even if a condition is mild, a feeling of severe pain turns out at the moment, then pus may come out about 10 hours later. If a condition is moderate, the stung area has swollen up. (H) may have a skin rash on all the body. If a condition is more severe, you will have shortness of breath (I) several minutes. Then you may possibly be suffering from anaphylaxis, a severe allergic reaction. It can be life-threatening, (J) you leave it untreated.

≪日本語訳文≫

ヒアリ

2017年，外来種の猛毒アリが日本の数カ所で見つかった。とりわけ，大阪港でのその種の女王アリの発見は，われわれに衝撃を与えた。それは巣を作る可能性があるからだ。そのアリに刺されたほとんどの人は，火傷をしたような感じがする。そういう理由で「火蟻（ひあり）」と呼ばれているのだ。ヒアリは攻撃的で毒性が強いため，特定外来種に指定されている。

ヒアリは南米原産であるが，アメリカやオーストラリア，マレーシア，中国，台湾など多くは日本の主な貿易相手である環太平洋諸国に分布している。したがって，現実的にその侵入は避けられない。実際，最初のヒアリが発見されたのも港の貨物船から来たコンテナの中だった。

女王ヒアリは日に一千個以上もの卵を産む。卵から成虫までに要する時間は約30日ほどである。女王ヒアリの寿命は６～７年で，毎日卵を産み続ける。通常，アリの巣には女王アリは一匹だが，ヒアリの巣には複数の女王アリがいる。ヒアリはエサを探しに何百メートルも移動し，そこにまた新たな巣を築く。政府は現在，各港において駆除対策を実施している。

もしヒアリに刺されたら，しばらく安静にして体調に変化がないか注意しよう。容態に急変が見られた場合は，病院で医者にヒアリに刺されたことを伝えよう。軽度でも刺された時に強い痛みがあり，それから10時間ほど経過すると膿（うみ）が出たりする。中度ならば刺されたところが腫れあがる。全身に発疹が現れる人もいる。重度ならば数分で呼吸困難になる。そうなると，激しいアレルギー反応のアナフィラキシーになっている可能性がある。もしそのまま治療せずにいると命の危険性がある。

問１　英文中の（A）～（J）に入る適切麓語を１～10から選び，番号で答えなさい。ただし，文頭にくる語も小文字になっています。なお，同じ記号には同じ語が入ります。また，同じ語を２度使用することはできません。

１．to　２．which
３．but　４．in
５．some　６．were
７．if　８．so
９．have　10．because

問２　次の日本語に該当する英語を，指定された語数で英文中からそのまま抜き出しなさい。

１．特定外来種（４語）
２．貿易相手（２語）
３．膿（うみ）（１語）

問３　次の英語に該当する日本語を，指定された字数で日本語訳文中からそのまま抜き出しなさい。

１．colonies（１字）
２．extermination measures（４字）
３．allergic reaction（７字）

Ⅳ 次の英文は，ラグビーのワールドカップ（Rugby World Cup）について述べたものです。これを読んで，後の問いに答えなさい。

①Rugby isn't as popular as baseball, or soccer in Japan. But there are about 125,000 rugby players In Japan and ②the number is 4th in the world. In the 2015 Rugby World Cup, Japan had a game with South Africa, the world ranking 6th, and won the game for the first time. So the ranking of the national rugby team of Japan became 10th that year. In 2019, the Rugby World Cup is going to be held in Japan.

Rugby World Cup games will be played in stadiums from Sapporo City in the north to Fukuoka in the south. The Rugby World Cup travels around Japan, and many Japanese people can see it. The organizers take the Rugby World Cup around Japan to encourage people to connect through rugby. They hope that people will have wonderful sporting memories. And they also hope that rugby can help people to overcome culture barriers and people from different countries will become friends.

Many international rugby fans want to go to Japan. There will be 400,000 international, visitors to Japan during the 48-day world cup. Fans will be able to experience Japanese culture such as eating a *bento*, visiting a Japanese temple or taking an *onsen*. Fans will visit some of Japan's famous cities, Tokyo, Osaka and Sapporo when they go to watch the rugby games. Some of the games will be played at the Sapporo Dome. This stadium is a wonderful place to watch rugby games. And fans can enjoy visiting Hokkaido. Hokkaido is well known for its food and winter sports.

So ③the Rugby World Cup is (each other / learn about / a good chance / for / to / people). As the chairman of world rugby said. "④the world cup will be a special event to (　　) rugby to Japan and to (　　) Japan to the world".

［注］ ranking 順位　organizer 主催者　encourage 促進する　connect 結びつける
sporting スポーツの　memories 思い出　overcome 克服する　barriers 障害
experience 経験する　chairman 会長

問1 下線部①と次の英文がほぼ同じ意味になるように（ア），（イ）にそれぞれ適切な語を入れなさい。

Baseball or soccer is (ア) popular (イ) rugby in Japan.

問2 下線部②の指しているものをア～エから選び，記号で答えなさい。

ア．4th　イ．2015　ウ．125,000　エ．ranking

問3 下線部③が「ラグビーワールドカップは，人々がお互いのことを学ぶいい機会だ」という意味になるように（ ）内の語句を並べかえなさい。

問4 下線部④の（ ）には同じ語が入ります。本文の趣旨に合う適切な語をア～エから選び，記号で答えなさい。

ア．take　イ．enjoy　ウ．play　エ．show

問５　本文の内容に合うものを１～８から４つ選び，番号で答えなさい。

1．In 2015, the Rugby World Cup was held in South Africa.
2．125,000 players are hoped to join the Rugby World Cup in 2019.
3．The rugby world ranking of South Africa is higher than that of Japan.
4．Japanese rugby fans travel from Sapporo to Fukuoka to watch games.
5．Organizers hope that people will become friends through rugby.
6．Many rugby fans from the other countries will come to Japan in 2019.
7．International rugby fans can enjoy both games and culture in Japan.
8．In the Sapporo Dome, we can enjoy rugby and every kind of Hokkaido food.

【理　科】（50分）　＜満点：60点＞

1　**次の文章を読み，あとの問いに答えなさい。**

Aセキツイ動物は動脈と静脈が毛細血管でつながった血管系を持っており，栄養や酸素などの物質は血液によって全身に運ばれる。ヒトの血液は有形成分であるB（　ア　），（　イ　），（　ウ　）と液体成分である血しょうに分けられ，（　ウ　）には赤色の色素タンパク質である（　エ　）が含まれる。また，（　イ　）には核が存在することが知られている。また，リンパ管にはリンパ液が流れ，細胞と細胞のすき間は（　オ　）で満たされている。

小腸の柔毛で吸収されたCブドウ糖やアミノ酸，脂肪酸，モノグリセリドは全身の様々な組織・器官に運ばれ利用される。特にブドウ糖は全身の細胞で利用されたり，D肝臓に運ばれて（　カ　）として貯蔵されることが知られている。

問1　上文の（ア）～（ウ）に入る語句をそれぞれ答えなさい。[完全解答]

問2　上文の（エ）～（カ）に入る語句をそれぞれ答えなさい。[完全解答]

問3　下線部Aについて，セキツイ動物の進化の流れとして最も適当なものを，次の①～⑤のうちから1つ選び，記号で答えなさい。

①　魚類　→　両生類　→　ハチュウ類　→　鳥類　→　ホニュウ類

②　魚類　→　ハチュウ類　→　両生類　→　鳥類　→　ホニュウ類

③　魚類　→　両生類　→　ハチュウ類　→　ホニュウ類　→　鳥類

④　魚類　→　両生類　→　ハチュウ類　→　ホニュウ類
↓
鳥類（ハチュウ類から）

⑤　魚類　→　ハチュウ類　→　両生類　→　ホニュウ類
↓
鳥類（両生類から）

問4　下線部Aについて，3億6000万年前の地層から化石で発見され，水辺に生息して肺呼吸を行っていたと考えられる原始的な両生類の名称を答えなさい。

問5　下線部Bについて，血液の有形成分のうち大きいものから並べたものとして最も適当なものを，次の①～⑥のうちから1つ選び，記号で答えなさい。

①　ア　＞　イ　＞　ウ　　　②　ア　＞　ウ　＞　イ

③　イ　＞　ア　＞　ウ　　　④　イ　＞　ウ　＞　ア

⑤　ウ　＞　イ　＞　ア　　　⑥　ウ　＞　ア　＞　イ

問6　下線部Cについて，消化吸収に関しての記述として誤っているものを，次の①～⑤のうちから1つ選び，記号で答えなさい。

①　小腸の柔毛の表面には，さらに微小な突起が無数にあるため，表面積が非常に大きくなっており，ヒトの成人では約200m^{2}でテニスコートとほぼ同じ面積である。柔毛ではブドウ糖やアミノ酸，脂肪酸，モノグリセリドが吸収される。

②　デンプンにだ液を加えたものにヨウ素溶液（ヨウ素ヨウ化カリウム溶液）を加えた場合，ヨウ素デンプン反応は起きなくなるが，ベネジクト液を加えて加熱した場合，うすい青色のベネジクト液が黄色や赤褐色に変化し，沈殿が生じる。

③　デンプンはだ液中のアミラーゼという消化酵素によって，ブドウ糖がいくつか結合したものに分解されたあと胃に移動し，そこでもさらにペプシンによって分解される。その後，すい液のはたらきによりブドウ糖にまで分解され，小腸の柔毛に吸収される。

④　柔毛内の毛細血管に吸収されたブドウ糖やアミノ酸は，肝臓に貯蔵されたり，肝臓を通り全身の細胞にいきわたる。一方，柔毛内に吸収された脂肪酸とモノグリセリドは，再び脂肪となってリンパ管に入り，さらに血管に入り全身の細胞にいきわたる。

⑤　脂肪は，肝臓で生成される胆汁とすい液に含まれるリパーゼという消化酵素の働きにより，脂肪酸とモノグリセリドまで分解される。

問７　下線部Dについて，栄養の貯蔵と胆汁の生成以外の肝臓のはたらきを20字以内で１つ答えなさい。

問８　下線部Dについて，ヒトの肝臓は体の中で何番目に大きな臓器か答えなさい。

2　**図１は，ある部屋に設置された乾湿計の一部を示したものである。この部屋の温度と湿度について，あとの問いに答えなさい。ただし，この部屋の体積は20m³とする。また，必要に応じて表１・表２を利用しなさい。**

問１　湿度が100%になって，空気中の水蒸気が凝結し始める温度を何というか，漢字２字で答えなさい。

問２　湿球の温度を示しているのはAかBか。また，この部屋の湿度は何%か答えなさい。[完全解答]

問３　この部屋全体に含まれる水蒸気量は何ｇか答えなさい。

問４　以前，この部屋の温度と湿度を測定したときは温度が20℃で湿度が40%であった。この部屋の１m³中の水蒸気量は何ｇか。小数第２位を四捨五入して答えなさい。

図１

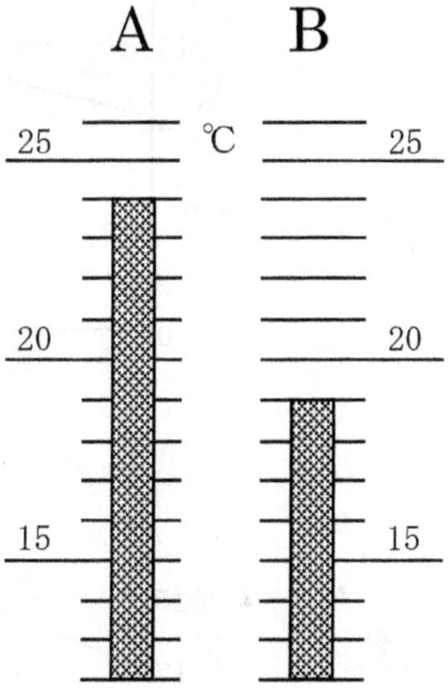

表１

		乾球と湿球の示度の差(℃)				
		1.0	**2.0**	**3.0**	**4.0**	**5.0**
乾球の示度(℃)	**25**	92	84	76	68	61
	24	91	83	75	68	60
	23	91	82	74	66	58
	22	91	82	74	66	58
	21	91	81	72	64	56
	20	91	81	72	64	56
	19	90	81	72	63	54
	18	90	80	71	62	53

表２

気温(℃)	飽和水蒸気量(g/m³)
25	23.1
24	21.8
23	20.6
22	19.4
21	18.3
20	17.3
19	16.3
18	15.4

3 **空気中でばねばかりに300gのおもりをつるしたら，ばねののびは15cmであった。同じばねばかりをつかって右の図のようにおもりを完全に水中にしずめたところ，ばねののびは12cmであった。あとの問いに答えなさい。ただし，100gの物体にはたらく重力の大きさを1Nとする。**

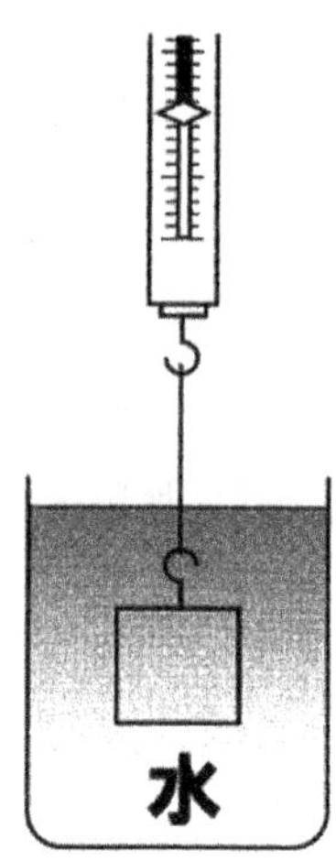

問1　おもりが水中にあるとき，ばねばかりは何gを示すか答えなさい。

問2　おもりが受ける浮力は何Nか答えなさい。

問3　図の状態から，おもりの下の面が完全に水の外に出るまで，ゆっくりと引き上げた。引き上げた距離とばねののびの関係を表すグラフとして最も適当なものを，次のア～エのうちから1つ選び，記号で答えなさい。

ア

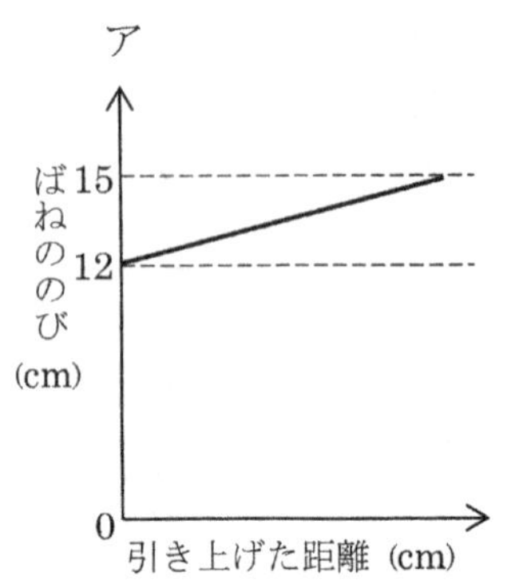

イ

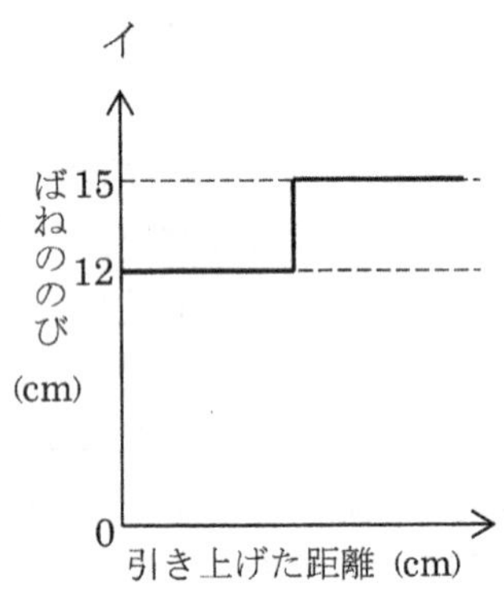

ウ

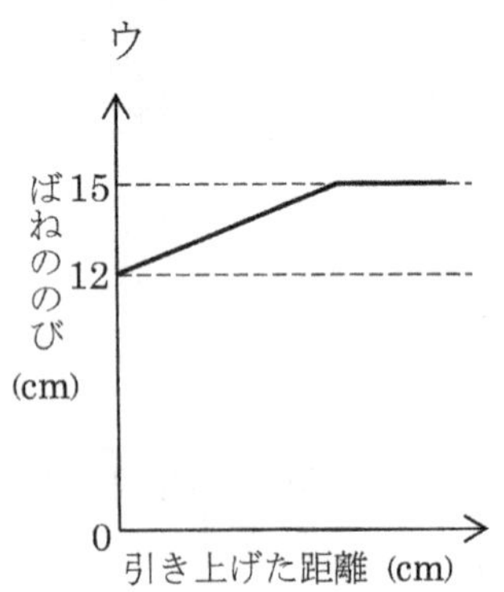

エ

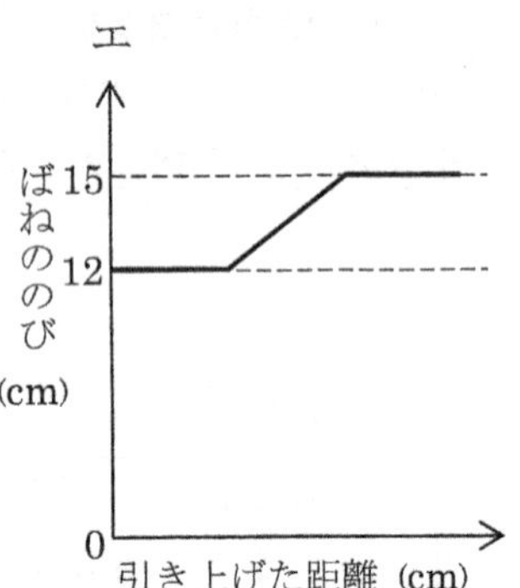

4 **電熱線の発熱量を調べるために以下の実験を行った。あとの問いに答えなさい。**

<実験>

次のページの図のように，容器に20℃の水を100g入れ，電熱線で15分間加熱したところ水の温度は32℃になった。このとき，電圧計の値は6V，電流計の値は1.5Aを示していた。

問1　この電熱線の抵抗は何Ωか答えなさい。

問2　15分間に電熱線から発生した熱量は何Jか答えなさい。

問3　15分間で水の温度上昇に使われた熱量は何Jか答えなさい。ただし，水1gを1℃上昇させるのに必要な熱量を4.2 J とする。

問4　15分間で電熱線から発生した熱量のうち，空気中に逃げた熱量は何％か。小数第1位を四捨五入して答えなさい。

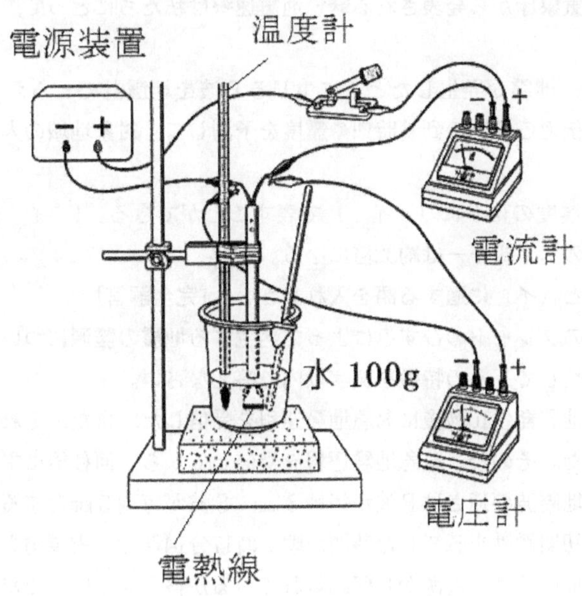

5　次の実験に関する文章を読み，あとの問いに答えなさい。

食塩，砂糖，水酸化ナトリウム，塩酸，エタノールの5種類のうすい水溶液をつくり，それぞれ別の容器に入れた。しかし，それらの区別がつかなくなったので，見分けるために，それぞれの水溶液にA，B，C，D，Eとラベルをはり，A～Eのすべてについて実験Ⅰ～実験Ⅳを行った。

<実験Ⅰ>　溶液A～Eを試験管にとり，フェノールフタレイン溶液を数滴入れたところ，溶液Dだけが変色した。

<実験Ⅱ>　溶液A～Eを試験管にとり，石灰岩を入れたところ，溶液Bだけが泡を出して反応した。

<実験Ⅲ>　電流が流れるか実験してみると，溶液Aと溶液Eは流れなかった。

<実験Ⅳ>　溶液A～Eを金属製スプーンに少量とり，ガスバーナーで加熱すると，すべて蒸発して何も残らなかったのは溶液Bと溶液Eだけであった。

問1　<実験Ⅰ>において，溶液Dで起きた色の変化は，何色から何色に変わったか答えなさい。

問2　溶液Dと溶液Eに溶けている物質をそれぞれ答えなさい。

問3　<実験Ⅱ>において，発生した気体は何か，化学式で答えなさい。

6　2.4 gのマグネシウムを空気中で熱すると4.0 gの酸化マグネシウムができる。あとの問いに答えなさい。

問1　4.5 gのマグネシウムを空気中で熱すると，何gの酸化マグネシウムができるか答えなさい。

問2　8.1 gのマグネシウムを熱すると，何gの酸素と結びつくか答えなさい。

問3　18.5 gの酸化マグネシウムにふくまれるマグネシウムは何gか答えなさい。

7 地震に関する次の文章を読み，あとの問いに答えなさい。

日本列島付近はユーラシアプレート，北アメリカプレート，（　ア　）プレート，フィリピン海プレートの４つのプレートが集まっているため，プレートの境界を震源とする地震が多発する地域である。そのため，気象庁から発表される緊急地震速報は私たちにとって，非常に重要な情報となる。

緊急地震速報とは，地震が発生したときに生じるＰ波を地震計でとらえてコンピュータで分析し，さらに主要動を伝えるＳ波の到着時刻や震度を予測して，対象地域の人たちに知らせる予報・警報である。

地震の大きさは，震度のほかに（　イ　）で表すことができる。（　イ　）の場合，数値が１大きくなると地震の波のエネルギーは約32倍になる。

問１　文中の（ア）と（イ）に適する語を入れなさい。[完全解答]

問２　日本列島付近のプレートのひずみによって発生する地震の震源について，日本列島の日本海側と太平洋側を比較して，その特徴を35字以内で答えなさい。

問３　地点Ａでは，地震発生10秒後に緊急地震速報を受信した。また，それと同時にＰ波による小さなゆれを感知した。その後，緊急地震速報を受信してから，何秒後に主要動を感知するか答えなさい。ただし，地震波の速さはＰ波が毎秒８㎞，Ｓ波が毎秒５㎞とする。

問４　地点Ｂでは，初期微動を感知した時間が朝７時17分14秒で，主要動を感知した時間が朝７時17分23秒だった。地点Ｂは，震源から何㎞離れているか答えなさい。ただし，地震波の速さはＰ波が毎秒８㎞，Ｓ波が毎秒５㎞とする。

【社　会】（50分）　＜満点：60点＞

1　次の文章を読み，あとの問いに答えなさい。

商品に価格がつけられ，その商品が売買される場を市場という。市場価格は一般的に需要量と供給量の関係で変化する。この需要量と供給量が一致した価格を［　A　］価格という。しかし，少数の大企業が生産や（　1　）市場を支配している［　B　］産業では価格競争が弱まり，少数の企業が足並みをそろえて価格や生産量を決める。価格競争が弱まることで消費者に不利益な状況になってしまうことがある。そこで国は①競争をうながすために法律を制定し，その法律を根拠に公正取引委員会が運用にあたっている。一方で，②生活に与える影響が大きいサービスの価格は，国や地方公共団体が決定や（　2　）をしている。

問１　文中の（１）・（２）にあてはまる適切な語句を（ア）～（オ）の中からそれぞれ選びなさい。

（ア）国際　（イ）販売　（ウ）購入　（エ）認証　（オ）認可

問２　文中の［A］・［B］にあてはまる適切な語句を答えなさい。

問３　下線部①について，競争をうながすために制定された法律を漢字４字で答えなさい。

問４　下線部②について，このような価格に対して消費者が支払う料金を何料金というか漢字２字で答えなさい。

2　次の文章を読み，あとの問いに答えなさい。

日本国憲法第41条は，「①国会は（　1　）の最高機関であって，国の（　2　）の立法機関である」と定めている。これは，戦前の②帝国議会が天皇の同意機関であったのと異なり，国会が主権者である国民の代表で構成される機関であり，国の立法はすべて国会によって行われ，他の国家機関は関与できないことを定めている。

問１　文中の（1）と（2）にあてはまる適切な語句をそれぞれ漢字で答えなさい。

問２　下線部①について，次の設問にそれぞれ答えなさい。

設問１　次の文章（A）～（C）に最も適した国会の種類を（ア）～（ウ）の中からそれぞれ選びなさい。

（A）内閣が必要と認めたとき，またはいずれかの議院の総議員の４分の１以上の要求があったときに招集される。

（B）毎年１回，1月中に招集され，会期を150日とし，主に予算などを審議する。

（C）衆議院の解散による総選挙の日から30日以内に招集され，内閣総理大臣の指名などを行う。

（ア）特別会（特別国会）　（イ）常会（通常国会）　（ウ）臨時会（臨時国会）

設問２　憲法第54条の２項，3項に参議院の緊急集会の規定が明記されている。この緊急集会でとられた措置について，次の国会開会の後，何日以内に衆議院の同意がない場合には，その効力を失うと定めているか，最も適したものを（ア）～（エ）の中から１つ選びなさい。

（ア）７日　（イ）10日　（ウ）14日　（エ）20日

問３　下線部②について，帝国議会当時も二院制を採用していた。これは衆議院と何で構成されていたか，最も適した語句を漢字で答えなさい。

3　次の文章を読み，あとの問いに答えなさい。

聖徳太子の没後，蘇我氏の勢力がさらに大きくなり，皇室との対立がはげしくなった。一方，太子が中国につかわした留学生たちは，隋や唐の整った政治のしくみを学びとって，次々に帰ってきた。このようなとき，（　1　）皇子は，中臣鎌足らとともに，（　2　）年に蘇我氏を滅ぼし，鎌足や帰国した留学生らの協力を得て，新しい政治のしくみをつくる仕事にとりかかった。この年，初めて年号を定めたので，この改革を（　3　）とよんでいる。

問1　文中の（1）～（3）にあてはまる適切な年代や語句を答えなさい。

問2　下線部について，聖徳太子が摂政になった6世紀末の天皇はだれか答えなさい。

4　次の文章を読み，あとの問いに答えなさい。

ヨーロッパで商工業が発達し，封建社会がくずれてくると，人々はこれまでの教会の教えや封建社会のしきたりにとらわれない生き方を求め始めた。この動きはギリシャやローマの文芸や学問を復興することから始まったので，ルネサンス＝（　1　）とよばれている。

早くから都市が発達したイタリアでは，14世紀の初め（　2　）がイタリア語で「神曲」をあらわし，ルネサンスのさきがけとなった。15～16世紀には，レオナルド・ダ・ビンチや（　3　）が，いきいきとした人間の姿を絵画や彫刻に表現した。自然のすがたを自分自身の目で見て，頭で考えようとする態度は，自然科学の発達をうながした。17世紀の初め，イタリアのガリレイは望遠鏡を使って天体を観測し，ポーランドの（　4　）が主張した地動説を確かめた。

問1　文中の（1）～（4）にあてはまる適切な語句を（ア）～（ク）の中からそれぞれ選びなさい。

（ア）ダンテ　（イ）ツルゲーネフ　（ウ）文芸復興
（エ）十字軍の遠征　（オ）ミケランジェロ　（カ）マゼラン
（キ）アインシュタイン　（ク）コペルニクス

問2　ルネサンス期に「日のしずむことのない帝国」とよばれ，世界に領土を広げた国はどこか答えなさい。

問3　ルネサンス期の記述として誤っているものを（ア）～（エ）の中から1つ選びなさい。

（ア）ドイツではルターが，人は信仰によってのみ救われると唱え，免罪符の乱売に抗議した。
（イ）フランス人カルビンは，人々が自分の仕事に励むことが神の教えにかなうことだと説いた。この教えを信ずる人々をプロテスタントとよぶ。
（ウ）宗教改革後，カトリック教会は十字軍による聖地の奪回をめざした。
（エ）ルターはローマ教皇に破門されたが，屈せずに聖書をドイツ語に訳した。

問4　次の（A）～（E）の説明文と最も関係の深い人物を（ア）～（コ）の中からそれぞれ選びなさい。

（A）1498年にインドに到達した。
（B）イギリスの女王は中央集権の政治をおし進め，海軍を強めた。16世紀の末には，スペインの無敵艦隊を破り，海外発展の基礎を築いた。
（C）朝鮮で民衆による義兵が抵抗運動をおこし，朝鮮南部では日本の水軍を破り日本からの補給路をたった。こののち豊臣秀吉は病死した。
（D）1549年にイエズス会の宣教師が，キリスト教を伝えに日本に来た。

（E） 1492年にスペインは大西洋を西回りでアジアに行く航路で新大陸を発見した。

（ア） マゼラン　（イ） コロンブス　（ウ） エリザベス１世　（エ） 李舜臣

（オ） ザビエル　（カ） 柳寛順　（キ） ナポレオン　（ク） 李成桂

（ケ） マルコ＝ポーロ　（コ） バスコ＝ダ＝ガマ

5 次の略年表を見て，あとの問いに答えなさい。

年　号	で　き　ご　と
１８６８年	①戊辰戦争がおこる
②１８７１年	廃藩置県が断行される
１８７７年	西郷隆盛らによる西南戦争がおこる
１８８５年	内閣制度がはじまり，初代総理大臣に③伊藤博文が就任する

問１　下線部①の戊辰戦争中におこったできごとについて，誤っているものを（ア）～（ウ）の中から１つ選びなさい。

（ア） 新政府の方針として五箇条の御誓文が発布された。

（イ） 年号が明治に改められた。

（ウ） 幕府により大政奉還がおこなわれた。

問２　下線部②の年におこったできごととしてあてはまらないものを（ア）～（ウ）の中から１つ選びなさい。

（ア） 地租改正が実施された。　（イ） 日清修好条規が結ばれた。

（ウ） 岩倉使節団が欧米諸国に向け出発した。

問３　下線部③の伊藤博文について述べた次の文Ⅰ～Ⅲについて，その正誤の組み合わせとして正しいものを（ア）～（カ）の中から１つ選びなさい。

Ⅰ　大日本帝国憲法の制定に関して，中心的な役割を果たした。

Ⅱ　立憲改進党を結成し，政党政治の基礎を築いた。

Ⅲ　第一次護憲運動により内閣が総辞職に追い込まれた。

（ア） Ⅰ－正　Ⅱ－正　Ⅲ－誤　（イ） Ⅰ－正　Ⅱ－誤　Ⅲ－誤

（ウ） Ⅰ－正　Ⅱ－誤　Ⅲ－正　（エ） Ⅰ－誤　Ⅱ－誤　Ⅲ－正

（オ） Ⅰ－誤　Ⅱ－正　Ⅲ－正　（カ） Ⅰ－誤　Ⅱ－正　Ⅲ－誤

6 次のページの地図とグラフを見て，あとの問いに答えなさい。

問１　地図中のＡの国について答えなさい。

⑴ 1949年の建国以来，この国で実施している経済で，旧ソ連が世界で初めて採用した経済体制を，漢字４文字で答えなさい。また同じ経済体制を実施している国で，2016年にアメリカ合衆国との国交を回復した国とその時のアメリカ合衆国大統領の名前を答えなさい。

⑵ Ａ国において1958年から1980年代にかけて農村でつくられた農業の集団組織を何というか，漢字４字で答えなさい。

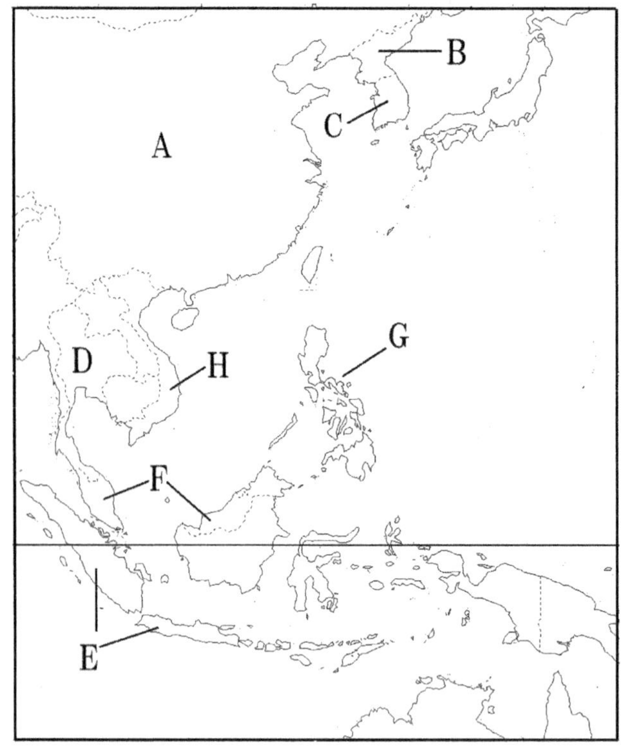

問２　地図中のＢ国とＣ国について答えなさい。

⑴　2018年，Ｃ国において第23回オリンピック冬季競技大会が開催されている場所を答えなさい。

⑵　Ｂ国とＣ国は朝鮮戦争以来，分裂休戦状態にある。その境界（軍事境界線）上には板門店地区がある。この地区がある緯度は北緯何度か答えなさい。

⑶　我が国とＣ国の距離は本当に近い位置にある。Ｃ国の釜山からは日本の島「対馬」が見えるほど近い。その「対馬」が属する県名を（ア）～（オ）の中から１つ選びなさい。この県の人口は約135万人で，「対馬」の他に壱岐，五島列島などの島があり，海岸線はリアス海岸で多くの港が存在する。また，教会も多く大浦天主堂は国内現存最古の教会で有名である。

（ア）　大分県

（イ）　福岡県

（ウ）　佐賀県

（エ）　長崎県

（オ）　熊本県

⑷　Ｂ国における現在（2018年）の最高指導者の名前を答えなさい。

問３　次のページの円グラフは世界三大穀物の生産量を表している。①～③の円グラフにあてはまる穀物名の組み合わせとして正しいものをあとのア～カの中から１つ選びなさい。

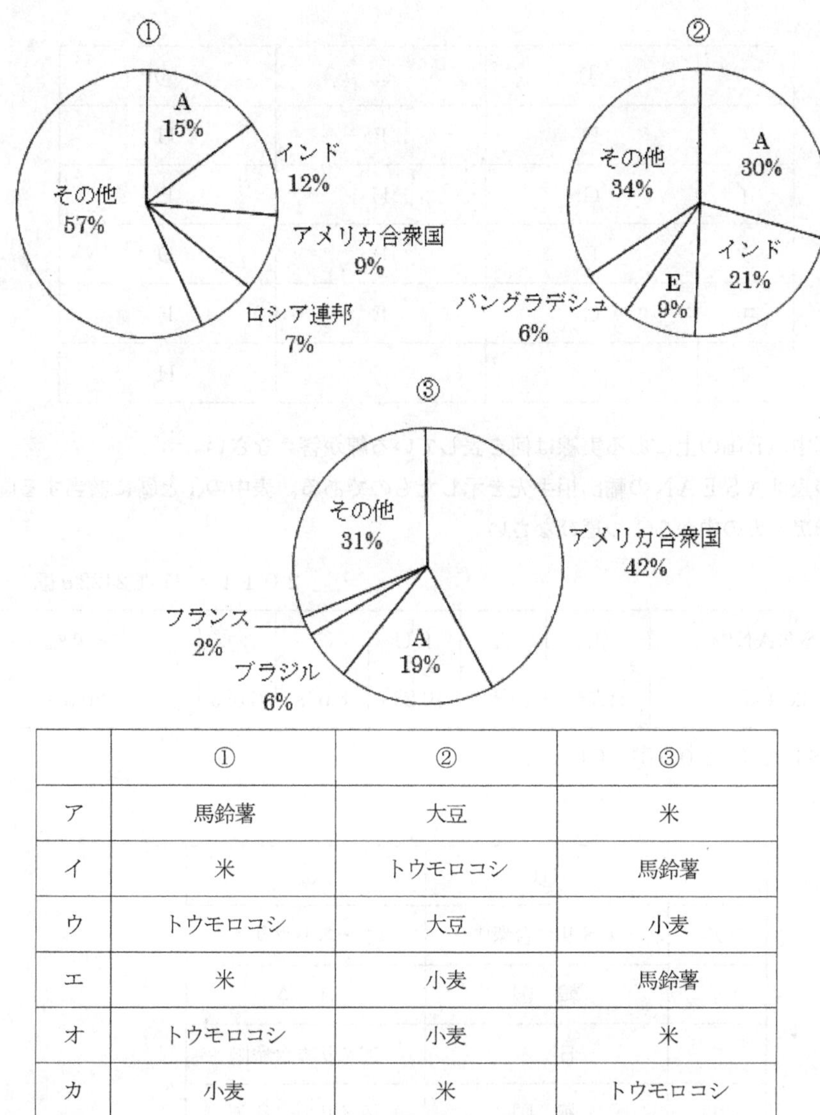

	①	②	③
ア	馬鈴薯	大豆	米
イ	米	トウモロコシ	馬鈴薯
ウ	トウモロコシ	大豆	小麦
エ	米	小麦	馬鈴薯
オ	トウモロコシ	小麦	米
カ	小麦	米	トウモロコシ

問４　下記の表は，地図中のＤ～Ｈ国の主な輸出品（2014年度）を示している。表中の①～③に該当する国の組み合わせを次のページのア～オの中から１つ選びなさい。

①		②		③	
機械類	37.4%	石炭	11.8%	機械類	30.5%
液化天然ガス	8.4%	パーム油	9.9%	自動車	11.3%
石油製品	7.9%	機械類	9.0%	プラスチック類	4.9%
パーム油	5.1%	液化天然ガス	6.6%	石油製品	4.3%
原油	4.5%	原油	5.3%	ゴム製品	3.0%
その他	36.7%	その他	57.4%	その他	46.0%

	①	②	③
ア	D	F	H
イ	G	H	E
ウ	F	E	D
エ	G	E	F
オ	F	G	H

問５　地図中のＥ国の上にある実線は何を表している線か答えなさい。

問６　次の表はＡＳＥＡＮの輸出相手先を示したものである。表中の①と②に該当する国名の組み合わせをア～カの中から１つ選びなさい。

２０１１年（1兆2422.9億ドル）

ＡＳＥＡＮ内	①	Ａ	ＥＵ	②	ホンコン	その他
26.4%	11.7%	10.3%	10.2%	8.6%	6.5%	26.3%

＊ＡＳＥＡＮ：１０ヵ国　ＥＵ：２７ヵ国

	①	②
ア	アメリカ合衆国	オーストラリア
イ	韓　国	日　本
ウ	日　本	アメリカ合衆国
エ	韓　国	アメリカ合衆国
オ	日　本	韓　国
カ	オーストラリア	イギリス

選びなさい。

(a) ア まさか　イ 大量の　ウ 現実　エ 本当に

(b) ア そうではない　イ 信じられない　ウ その通りである　エ そうかもしれない

(c) ア 気の毒だ　イ この上ない　ウ どうにもならない　エ 何ということもない

問2 傍線部（1）「言ふやう」について

① 現代仮名づかいに直し、すべてひらがなで答えなさい。

② 直後の法師の言葉はどこまでか。終わりの五字を抜き出しなさい。

問3 傍線部（2）「首を切れ」と法師がと言った理由として最も適当なものを、ア～エから選びなさい。

ア 強盗に頭にのせた柿を射られて、柿がつぶれてしまったので、柿を守ることができなかったという自責の念から。

イ 頭に熟れた柿が落ちてきたのを、頭を矢で射られたと勘違いし、もはや生き長らえられそうにないと考えたから。

ウ 強盗に頭を射られて、柿を守るという主人の言いつけも守ることができず、いずれ処刑されてしまうだろうから。

エ 早くも血のように赤く柿が熟れ、人々の頭に落ちて迷惑をかけてしまうので、妻子に合わせる顔がなかったから。

問4 波線部（A）「思ひ」・（B）「思ひ」・（C）「問ふ」の動作の主体を、それぞれア～エから選びなさい。

ア 強盗　イ 法師　ウ 輩　エ 妻子

問5 傍線部（3）「悲しみ悔ゆれ」について、法師の妻子が悲しみ悔やんだ理由として最も適当なものを、ア～エから選びなさい。

ア 法師が妻子に黙って弓取りの仕事をしていたせいで、首を切られることになったとわかったから。

イ 法師が仲間にだまされてしまって、首を切られることになったとわかったから。

ウ 法師が頭を射られたと勘違いをしたせいで、首を切られることになったとわかったから。

エ 法師が強盗から柿を守ることができなかったせいで、首を切られることになったとわかったから。

きるうえでの参考になるということ。

ウ　耳に入る会話が、聞きたくない内容も含む話題であり、人の身勝手さを感じさせるということ。

エ　耳に入る会話が、すべて興味深い話題であり、自分の生活と比較するととてもおもしろいということ。

問5　傍線部（3）「私が子供の日に憧れたように鉄橋を行く電車は新鮮に映っているだろうか」とあるが、筆者の子供の日の「憧れ」や感じた「新鮮」さの内容を具体的に表している部分を、文中より六十字以内で抜き出し、最初と最後の五字をそれぞれ答えなさい。（完全解答）

問6　傍線部（4）「これも心にしみるものだ」とあるが、この表現に込められた筆者の心情を表す語句として適当なものを、ア〜オから二つ選びなさい。

ア　落胆　イ　郷愁　ウ　歓喜　エ　悲哀　オ　慈愛

三　次の古文を読んで、後の問いに答えなさい。

ある所に強盗入りたりけるに、弓取りに法師を立てたりけるが、秋の末つかたのことにてはべりけるに、門のもとに柿の木ありける、下にこの法師かたて矢はげて立ちたる上より、熟柿（うれがき）の落ちけるが、この弓取りの法師がいただきに落ちて、つぶれてさんざんに散りぬ。この柿のひやひやとしてあたるを、かいさぐるに、何となくぬれぬれとありけるを、はや射られにけりと（A）思ひて、臆してけり。かたへの（1）輩（ともがら）に言ふやう、「はやく痛手を負ひて、いかにも延ぶべくもおぼえぬに、この首打てと言ふ。「いづくぞ」と問へば、「頭を射られたるぞ」と言ふ。さぐれば、何とは知らず、濡れわたりたり。手に赤く物つきたれば、（a）げに血なりけりと（B）思ひて、「さらむからにけしうはあらじ。引き立て行かむ」とて、肩にかけて行くに、「いやいや、いかにも延ぶべくもおぼえぬぞ。ただ（2）はや首を切れ」と、しきりに言ひければ、言ふにしたがひて打ち落としつ。さて、その頭を包みて、大和の国へ持ちて行きて、この法師が家に投げ入れて、しかじか言ひつることとて、取らせたりければ、妻子泣き悲しみて見るに、さらに矢の跡なし。「むくろに手ばし負ひたりけるか」と（C）問ふに、「（b）しかにはあらず。この頭のことばかりをぞ言ひつる」と言へば、（3）いよいよ悲しみ悔ゆれども（c）かひなし。

（橘成季編『古今著聞集』巻第十二による）

（注）＊弓取りに法師を立てたりけるが…弓を持っての見張り役として法師を立てたが。
＊かたて矢はげて立ちたる上より…一本の矢をつがえて立っている上から。
＊かいさぐるに…手で探ってみると。
＊はや…早くも。
＊臆してけり…気後れしてしまった。
＊かたへの輩…仲間。
＊さぐれば…仲間が法師の頭を探ってみると。
＊さらむからにけしうはあらじ…そうであるからといってそう悪くはないだろう。
＊むくろに手ばし負ひたりけるか…胴体に傷でも負ったのか。

問1　二重傍線部（a）「げに」・（b）「しかにはあらず」・（c）「かひなし」の文中での意味として最も適当なものを、それぞれア〜エから

橋の上から眺める多摩川の晩春の景は、もう鴨も都鳥もいなくなって少しさびしいが、(1)車内はいつもより混み合って活気がある。会社の人事異動や、入学進級による新しい出会いが、いつもより会話の声を弾ませている。

特に聞き耳を立てているわけではないが、病気の相談あり、親類縁者親兄弟、子や孫の人間的話題があるかと思えば、やわらかな男ごえで関西言葉が(A)流暢に流れ、新たに着任したらしい人々の生活の変化が思いやられることもある。時にはすぐ背中のあたりから「おまえ月収いくら」「おれ四万五千」「家庭教師か、ちょっとやりすぎだよ」などと学生アルバイトの情報交換の声がひびいてきて、当節の学生生活のせちがらさに新知識を得たりする。

車中の会話でかなり大事な打ちあけ話などを聞いてしまって、他人ごとながらいまの世間や人生について物思うことは少なくないが、それにしても、(2)この車中のさまざまな会話はそのまま生活の声だなあと思う。適度な電車の揺れが自ずと心をくつろがせ、何もする事のない目的地までの時間を満たそうと、相手があれば何となく、つね日ごろからだれかに話してしまいたかった話や、悩みや、うっぷんを、少し心をゆるして話し出してしまうものらしい。そういう私も、時々(B)言わずもがなのことをこういう場面で言ってしまうのだが、車中でつねに一緒の仲間に親愛が深いのも、こうした交流の中に生まれる人間的な素顔のせいであろう。

夕焼けをまだ残す西の山なみのシルエットが美しいころ、晩春の灯をともした電車で多摩川の鉄橋を越える気分は悪くない。時々、(3)土堤に立って電車を見送ってくれる子供づれのお年寄りもある。はたして私が子供の日に憧れたように鉄橋を行く電車は新鮮に映っているだろうか。もうどこへも行くことのないお年寄りと、行ってみたいところばかりをもつ子供とが並んで見ている電車、(b)イッシュンの光景ながら(4)これも心にしみるものだ。

（馬場あき子『くらしのうた』による）

問１　二重傍線部（a）・（b）のカタカナを漢字に直しなさい。

問２　傍線部（A）「流暢(りゅうちょう)」・（B）「言わずもがな」の文中での意味として最も適当なものを、それぞれア～エから選びなさい。

（A）ア　言葉にくせがないこと。
イ　言葉に気負いがないこと。
ウ　言葉によどみがないこと。
エ　言葉にかざりがないこと。

（B）ア　言ったほうがよい。
イ　言うべきか迷ったあげく。
ウ　言うことにためらいなく。
エ　言わないほうがよい。

問３　傍線部（1）「車内はいつもより混み合って活気がある」とあるが、その理由を、本文全体の内容をふまえて七十字以内で説明しなさい。

問４　傍線部（2）「この車中のさまざまな会話はそのまま生活の声だなあと思う」とあるが、ここで筆者が感じたことの具体的な説明として最も適当なものを、ア～エから選びなさい。

ア　耳に入る会話が、それぞれの人々の生活に密着した話題であり、直面する現実を反映しているということ。

イ　耳に入る会話が、自分の生活とかけ離れた話題であり、自分が生

ではなく、あるいは正解などそもそも存在しないところで最善の方法で対処するという思考法や判断力なのだ。

⑭無力な状態から脱し、自分の問題を自分で考えて、責任を負うことができるようになるために、私たちは、「一つの問いに一つの答えがある」という考え方をやめなければならない。物事は、こちらからはこう見えるが、後ろから見ればこんなふうだ、といろいろ補助線を引きながら考えよう。「頭がいい」と「賢い」とは何の関係もない。じぐざぐにいろいろな補助線を立てて、誠実に考え続ける、(3)「賢い」人になって欲しいと心から願っている。

(鷲田清一「『賢くある』ということ」による)

問1 二重傍線部線部(a)・(b)のカタカナを漢字に直し、(c)の漢字には読みをひらがなで答えなさい。

問2 空欄(A)に入る適語を漢字三字で答えなさい。

問3 傍線部(1)「放り出される社会」とあるが、これはどのような社会のことか。その説明として最も適当な箇所を文中より五十字以内で抜き出し、最初と最後の五字をそれぞれ答えなさい。(完全解答)

問4 傍線部(2)「何を失ったかというと、われわれ自身の能力だ」とあるが、

① その能力とはどのようなものか。「～能力」となるように、文中より十字で抜き出しなさい。

② その能力を失ったのはなぜか。文中の表現を用いて六十字以内で答えなさい。

問5 傍線部(3)『「賢い」人になって欲しい』とあるが、ここで言う「賢い」に当てはまらないものを、**ア**～**オ**から一つ選びなさい。

ア 不確定な思考法により、最善の方法で対処しようとすること。

イ キーワードに頼るような、短絡的なものの考え方を避けること。

ウ 自分の問題は自分で考えて判断し、責任を伴うことを自覚すること。

エ わからないことをそのままにしないで、一つの正解を正確に探すこと。

オ ものの考え方を一方からではなく、別の方向からも考えようとすること。

問6 この文章には、次の部分が省略されている。入れるとしたらどこが最も適当か。この部分が入る直前の段落の番号を答えなさい。

そんな私たちが今の社会でできること、それはクレームをつけることだけ。行政にも会社にも、少しでも不満があれば文句を言う。これだけは自信を持ってできる。なぜか？　お金を払っている、義務を果たしている、と主張できるからだ。払った金額に見合うサービスを受けるべきで、かなわなければ文句を言えばいい。しかもそれを当然のように言う。

二 次の文章を読んで、後の問いに答えなさい。設問の都合により、原文を改めた箇所がある。

鉄橋のある風景が好きだった。そこを走る電車が見たくて、親戚の家に行くのが楽しみだった。夕ぐれなど、明るい灯をともして、大きな川に高く架された鉄橋を過ぎてゆく電車には、未知の国へ向かって走って行くような夢を感じた。

多摩川の鉄橋を電車で(a)オウフクする所に住むようになって十年になる。都心に出るには四十分、一番便利なのでどうしても電車に乗る。鉄

責任になった。どうやって排泄物が処理されているか、誰も知らない。下水道が勝手に流してくれるからだ。人が死んだときの処理はどうだろうか。体中からあふれてくる体液を、昔はそれぞれの家庭できれいにして、葬式を出していたが、今では病院と葬儀屋にお任せだ。最低なのは、隣近所とのもめ事が起こったとき、それを解決する能力すらない。すぐに役所に電話したり、何かというと弁護士に頼んだりする。

⑨出産、調理、排泄物の処理、治療、看護、教育、子育て、交渉など、生きる上で欠かせない事柄を、私たちは知らないうちにすべて、他人に任せるようになった。少しでも安心で安全に暮らせるようにとそれぞれの「プロ」を育ててきたのだ。普段の生活のことは行政やサービス会社に任せておけば安心、安全だし、病気になればしっかりとした治療を受けられる。子どもは学校で勉強するようになったし、面倒なもめ事は弁護士に頼めば損はない。排泄物はペダルを踏むだけできれいになるし、介護が必要なら電話をすればいい。

⑩生活のあらゆる面でそれぞれのプロがいるから、なんの不安もないし健康でいられる。寿命が延びたことからうかがえるように、プロを育てたことは社会にとって間違いなくプラスになった。ただ、プラスは必ずマイナスを含んでいるもので、プラスの分何を失ったかというと、(2)われわれ自身の能力だ。一人では何もできない無能、disableの状態になってしまった。

⑪近代社会は、全員が責任を持った「一」である市民社会をつくうとしていたはずなのに、結局私たちは「市民」ではなく「顧客」になってしまった。市民とは、自分たちの大事な問題は自分で判断し自ら担う主体を意味する。私たちは、自分たちの安心と安全のためにプロを育て、「委託」するという道を開拓してきた。しかしその制度の中で暮らすうちに、自分が持つ技や能力を磨くことを忘れてしまった。自分で物事を決めて担うことができる市民ではなくなり、ただのサービスの顧客に成り下がったのだ。この暮らしは、私たちをだめにする。すべて他人任せで、自分には何の責任もなく、お前が悪いんだと言うだけ。そのような思考回路に陥ると、次第にものの考え方が短絡的になっていってしまうのだ。また、これは自分のことに限らず、現代のあらゆる問題に言えることだ。社会や時代の問題は、キーワードだけで説明し尽くせるものではない。

⑫だから、私たちは「ちっとは賢く」ならなければいけない。「賢い」というのはつまり「簡単な思考法に逃げない」ということだ。物事の理由は簡単にはわからない。それを知り、受け入れようとすることが賢くなる第一歩なのだ。

⑬社会の問題も同じだ。例えば、経済政策についてA派、B派となって議論するが、実はどの施策も必要で大切なこと。ただ、Aの次にB、その次にCを実行するのと、Cを行ってからB、Aを実行するのとでは、意味が変わってくる。どれが一番大切かということよりも、どういう順番で実行するのかが、本当の考えどころなのだ。状況は刻一刻と変化するから、それを確信できる者はいない。だから状況を分析し、過去の例を総動員して、先を読み最善の行動を選びとることが求められるのだ。その非常に不確定な思考法というものが、政治や外交には必要になる。相手の出方や次に起こることを決めつけることはできないから、わからないままに受け入れ、しかも正確に対応しなければならない。つまり、非常に大切な局面で本当に必要とされるのは、一つの正解を求めること

【国　語】（五〇分）〈満点：六〇点〉

一　次の文章を読んで、後の問いに答えなさい。設問の都合により、原文を改めた箇所がある。また、本文の段落には①～⑭の番号を付してある。

①近代社会は一八世紀のフランス革命から始まったと言われているが、簡単に言うとすべての人が同じ「一」であるということなのだ。あらゆる人は「一」であって、それ以上でもそれ以下でもない。一番わかりやすい例は、投票の(a)コウゾウだ。総理大臣も一票だしフリーターも一票。人はすべて同じだ、という捉え方をする。

②しかし、近代社会が成立するまでは、全員が「一」ではない、現代からすればいわば（　A　）な社会だった。身分制度があったので、生まれたとき既に人生の(b)キドウが描かれていた。どの階層に生まれるかによって職業はほぼ自動的に決まったし、家庭をつくるにしても、相手は自分と同じ階層で周辺の地域に住んでいる人に限られた。つまり自分の生涯のかたちはおおよそ見えていたのだ。自分で自由に職業やパートナーを選ぶなど考えられない世の中だったから、わざわざ自分の存在する理由を問う必要もなかった。その社会を、その共同体を、その家族を維持するためには、その人がいなければならない。あらかじめ役割が与えられて生まれてきたから、自らの役割を果たすことが人生の目的だったのだ。

③ところが、近代社会は「生まれ」、つまり階層、地域、言葉、性別、といった本人が選びようのない条件はすべて無視しようという考えを基本に成り立っている。生まれは関係なく、みんな同じスタートラインに立ち、同じ条件で勉強を始め、平等に扱われる。その代わりあとは自分で選びなさい、と(1)放り出される社会だ。そうするとどうなるか。今ある自分は自らが選択した結果なのだからすべて自分の責任だ、ということになる。

④近代社会は理念として全員が同じ重さだという思想に基づいている。本当に全員が一票を持つことができたのは二十世紀に入ってからであるし、いまだに差別はなくなっていないが、この理念を守り続けようとしている。

⑤確かに大切な考え方だが、それは誰もが、自分はどういう存在であり、それを意味のあるものとして肯定できるかという問いに向き合わざるを得ない社会でもある。近代社会は、ものすごく重いことを一人ひとりに要求しているのだ。

⑥そんな大きい責任を課せられている今の時代であるにもかかわらず、若い人に限らず、すべての世代が、どんどん無力になっていると私は感じている。大げさな言い方だと思うかもしれないが、では、みなさんの中に、お産のときに赤ちゃんを取り上げることができる人はいるだろうか。おそらく(c)皆無だろう。へその緒はどの辺で切るかとか、産声を上げさせるにはどうすればいいとか、まったく知らないはずだ。昔は、こういったことは女性であれば全部できたのだ。

⑦また、私の親の世代くらいまでは、生涯一度も病院に行ったことがない人がかなりいた。大抵の病気であれば、自分で治す総合医療という文化があったからだ。例えば、胃が痛いときに飲む薬草や痛みを和らげるツボといったようなことは知っていたし、応急処置は誰でもできた。

⑧人にものを教えることも、うまくできなくなっている。教育は学校の

2018年度
解 答 と 解 説

《2018年度の配点は解答欄に掲載してあります。》

＜数学解答＞

1 (1) -3 (2) 26 (3) $\frac{11x-11y}{15}\left[=\frac{11}{15}(x-y)\right]$ (4) $-9a^5b$ (5) 18
(6) $14x^2+11xy+6y^2$

2 (1) $x=3$, $y=8$ (2) $x=\frac{3\pm\sqrt{5}}{2}$ (3) 500

3 (1) ①，④ (2) $\frac{7}{10}$ (3) 18通り (4) $\frac{3}{5}$

4 (1) S(4, 2) (2) 9 (3) $b=a^2$ (4) $y=\frac{1}{2}x$

5 (1) $\sqrt{5}$ (2) $3\sqrt{2}$ (3) $\frac{3}{2}$ (4) 13π

6 (1) 32点 (2) 中央値 31点 範囲 28点 (3) ②，③，⑤

○配点○

1 各2点×6 2 (1)・(2) 各2点×2((1)完答) (3) 3点 3 各3点×4((1)完答)
4 各3点×4 5 (1)・(2) 各2点×2 (3)・(4) 各3点×2
6 (1)・(2) 各2点×2 (3) 3点(完答) 計60点

＜数学解説＞

基本 1 （数・式の計算，平方根の計算）

(1) $-\frac{1}{2}-\frac{5}{2}=\frac{-6}{2}=-3$

(2) $6-4\times(-3)-(-2)\times4=6+12+8=26$

(3) $\frac{2(x-y)}{5}-\frac{-x+y}{3}=\frac{6(x-y)-5(-x+y)}{15}=\frac{6x-6y+5x-5y}{15}=\frac{11x-11y}{15}\left[\frac{11}{15}(x-y)\right]$

(4) $(-3a^3b^2)^2\div(-ab^3)=9a^6b^4\times\left(-\frac{1}{ab^3}\right)=-9a^5b$

(5) $(\sqrt{32}-\sqrt{2})^2=(4\sqrt{2}-\sqrt{2})^2=(3\sqrt{2})^2=18$

(6) $(4x+y)^2-(x+y)(2x-5y)=16x^2+8xy+y^2-(2x^2-3xy-5y^2)=16x^2+8xy+y^2-2x^2+3xy+5y^2=14x^2+11xy+6y^2$

基本 2 （連立方程式，2次方程式，1次方程式の応用）

(1) $5x-y=7$…① $7x-3y=-3$…② ①×3から，$15x-3y=21$…①′ ①′−②から，$8x=24$ $x=3$ これを①に代入して，$5\times3-y=7$ $y=15-7=8$

(2) $x^2-3x+1=0$ 2次方程式の解の公式から，$x=\frac{3\pm\sqrt{(-3)^2-4\times1\times1}}{2\times1}=\frac{3\pm\sqrt{5}}{2}$

(3) $x\times(1+0.2)\times(1-0.15)=510$から，$x\times1.2\times0.85=510$ $1.02x=510$ $x=510\div1.02=500$

3 (確率，場合の数)

基本 (1) 同様に確からしいとは，ある複数のことがらが起こる確率が等しいという意味だから，与えられたことがらのうちで，確率が等しいものを選べばよい。

① 2と4の目が出る確率はどちらも$\frac{1}{6}$だから，同様に確からしいといえる。

② 絵札が出る確率は，$\frac{3\times4}{52}=\frac{3}{13}$，エースが出る確率は$\frac{4}{52}=\frac{1}{13}$ よって，同様に確からしいとはいえない。

③ 赤玉が出る確率は，$\frac{3}{3+2}=\frac{3}{5}$，白玉が出る確率は，$\frac{2}{5}$ よって，同様に確からしいとはいえない。

④ 表も裏も出る確率は$\frac{1}{2}$だから，同様に確からしいといえる。

したがって，①，④

(2) 赤玉2つを赤1，赤2，白玉3つを白1，白2，白3とおくと，玉の取り出し方は，(赤1，赤2)，(赤1，白1)，(赤1，白2)，(赤1，白3)，(赤2，白1)，(赤2，白2)，(赤2，白3)，(白1，白2)，(白1，白3)，(白2，白3)の10通り そのうち，赤玉が入っているのは7通りだから，求める確率は，$\frac{7}{10}$

(3) 百の位の数字は0以外の3通り，十の位の数字は百の位の数字以外の3通り，一の位の数字は百と十の位の数字以外の2通り よって，できる3桁の整数は，$3\times3\times2=18$(通り)

(4) A，B，C，D，Eの5人の中から，委員長と副委員長を選ぶ場合の数は，(委員長，副委員長)＝(A，B)，(A，C)，(A，D)，(A，E)，(B，A)，(B，C)，(B，D)，(B，E)，(C，A)，(C，B)，(C，D)，(C，E)，(D，A)，(D，B)，(D，C)，(D，E)，(E，A)，(E，B)，(E，C)，(E，D)の20通り そのうち，Cが委員長にも副委員長にも選ばれないのは，12通り よって，求める確率は，$\frac{12}{20}=\frac{3}{5}$

4 (図形と関数・グラフの融合問題)

点Pは$y=x$上の点だから，x座標をaとすると，P$(a,\ a)$ 四角形PQRSは正方形だから，Q$(a,\ 0)$，R$(2a,\ 0)$，S$(2a,\ a)$と表される。

基本 (1) $a=2$から，S$(4,\ 2)$

(2) $2a=6$ $a=3$ よって，正方形PQRSの一辺の長さは3になるから，面積は，$3^2=9$

(3) 正方形PQRSの一辺の長さはaだから，$b=a^2$

重要 (4) $a=1$のとき，S$(2,\ 1)$，$a=2$のとき，S$(4,\ 2)$ $(2,\ 1)$，$(4,\ 2)$の2点を通る直線の式を$y=px+q$として，2点の座標を代入すると，$1=2p+q$…① $2=4p+q$…② ②－①から，$1=2p$ $p=\frac{1}{2}$ これを①に代入して，$1=2\times\frac{1}{2}+q$ $q=0$ よって，求める1次関数の式は，$y=\frac{1}{2}x$

5 (図形と関数・グラフの融合問題)

基本 (1) $\text{OA}=\sqrt{1^2+2^2}=\sqrt{5}$

基本 (2) $\text{OB}=\sqrt{3^2+3^2}=\sqrt{18}=3\sqrt{2}$

重要 (3) 直線ABの式を$y=ax+b$として点A，Bの座標を代入すると，$2=a+b$…① $3=3a+b$…② ②－①から，$1=2a$ $a=\frac{1}{2}$ これを①に代入して，$2=\frac{1}{2}+b$ $b=2-\frac{1}{2}=\frac{3}{2}$ 直線AB

とy軸との交点をCとすると，$C=\left(0,\ \frac{3}{2}\right)$　△OAB＝△OCB－△OCA＝$\frac{1}{2}\times\frac{3}{2}\times3-\frac{1}{2}\times\frac{3}{2}\times1=\frac{9}{4}-\frac{3}{4}=\frac{6}{4}=\frac{3}{2}$

(4)　求める面積は半径$2\sqrt{3}$の円の面積から，半径$\sqrt{5}$の円の面積をひいたものになるから，$\pi\times(3\sqrt{2})^2-\pi\times(\sqrt{5})^2=18\pi-5\pi=13\pi$

6 (統計)

基本 (1)　平均値は$\frac{36+28+47+19+28+41+23+34}{8}=\frac{256}{8}=32$(点)

(2)　資料を小さい順に並べると，19, 23, 28, 28, 34, 36, 41, 47　よって，中央値は$\frac{28+34}{2}=\frac{62}{2}=31$(点)　範囲は，$47-19=28$(点)

(3)　19を27にして小さい順に並べ直すと，23, 27, 28, 28, 34, 36, 41, 47　平均値は$\frac{23+27+28+28+34+36+41+47}{8}=\frac{264}{8}=33$　中央値は$\frac{28+34}{2}=31$　範囲は$47-23=24$　最頻値28　よって，得点が変わる前後で，平均値は1大きくなり，範囲は4小さくなって，中央値と最頻値は変わらない。したがって，正しく述べているのは，②, ③, ⑤

★ワンポイントアドバイス★

5 (3)は，点AとBからy軸へ垂線AH，BIを引いて，△OAB＝△OBI－△OAH－(台形ABIH)として求めることもできる。いろいろな方法を試しておこう。

＜英語解答＞

Ⅰ　問1　[1] C　[2] C　[3] B　[4] A　[5] B　[6] A
　問2　[1] D　[2] D　[3] C

Ⅱ　問1　A　ア　B　エ　問2　②　ウ　③　エ　⑤　ア
　問3　Have you had any Japanese food(?)　問4　イ
　問5　1　×　2　×　3　○　4　○

Ⅲ　問1　A 6　B 10　C 3　D 8　E 2　F 9　G 1　H 5　I 4　J 7　問2　1　an invasive alien species　2　trading partners　3　pus
　問3　1　巣　2　駆除対策　3　アレルギー反応

Ⅳ　問1　ア　more　イ　than　問2　ウ　問3　(the Rugby World Cup is) a good chance for people to learn about each other.　問4　エ　問5　3, 5, 6, 7

○配点○

Ⅰ問1・Ⅱ問5・Ⅲ　各1点×26　他　各2点×17　計60点

＜英語解説＞

Ⅰ　リスニング問題解説省略。

Ⅱ　（会話文）

（全訳）　Ken：もう日本に来て1か月になるね。どこか面白いところには行った？

Tim：いや，まだだよ。①日本語の勉強がすごく忙しくて，いろいろなところには行けていないんだ。

Ken：②それは残念だね。日本にはいろいろ面白いところがあるよ。この近くにもとても面白い遊園地があるんだ。いつか行こう。それはそうと，日本に来たのは初めてだよね。日本はどう。

Tim：③十分楽しんでいるよ。

Ken：それはよかった。④何か日本の食べ物は食べた？

Tim：うん，いくつか食べてみたよ。たとえば，先週の日曜日にはソバを食べたよ。ソバ屋さんにいた人たちはみんな食べるときすする音を立てていたけれど，僕にはできなかった。

Ken：その音って不愉快？

Tim：⑤う～ん，ちょっとね。なぜ日本人はそんな音を立てるのかな。

Ken：えーと，いくつか理由があるらしいけれど，⑥その理由の一つが，すすることで香りを楽しむことができるって聞いたことがあるよ。

Tim：へぇ，知らなかった。興味深いね。もう一度ソバを食べに行きたくなったよ。明日にでも行こうよ。

Ken：いいね。

問1　〈so ～ that …〉「とても～ので…」

問2　「忙しくていろいろなところに行けていない」という発言への返答なので，That's too bad.「それは残念だね」が適切である。

問3　現在完了の疑問文なので，have を先頭に出して疑問文を作る。

問4　指示語は直前の名詞を指している。この場合は some reasons となる。

重要　問5　1「日本に来てからいろいろなところに行った」 Ken の質問に対して，いろいろなところには行けてないと答えているので×。　2「日本の食堂には行ったことがない」 先週の日曜日に，ソバ屋さんに行ったと言っているので×。　3「日本人がなぜすする音を立てるか知らなかった」 Tim の最後の発言で「それは知らなかった」と言っているため○。　4「翌日いっしょにソバを食べに行くつもりだ」 Tim の最後の発言で「明日，いっしょに行こうよ」と誘っているため○。

基本　Ⅲ　（長文読解：説明文：適語選択，語句）

問1　A「見つかった」は「見つけられた」と言いかえることが可能。したがって受動態〈be動詞＋過去分詞〉の形になる。　B「～からだ」にあたるため，接続詞 because を用いる。　C「～であるが」にあたるため，接続詞 but を用いる。　D「したがって」にあたるため，接続詞 so を用いる。　E「貨物船から来たコンテナ」の部分は，「コンテナ」を先行詞とした関係代名詞を用いる。　F「巣には～がいる」は「持っている」と言いかえることが可能。　G「を探しに」は「探すために」と言いかえることが可能。よって不定詞の副詞的用法を用いる。　H「～が現れる人もいる」は「～する人がいくらかいる」と言いかえることが可能。よって代名詞 some を用いる。　I「数分で」は「数分後に」「数分したら」と言いかえることが可能。「～後に」「～したら」は前置詞 in を用いる。　J「もし～なら」にあたるため，接続詞 if を用いる。

問2　1　第1段落最終文参照。　2　第2段落第1文参照。　3　第4段落第3文参照。

問3　1　第3段落第3文参照。　2　第3段落最終文参照。　3　第4段落第7文参照。

Ⅳ （長文読解・説明文：語句選択，指示語，語句整序[不定詞]，内容吟味）

（全訳）①日本ではラグビーは野球やサッカーほど人気はないが，日本には約12万5千人のラグビー選手がいて，②その数は世界で4番目である。2015年のラグビーワールドカップでは，世界ランク6位の南アフリカと対戦し初めて勝利した。それでその年，日本の世界ランクは10位になった。2019年にはそのワールドカップが日本で開催される。

ワールドカップは，日本中の北は札幌から，南は福岡までの競技場で行なわれ，多くの日本人がそれを目にすることになる。主催者はラグビーを通じて人々が結びつくのを促進しようと，日本中でワールドカップを催すのだ。彼らは素晴らしいスポーツの思い出を作ることに期待している。そしてまたラグビーが文化的な障害を克服するのに役立ち，異なる国々の人々が友好を持てることに期待している。

多くの世界のラグビーファンが日本に来たいと思っている。48日の開催期間で40万人ものファンが訪れることになるだろう。彼らは温泉につかり，寺を訪れ，弁当を食べるという日本の文化も経験できる。また東京，大阪，札幌といった大都市にも試合を見るために訪れる。何試合かは札幌ドームでも行なわれる予定だ。そこはラグビーを観戦するには素晴らしい競技場だ。ラグビーファンは，食べ物やウインタースポーツで知られる北海道も楽しむことができるだろう。

だから，③ラグビーワールドカップは，人々がお互いのことを学ぶいい機会なのだ。世界ラグビーの会長が言っていたように，「④ワールドカップは日本にラグビーを見せ，そして世界に日本を見せる特別なイベントとなるだろう」。

重要 問1 〈not as ～ as …〉「…ほど～ではない」

問2 「その数」とは「ラグビーをしている人数」を指している。

やや難 問3 不定詞の意味上の主語は〈for ＋人〉で表し，不定詞の前に置く。

問4 〈show ～ to …〉「…に～を見せる」

重要 問5 1 「2015年に，ラグビーワールドカップが南アフリカで開催された」 第1段落第3文参照。南アフリカは2015年に日本と戦った国であげられているので不適切。 2 「2019年のワールドカップでは12万5千人の選手の参加が予想される」 第1段落第2文参照。125,000人は日本でのラグビーの競技人口であるので不適切。 3 「南アフリカのラグビー世界ランキングは日本のランキングより上である」 第1段落第3文，第4文参照。南アフリカの世界ランキングは6位で，日本の世界ランキングは10位なので適切。 4 「日本のラグビーファンは札幌から福岡まで試合を観戦に行く」 第2段落第1文参照。ワールドカップが札幌から福岡までの競技場で行われるので不適切。 5 「主催者は人々がラグビーを通して友人になることを期待している」 第2段落第2文参照。主催者はラグビーを通じて人々が結びつくのを促進しようとしているので適切。 6 「2019年には他の国から多くのラグビーファンが日本にやってくるだろう」 第3段落第1文参照。多くの世界のラグビーファンが日本に来たいと思っているので適切。 7 「世界のラグビーファンは試合と日本文化の両方を楽しむことができる」 第3段落第3文参照。日本の文化も経験できるとあるので適切。 8 「札幌ドームでは，ラグビーとあらゆる北海道の食べ物を楽しむことができる」 第3段落第6文参照。ラグビーを観戦するのによい競技場であるので不適切。

★ワンポイントアドバイス★

基本的な問題が出題されている。読解問題が中心になっているので，過去問や問題集を用いて，数多くの文章に触れるようにしたい。

＜理科解答＞

1 問1 （ア） 血小板 （イ） 白血球 （3） 赤血球 問2 （エ） ヘモグロビン
（オ） 組織液 （カ） グリコーゲン 問3 ④ 問4 イクチオステガ 問5 ④
問6 ③ 問7 アンモニアから尿素を生成する。 問8 1番目

2 問1 露点 問2 B・60% 問3 261.6g 問4 6.9g

3 問1 240g 問2 0.6N 問3 エ

4 問1 4Ω 問2 8100J 問3 5040J 問4 38%

5 問1 無(色から)赤(色) 問2 （溶液D） 水酸化ナトリウム （溶液E） エタノール
問3 CO_2

6 問1 7.5g 問2 5.4g 問3 11.1g

7 問1 （ア） 太平洋 （イ） マグニチュード 問2 日本海側で震源が深く，太平洋側で震源が浅い場合が多い。 問3 6秒後 問4 120km

○配点○

1 各2点×8(問1，問2は完答) 2 各2点×4(問2は完答) 3 各2点×3 4 各2点×4
5 各2点×4 6 各2点×3 7 各2点×4(問1は完答) 計60点

＜理科解説＞

1 （動物の体のしくみ―血液・肝臓の働き）

重要 問1 血液は固形成分の赤血球，白血球，血小板と液体成分の血しょうからなり，赤血球には鉄分を含む赤い色素タンパク質のヘモグロビンが含まれる。赤血球と血小板には核がなく，白血球には核がある。

重要 問2 体液は，血液，リンパ液，細胞液に分けられ，細胞と細胞のすき間は血しょうの一部が血管の壁からしみだした細胞液で満たされている。

問3 進化論では，生命は海で誕生し，魚類，両生類，ハチュウ類を経てホニュウ類と鳥類に進化したと考えられている。

問4 イクチオステガは3億6000万年前に生息していた原始的な4本足の動物で，陸生セキツイ動物の祖先と考えられている。

問5 血球の大きさは，白血球が20μm程度，赤血球が7～8μm，血小板が2～3μm程度である。

問6 ③が間違い。ペプシンはタンパク質の分解酵素である。デンプンの分解酵素はアミラーゼで，さらにマルターゼの働きでブドウ糖まで分解される。

重要 問7 肝臓の働きには栄養の貯蔵や胆汁の生成の他に，アンモニアを尿素にかえたり，解毒作用，体温の維持などがある。

問8 肝臓は内臓の中で一番大きい臓器である。皮膚も臓器なので，人体の中で一番大きい臓器は皮膚と答えることもできる。

2 （天気の変化―湿度）

基本 問1 空気中の水蒸気が凝結する温度を露点という。

問2 水が蒸発するとき熱が奪われるので，湿球の温度の方が乾球より低くなる。表1より，乾球の温度が24℃で，乾球と湿球の温度差が5℃なので湿度は60%である。

重要 問3 湿度＝(実際の水蒸気量÷その温度の飽和水蒸気量)×100である。24℃における飽和水蒸気量は表2より21.8g/m^{3}なので，このときの1m^{3}あたりの水蒸気量は21.8×0.6＝13.08(g)である。部屋の体積が20m^{3}なので，部屋全体の水蒸気量は13.08×20＝261.6(g)である。

問4　問3と同様に，20℃の飽和水蒸気量が17.3g/m^{3}なので，この部屋の1m^{3}中に含まれる水蒸気量は，17.3×0.4≒6.92≒6.9(g)である。

3　(力・圧力ーばねばかりと浮力)

基本　問1　300gのおもりでばねは15cmのびるので，ばねののびが12cmのときばねばかりにかかる重さをx(g)とすると，300：x=15：12　x=240(g)である。

重要　問2　300gの重力がばねの引く力と浮力の和に等しくなるので，浮力の大きさは300−240=60(g)の重力に相当する。これをニュートン単位で表すと0.6Nになる。

問3　浮力は物体が押しのける水の重さに等しい。物体が完全に水に沈んでいるときは浮力の大きさは一定であるが，水から出始めると浮力の大きさが徐々に小さくなり，完全に出てしまうとばねばかりにかかる重さは300gになる。エのグラフがこの変化を表す。

4　(電力と熱ー電熱線)

基本　問1　抵抗=電圧÷電流より，6÷1.5=4(Ω)である。

重要　問2　電熱線から生じた熱量は，熱量(J)=電力(W)×時間(秒)で求まる。電力(W)=電圧×電流より，6×1.5×15×60=8100(J)である。

重要　問3　水温の上昇に使われた熱量=水の質量(g)×水の比熱×温度上昇度より，100×4.2×(32−20)=5040(J)である。

問4　全体8100Jのうち，5040Jだけが水温の上昇に使われたので，それ以外は空気中に逃げたと考える。よって，{(8100−5040)÷8100}×100=37.7≒38(%)

5　(溶液とその性質ー水溶液の分別)

基本　問1　5種類の水溶液のうちアルカリ性を示すのは水酸化ナトリウム水溶液のみである。フェノールフタレインは中性や酸性では無色で，アルカリ性で赤色になる。

重要　問2　Dは水酸化ナトリウム水溶液であり，Eは電流を流さないので砂糖水かエタノール水溶液である。Eは加熱して何も残らなかったのでエタノール水溶液である。よって，Dには水酸化ナトリウム，Eにはエタノールが溶けている。

問3　石灰石に塩酸を加えると二酸化合炭素が発生する。これよりBが塩酸とわかる。二酸化炭素の化学式はCO_2である。

6　(化学変化と質量ー金属の燃焼と酸化物の質量)

重要　問1　2.4gのマグネシウムから4.0gの酸化マグネシウムが生じるので，4.5gのマグネシウムからx(g)の酸化マグネシウムが生じるとすると，2.4：4.0=4.5：x　x=7.5(g)

問2　2.4gのマグネシウムに4.0−2.4=1.6(g)の酸素が結びつくので，8.1gのマグネシウムにx(g)の酸素が結びつくとして，2.4：1.6=8.1：x　x=5.4(g)

問3　4.0gの酸化マグネシウムに2.4gのマグネシウムが含まれるので，18.5gの酸化マグネシウムにx(g)のマグネシウムが結びつくとして，4.0：2.4=18.5：x　x=11.1(g)

7　(大地の動きー地震)

重要　問1　日本列島の周囲には，ユーラシアプレート，北米プレート，太平洋プレート，フィリピン海プレートの4つのプレートが位置する。地震のエネルギーの大きさはマグニチュードで表す。

問2　太平洋側ではプレートが沈み込んでいて，プレートの境界面付近の比較的地下の浅い部分でひずみのエネルギーが放出されて地震が生じる。日本海側では，沈み込んだプレートの圧力で岩石が破壊され，地下の深い所で地震が起きやすい。

重要　問3　地点AにP波が伝わるのが地震発生より10秒後なので，震源からA点までの距離は8×10=80(km)である。この間をS波が伝わるのに80÷5=16(秒)かかる。よって，緊急地震速報から6秒後に主要動を感知する。

問4　震源から地点BまでにP波がかかる時間をx秒とすると，S波がBに達するには$(x+9)$秒かかる。震源からの距離は等しいので，$8x=5(x+9)$　$x=15$(秒)　よって震源からB地点までの距離は8×15＝120(km)である。

★ワンポイントアドバイス★
全分野から偏りなく出題されている。問題のレベルは標準レベルである。理科全般の幅広い知識が求められる。苦手分野をつくらないようにしたい。

＜社会解答＞

1　問1　(1)　イ　(2)　オ　問2　A　均衡　B　寡占　問3　独占禁止法
問4　公共(料金)

2　問1　(1)　国権　(2)　唯一　問2　設問1　A　ウ　B　イ　C　ア　設問2　イ
問3　貴族院

3　問1　(1)　中大兄　(2)　645　(3)　大化の改新　問2　推古天皇

4　問1　(1)　ウ　(2)　ア　(3)　オ　(4)　ク　問2　スペイン　問3　ウ
問4　A　コ　B　ウ　C　エ　D　オ　E　イ

5　問1　ウ　問2　ア　問3　イ

6　問1　(1)　(経済体制)　社会主義[計画経済]　(国名)　キューバ　(アメリカ大統領)　オバマ　(2)　人民公社　問2　(1)　ピョンチャン[平昌]　(2)　北緯38度
(3)　エ　(4)　キムジョンウン[金正恩]　問3　カ　問4　ウ　問5　赤道
問6　ウ

○配点○

1　問1　各1点×2　他　各2点×4　2　問1・問3　各2点×3　問2　各1点×4
3　問1　各1点×3　問2　2点　4　問1・問3・問4　各1点×10　問2　2点
5　各1点×3　6　問1・問2(1)～(3)・問5　各2点×8　他　各1点×4　計60点

＜社会解説＞

1　(公民—価格・景気変動など)

問1　(1)　少数の企業が市場を支配すると生産や販売などについて協定(カルテル)を結び，消費者の利益を害することも多い。　(2)　電気やガス，鉄道，バス，タクシー料金など。

問2　A　売れ残りや品不足が発生せず資源の適正配分がなされる価格といわれる。　B　バブル崩壊後無秩序な規制緩和が進行，少数の企業による寡占化が激しくなっている。

重要　問3　私的独占の禁止及び公正取引の確保に関する法律。内閣府の外局としておかれ，国会の同意を得て首相により任命される委員からなる公正取引委員会が政府から独立して運用している。

問4　国民生活に大きな影響を与えるサービスなどの価格で，国や地方公共団体などの規制の下に置かれている料金。

2　(公民—憲法・政治のしくみなど)

重要　問1　(1)　国民を統治，支配する権力。国会が最高機関とされるのは主権者である国民から直接選ばれるという意味での美称に過ぎない。　(2)　戦前に見られた勅令などは認められない。

問2　設問1　A　会期は両議院一致の議決で決定。　B　4月から始まる国の会計年度に合わせた予算の決定が最大の議題となる。　C　会期の冒頭に首相の指名が行われる。　設問2　国に緊急の事態が発生したときに召集されるが，過去においては1950年代に2回開かれたのみである。

問3　皇族や華族，多額納税者などから構成され衆議院とほぼ同等の力を持っていた。

3　(日本の歴史―古代の政治史など)

問1　(1)　天皇の死後皇太子として政治を指導，のちに都を大津に移し天智天皇として即位。

(2)　飛鳥板蓋宮で蘇我入鹿を殺害。干支(えと)の乙巳(いっし)の年に当たることから乙巳の変とも呼ばれる。

重要　(3)　国郡里制・公地公民など天皇中心の中央集権国家を目指した一連の改革。

問2　聖徳太子の父・用明天皇の妹。日本史上初の女帝として即位，叔父である蘇我馬子や聖徳太子を用いて様々な政治刷新を断行した天皇。

4　(世界の歴史―中世～近世の政治・文化史など)

重要　問1　(1)　神を中心とする中世社会に対し人間を尊重し古代を理想とする文化運動。　(2)　ラテン語ではなく日常の言葉で人間の感情を生き生きと表現。　(3)　ダヴィデ像や最後の晩餐で知られるルネサンス芸術の巨匠。　(4)　天文学に革命的転換をもたらした学者。

やや難　問2　インカやアステカ帝国を滅ぼしアメリカ大陸に広大な植民地を獲得，隣国ポルトガルをも併合し世界的な大帝国を建設。16世紀末の無敵艦隊の敗北以降その勢力は次第に衰退していった。

問3　十字軍はエルサレムをイスラム勢力から解放することを目指した戦い。1096年を第1回とし13世紀まで7回にわたって派遣，聖地回復には失敗したが後の時代に大きな影響を与えた。

問4　A　ポルトガルの航海者。アフリカ南端の喜望峰を回りインドに到達。　B　チューダー朝最後の王。その治世にはシェークスピアらが出てイギリス文学の黄金期を創出した。　C　亀甲船(きっこう)を考案，日本水軍を敗退に導いた救国の英雄。　D　ロヨラらとともにイエズス会を創設，中国で伝道中に病死。　E　イタリアの航海士。スペイン女王の援助で西インド諸島に到達。

5　(日本の歴史―近代の政治・外交史など)

問1　戊辰戦争は大政奉還(1867年10月)後の1868年1月，鳥羽伏見での新政府軍と旧幕府軍の衝突を契機として発生，1869年5月の函館戦争終結まで続いた。

やや難　問2　財政の安定を図って地主から地価の3%を現金で徴収した地租改正の実施は1873年。反対の一揆が頻発し政府は税率を2.5%に減額せざるを得なかった。

問3　Ⅰ　自らドイツに渡って各国の憲法制度を研究。　Ⅱ　立憲改進党を結成したのは大隈重信。伊藤博文が結成したのは立憲政友会。　Ⅲ　総辞職に追い込まれたのは安倍晋三首相に抜かれるまで首相在職の最長記録を持っていた桂太郎首相。

6　(地理―世界の国々・産業など)

問1　(1)　1917年，ロシア革命により世界初の社会主義体制の国家が出現。キューバ危機でアメリカと断交していたキューバは54年ぶりに国交を回復。しかし，トランプ大統領の登場によりその関係は再び冷え込んでいる。　(2)　生産組織と政治組織が一体となったもの。1980年代の改革で生産請負制が導入され解体された。

問2　(1)　北朝鮮も直前に急きょ参加，開会式には統一旗を掲げ「コリア」として行進。

(2)　韓国の首都ソウル北方約50kmに位置。　(3)　長崎県は日本で一番島の多い都道府県でその数は950以上に上る。　(4)　前指導者キムジョンイル(金正日)の3男。2011年，最高指導者に就任。

問3　生産量が多く主食として扱われている小麦，コメ，トウモロコシ。馬鈴薯は中国・インド・ロシア，大豆はアメリカ・ブラジル・アルゼンチンの順。

問4　インドネシアはオーストラリアに次ぐ石炭の輸出国。フィリピンは機械類や木製品，ベトナムは機械類や衣類などが輸出の中心。

基本 問5 アフリカ大陸の中央からユーラシア大陸の南端，そして南米のアマゾン川周辺を通過。

問6 経済発展が著しいASEANは輸出入ともに域内間の貿易が4分の1前後を占めている。日本の企業が数多く進出し日本との関係も深いが，近年は中国との関係が強まっている。

★ワンポイントアドバイス★

各種資料に関する出題は分野を問わず増える傾向にある。日頃から教科書などに掲載されているものについては確実にチェックし，理解を深めておこう。

＜国語解答＞

一 問1 a 構造 b 軌道 c かいむ 問2 不平等 問3 自分はどう～得ない社会

問4 ① 生きる上で欠かせない[自分で判断し自ら担う](能力) ② (例) 自分たちの安心と安全のためにプロを育て，それぞれ「委託」することで，自分が持つ技や能力を磨くことを忘れてしまったから。(59字) [生きる上で欠かせない事柄を，すべて他人に任せるようになり，自分が持つ技や能力を磨くことを忘れてしまったから。(54字)] 問5 エ

問6 ⑩

二 問1 a 往復 b 一瞬 問2 A ウ B エ 問3 (例) 会社の人事異動や，入学進級によって車内に人も増え，新しく出会った相手にも心を許してしまう車内では，素顔の交流も生まれて，会話の声も弾むから。(70字) 問4 ア 問5 明るい灯を～を感じた。 問6 イ・オ

三 問1 a エ b ア c ウ 問2 ① いうよう ② この首打て 問3 イ

問4 A イ B ウ C エ 問5 ウ

○配点○

一 問4② 4点 他 各2点×8 二 問3 4点 他 各2点×8 三 各2点×10

計60点

＜国語解説＞

一 (論説文一大意・要旨，内容吟味，文脈把握，脱文補充，漢字の読み書き)

基本 問1 aの「構」を「講」などと間違えないこと。bは，物事の経過する道筋という意味。cは，全く存在しない，全然ないこと。

問2 ①段落で，近代社会はすべての人が同じ「一」であり，人はすべて同じだという捉え方をすることを述べているのに対し，②段落のAは，全員が「一」ではない，近代社会が成立するまでの社会のことを述べている。③段落で，再度，みんな平等に扱われる近代社会について述べていることから，Aにはすべての人が平等である近代社会とは反対の「不平等」が入る。

問3 傍線部(1)は近代社会のことで，⑤段落で，全員が同じ重さだという思想に基づいている，近代社会の理念は確かに大切な考え方だが，「自分はどういう存在でありそれを意味のあるものとして肯定できるかという問いに向き合わざるを得ない社会(49字)」でもある，と述べており，このことが(1)の説明になっているので，この部分の最初と最後の五字を答える。

やや難 問4 ① ⑥～⑧段落で，傍線部(2)のような，今の時代の私たちが無力になっている具体例を挙げ，

そのようなことを⑨段落で，「生きる上で欠かせない事柄を，私たちは知らないうちにすべて，他人に任せるようになった」と述べている。また，⑪段落でも，近代社会は，全員が責任を持った「一」である市民社会をつくろうとしていたはずなのに，私たちは，自分たちの大事な問題は自分で判断し自ら担う主体である「市民」ではなく「顧客」になってしまった，と述べていることから，(2)の「能力」として，「生きる上で欠かせない(能力)」あるいは「自分で判断し自ら担う(能力)」を抜き出す。

② ①の「能力」を失った理由として，⑪段落で「自分たちの安心と安全のためにプロを育て，『委託』するという道を開拓し」たことで，「自分が持つ技や能力を磨くことを忘れてしまった」ことを述べているので，これらの内容をまとめていく。⑨段落の「生きる上で欠かせない事柄を，私たちは知らないうちにすべて，他人に任せるようになった」という表現を用いてもよい。

重要 問5 「当てはまらないもの」を選ぶことに注意。⑫段落で，「賢い」とは「『簡単な思考法に逃げない』ということだ」と述べていることを踏まえる。アは⑬段落，イは⑪段落，ウとオは⑭段落で述べているので，当てはまる。⑬段落で，「非常に大切な局面で本当に必要とされるのは，一つの正解を求めることではなく，あるいは正解などそもそも存在しないところで最善の方法で対処するという思考法や判断力なのだ」ということ，また⑭段落でも「『一つの問いに一つの答えがある』という考え方をやめなければならない」と述べているので，エは当てはまらない。

問6 省略されている部分の冒頭の「そんな私たち」は，⑥～⑩段落で述べられているような，「一人では何もできない無能，disableの状態になってしまった」「私たち」のことで，そのような「私たち」が「今の社会でできること」は，「お金を払っている」のだから「行政にも会社にも，少しでも不満があれば文句を言う」ことである，という流れになり，このことを⑪段落で，「私たちは『市民』ではなく『顧客』になってしまった」「ただのサービスの顧客に成り下がった」と述べているので，⑩段落の直後に入るのが適当。

二 （随筆文―情景・心情，内容吟味，漢字の書き取り，語句の意味）

基本 問1 aはいずれも「亻(ぎょうにんべん)」であることに注意。bは「目(めへん)」であることに注意。

問2 Aは，水などが滞らずに流れるように，言葉がなめらかに出てよどみがないことなので，ウが適当。Bは，言わないほうがよい，言う必要がない，という意味なので，エが適当。

やや難 問3 傍線部(1)直後～後の2段落で，(1)の状況として，会社の人事異動や，入学進級による新しい出会いが会話の声を弾ませていること，車中では心を許して話し出してしまい，素顔の交流も生まれること，が述べられている。これらの状況が，(1)のような「活気」につながっているので，理由としてまとめていく。

問4 傍線部(2)の「さまざまな会話」は，直前の段落の「病気の相談」「親類縁者親兄弟，子や孫の人間的話題」「生活の変化」「アルバイトの情報交換」といった，現実の生活に密着した会話のことなので，アが適当。イの「自分の生活とかけ離れた」，ウの「聞きたくない内容も含む」，エの「自分の生活と比較するととてもおもしろい」は，いずれも不適当。

問5 筆者の「子供の日の『憧れ』や感じた『新鮮』」については，冒頭の段落で「明るい灯をともして，大きな川に高く架された鉄橋を過ぎてゆく電車には，未知の国へ向かって走って行くような夢を感じた。(57字)」と述べているので，この部分の最初と最後の五字を抜き出す。

重要 問6 傍線部(4)は，「もうどこへも行くことのないお年寄りと，行ってみたいところばかりをもつ子供」に対するものである。人生の先輩である「お年寄り」と，冒頭の段落でのかつての筆者の姿に重ねた「子供」に対する思いなので，イとオが適当。

三 (古文一情景・心情，文脈把握，仮名遣い，口語訳)

〈口語訳〉 ある所に強盗が押し入ったところ，弓を持っての見張り役として法師を立てたが，季節は秋の終わりごろだったので，門のそばに柿の木があって，(柿の木の)下にこの法師が一本の矢をつがえて立っている上から，熟した柿が落ちたのが，この弓取りの法師の頭上に落ちて，つぶれて飛び散った。(法師が)この柿がひんやりと冷たく当たったのを，手で探ってみると，全体にぬるぬるしていたので，早くも矢で射られたと思い込んで，気後れしてしまった。仲間に言うことには，「早くも深い傷を負って，どうにも生き延びられそうにも思えないから，この首を切り落としてくれ」と言う。(仲間が)「(やられたのは)どこだ」と聞くと，「頭を射られたのだ」と言う。仲間が法師の頭を探ってみると，何かはわからないが，全体に濡れていた。手に赤いものも付いたので，本当に血だと思いつつ，「そうであるからといってそう悪くはないだろう。なんとか連れて行ってやろう」と言って，肩を貸そうとするが，(法師は)「いやいや，どうにも生き延びられそうに思えない。ただ早く首を切ってくれ」と，しきりに言うので，(仲間は)その言葉に従って首を切り落としてしまった。そして，(仲間が法師の)首を包んで，大和の国へ持って行き，この法師の家に投げ入れて，しかじかと言い残したことを言って，(首を)渡すので，妻子は泣き悲しみながら(布をほどいて首を)確認すると，どこにも矢の跡がない。(妻が)「胴体に傷でも負ったのか」と尋ねると，(仲間は)「そうではない。この頭のことばかりを言っていた」と言うので，(妻子は傷のない首を見ながら)ますます悲しみ悔やんだが，もはやどうしようもなかった。

問1 aは「本当に，実際に」という意味の副詞なので，エが適当。bの「しか」は「そのとおりに，そのように」という意味の副詞，「～にはあらず」は，「～ではない」という意味なので，アが適当。cは「効果がない，ききめがない，むだだ」という意味なので，ウが適当。

基本 問2 ① 歴史的仮名づかいの「は行」は現代仮名づかいでは「わ行」に，「ア段＋う」は「オ段＋う」になるので，「言ふやう」は「いうよう」となる。「すべてひらがな」で答えることに注意。

② 古文での会話の終わりは，「と(ぞ，言ふ)」の直前までなので，「この首打て」までが法師の言葉になる。

問3 傍線部(2)直前で，法師が「いかにも延ぶべくもおぼえぬぞ」と言っているのは，冒頭で描かれているように，熟した柿が頭上に落ちたのを，矢で射られたと思い込んでしまい，飛び散った柿を自分の血だと勘違いして，どうにも生き延びられそうにも思えないと考えたからである。そのため(2)のように言っているので，イが適当。

重要 問4 Aは，「法師」が，早くも矢で射られたと「思い込んで」，ということ。Bは，「輩」が，法師の頭を探ると濡れていて，手に赤いものも付いたので，本当に血だと「思い」，ということ。Cは，「妻子」が，悲しみながら首を確認したが，どこにも矢の跡がないので「胴体に傷でも負ったのか」と尋ねる，ということ。

やや難 問5 仲間が持って来た法師の首には，矢の跡がないので「胴体に傷でも負ったのか」と尋ねたが，仲間は「そうではない。この頭のことばかりを言っていた」と言ったことから，妻子は，法師が頭を射られたと勘違いしたために，首を切られたことがわかり，傷のない首を見ながらますます悲しみ悔やんだ，ということなので，ウが適当。

★ワンポイントアドバイス★

論説文では，本文で用いられている重要な語句を，筆者がどのような意味で用いているかをしっかり読み取ることが重要である。

解答用紙集

○月×日　△曜日　天気（合格日和）

◆ご利用のみなさまへ

＊解答用紙の公表を行っていない学校につきましては、弊社の責任において、解答用紙を制作いたしました。

＊編集上の理由により一部縮小掲載した解答用紙がございます。

＊編集上の理由により一部実物と異なる形式の解答用紙がございます。

人間の最も偉大な力とは、その一番の弱点を克服したところから生まれてくるものである。　――カール・ヒルティ――

※データのダウンロードは 2024 年 3 月末日まで。

東京学参株式会社

北海学園札幌高等学校　2023年度

◇数学◇

※ 130%に拡大していただくと，解答欄は実物大になります。

1

(1)		(2)		(3)	
(4)		(5)		(6)	

2

(1)		(2)	cm

3

(1)	通り	(2)		(3)	
(4)		(5)			

4

(1)		(2)		(3)	

5

(1)		(2)		(3)	
(4)					

6

(1)		(2)		(3)	
(4)		(5)			

北海学園札幌高等学校　2023年度

◇英語◇

※ 137%に拡大していただくと，解答欄は実物大になります。

Ⅰ

問1	[1]		[2]		[3]		[4]		[5]		[6]	
問2	[1]		[2]		[3]							

Ⅱ

問1	A		B		C					
問2	here.									
問3										
問4	1		2		3		4		5	

Ⅲ

問1	A		B		C		D		E	
	F		G		H		I		J	
問2	1		2		3					
問3	1		2		3					

Ⅳ

問1	6語		
問2			
問3			
問4			
問5	It has .		
問6			
問7	8語		
問8			

北海学園札幌高等学校　2023年度

◇理科◇

※ 154%に拡大していただくと，解答欄は実物大になります。

1

問1 A　B　C　D　E　F

問2

問3

問4 名称　大きさ　mm

問5

問6 mm/分　問7 mm

問8

2

問1

問2

問3 色から　色

問4 :

3

問1 A　B　C　D　E　F

問2 個　問3

問4

問5

問6　問7 枚

4

問1 の法則

問2

問3 g

問4 cm

5

問1

問2

問3 g

6

問1 A　B　C　D　E

問2 番号　理由

問3

問4 hPa

問5 %

7

問1 の法則

問2 Ω

問3 倍

北海学園札幌高等学校　2023年度

◇社会◇

※ 130%に拡大していただくと，解答欄は実物大になります。

1

問1	1		2		3		4	
問2					問3			
問4		問5						

2

問1	1		2		3		4		5	
問2		問3		問4						
問5	A		B		C					

3

問1		問2		問3		問4	
問5		問6		問7			
問8		問9		問10			

4

問1		問2		問3		問4	
問5		問6		問7			

5

問1	1		2		3	
	4		5		6	
	7		8		9	
問2	札幌市		福岡市			

6

問1						
問2	国名		地図		機関名	
問3		問4				
問5	1		2		3	
問6	河川名		工業地帯			
問7	1		2		3	
	4		5			
問8						

北海学園札幌高等学校　２０２３年度

◇国語◇

※１３５％に拡大していただくと、解答欄は実物大になります。

1

問1 a　b

問2

問3

問4

問5

問6

問7

問8

2

問1 a　b　c

問2 Ⅰ　Ⅱ

問3

問4

問5

問6

問7

3

問1 ①　②　③

問2 a　b

問3

問4

問5

問6 3　4

問7

問8 ～

問9

北海学園札幌高等学校　2022年度

◇数学◇

※ 132％に拡大していただくと，解答欄は実物大になります。

1

(1)		(2)		(3)	
(4)		(5)		(6)	

2

(1)		(2)	$x=$　　　, $y=$	(3)	

3

(1)		(2)		(3)	

4

(1)		(2)		(3)	
(4)	$\triangle OAB:\triangle OBC$ $=$　　　：				

5

(1)		(2)		(3)	
(4)		(5)			

6

(1)		(2)		(3)	
(4)					

北海学園札幌高等学校　2022年度　◇英語◇

※ 139%に拡大していただくと，解答欄は実物大になります。

I

問1	[1]		[2]		[3]		[4]		[5]		[6]	
問2	[1]		[2]		[3]							

II

問1	
問2	
問3	get to the top of the mountain?
問4	
問5	
問6	ア　　イ　　ウ　　エ

III

問1	A		B		C		D		E	
	F		G		H		I		J	
問2	1		2		3					
問3	1		2		3					

IV

問1	
問2	②　　③　　⑤　　⑥
問3	④ She　　was a very beautiful country
問4	
問5	
問6	

北海学園札幌高等学校　2022年度

◇理科◇

※ 143％に拡大していただくと，解答欄は実物大になります。

1

問1 ア
イ
ウ

問2 黄色：緑色　＝（　　）：（　　）

問3 　個

問4

問5

問6

2

問1

問2 　Hz

問3

問4

3

問1 ア　イ
ウ　エ

問2 ① 11時（　　）分（　　）秒
② 　秒

4

問1

問2 （　　）が（　　）g 出てくる

問3 　％

5

問1

問2

問3

問4 濃縮　倍
DDT　g

6

ア　イ
ウ　エ　℃
オ　℃

7

問1 　m/s

問2 　J

問3 　N

問4 　J

問5 　W

8

問1

問2

問3

問4 　g

北海学園札幌高等学校　2022年度　◇社会◇

※ 143％に拡大していただくと，解答欄は実物大になります。

1

問1		問2	A		B	
問3		問4		問5		
問6		問7	(i)		(ii)	
問8						

2

問1		問2		問3			
問4		問5					
問6	1		2		3		
	4						

3

問1		問2		問3		問4			
問5		問6		問7		問8			

4

問1		問2							
問3	(i)		(ii)						
問4	(i)	I		II		III		(ii)	
問5		問6		問7					

5

問1	a		b		c		d	
問2	I							
	II	(i)	1		2		3	
			4		5			
		(ii)		(iii)		(iv)		

6

問1	1		2		3	
	4		5		6	
	7					
問2	(a)		(b)		問3	

7

問1		問2								
問3	ア		イ		ウ		エ		オ	

2022年度 北海学園札幌高等学校

※137%に拡大していただくと、解答欄は実物大になります。

◇国語◇

1

問1 a b

問2 A B

問3

問4 ① ②

問5

問6

問7

問8

問9

2

問1 a b って c う

問2

問3

問4

問5

問6 Ⅰ Ⅱ Ⅲ Ⅳ

3

問1 a b c

問2 A B

問3

問4 2 4

問5

問6

問7 ① ② ③ ④

北海学園札幌高等学校　2020年度

◇数学◇

※137%に拡大していただくと，解答欄は実物大になります。

1

(1)		(2)		(3)	
(4)		(5)		(6)	

2

(1)		(2)	$a=$ 　　, $b=$	(3)	年後

3

(1)		(2)		(3)	

4

(1)	$A($　　,　　$)$	(2)		(3)	$y=$

5

(1)		(2)		(3)	

6

(1) ①		(1) ②		(2)	
(3)	kg				

北海学園札幌高等学校　2020年度　◇英語◇

※137%に拡大していただくと，解答欄は実物大になります。

I

問1	[1]		[2]		[3]		[4]		[5]		[6]	
問2	[1]		[2]		[3]							

II

問1	
問2	
問3	
問4	
問5	in Sapporo?
問6	
問7	1 　 2 　 3 　 4

III

問1	A		B		C		D		E	
	F		G		H		I		J	
問2	1				2				3	
問3	1				2				3	

IV

問1		
問2		
問3		
問4	④	It is 　 the medals, too.
	⑤	in the Tokyo Olympic games?
問5		

北海学園札幌高等学校　2020年度

◇理科◇

※153％に拡大していただくと，解答欄は実物大になります。

1
問1
問2
問3
問4

2
問1
問2
問3
問4 mL

3
問1 ① ②
問2 (1) 現象 記号
(2) ① ②

4
問1 km/h
問2 N
問3 Pa
問4 W

5
問1
問2
問3 g

6
問1
問2
問3 ア イ

7
問1
問2 m
問3 化石 環境
問4 → → →

8
問1

番号	正しい答え

問2 Aの位置の見え方 記入例　Bの位置の見え方

北海学園札幌高等学校　2020年度

◇社会◇

※156％に拡大していただくと，解答欄は実物大になります。

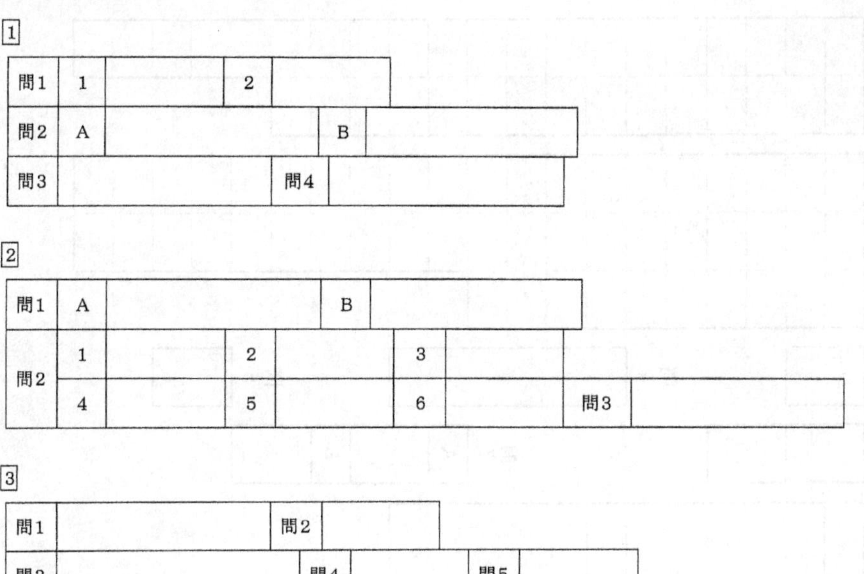

1

問1	1		2	
問2	A		B	
問3		問4		

2

問1	A		B				
問2	1		2		3		
	4		5		6	問3	

3

問1		問2			
問3		問4		問5	
問6	（ⅰ）		（ⅱ）		

4

問1		問2		問3		問4	
問5		問6		問7			

5

問1	輸出品		輸入品			
問2	地図記号		建造物			
問3	雨温図		作物			
問4	（ⅰ）	国名		地図記号		
		国名		地図記号		
		国名		地図記号		
	（ⅱ）					
	（ⅲ）	加盟国数　　か国	国名		地図記号	
問5	（ⅰ）	1		2		3
		4		5		6
	（ⅱ）	県				

◇国語◇

北海学園札幌高等学校　2020年度

※142%に拡大していただくと、解答欄は実物大になります。

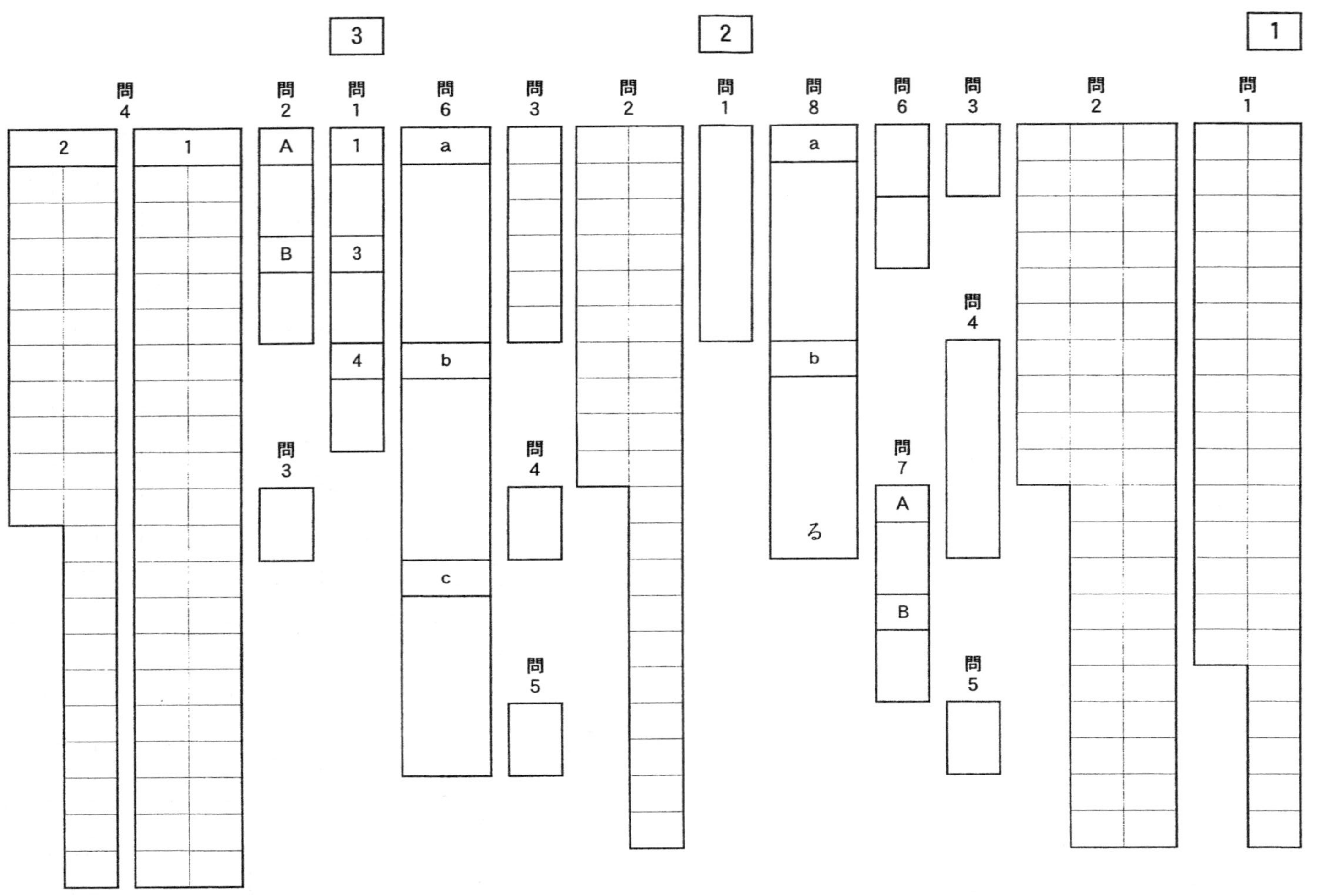

◇数学◇

1

(1)		(2)		(3)	
(4)		(5)		(6)	

2

(1)		(2) ①		②	

3

(1)		(2)		(3)	

4

(1)		(2)		(3)	
(4)					

5

①		②		③		④		⑤	
⑥									

6

(1)		(2)		(3)	

I

問1	[1]		[2]		[3]		[4]		[5]		[6]	
問2	[1]		[2]		[3]							

II

問1	?
問2	
問3	F　　　　　e
問4	
問5	
問6	

問7	1		2		3		4	

III

問1	A		B		C		D		E	
	F		G		H		I		J	

問2	1			
	2		3	

問3	1		2	
	3			

IV

問1	
問2	
問3	a spoon　　　　　their mouth.
問4	
問5	

問6			

◇理科◇

1
①　②　③
④　⑤

2
g

3
問1 R1　Ω
R2　Ω
問2　A
問3　V

4
問1
問2

5
問1
問2
問3
問4　g

6
問1
問2　%
問3　g
問4　g

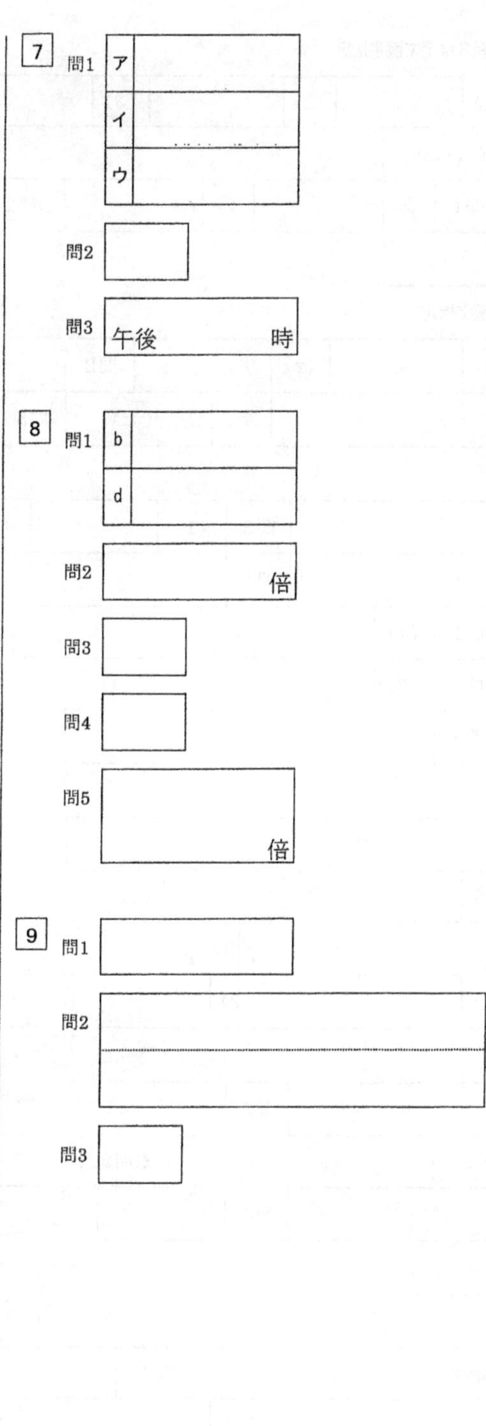

7
問1 ア
イ
ウ
問2
問3 午後　時

8
問1 b
d
問2　倍
問3
問4
問5　倍

9
問1
問2
問3

北海学園札幌高等学校　2019年度

◇社会◇

1　問1・問3は全て漢字指定

問1	(1)		(2)		(3)		(4)	
問2	イ（1点）							
問3	設問1	あ		い		設問2		
問4								

2　問4は漢字指定

問1	(1)		(2)		問2	
問3		問4		問5		

3

問1			問2	(1)		(2)	
問3			問4				
問5	設問1	(1)		(2)			
	設問2	(3)		(4)			
	設問3						

4

問1		問2			
問3	(1)		(2)		(3)	
問4		問5			
問6	(1)		(2)		(3)	

5

問1		問2	
問3	設問1		設問2	
問4		問5	

6

問1				
問2	海流名		境界	
問3		問4		問5	

北海学園札幌高等学校　２０１９年度

◇国語◇

1

問1 a

問2

問3

問4

問5 ① ②

問6

問7 ①

②

2

問1 a つた b c

問2

問3

問4

問5

問6 〜

3

問1 a

問2

問3 A B

問4

問5

問6

問7

問8

北海学園札幌高等学校　2018年度

◇数学◇

1

(1)		(2)		(3)	
(4)		(5)		(6)	

2

(1)		(2)		(3)	

3

(1)		(2)		(3)	
(4)					

4

(1)		(2)		(3)	
(4)					

5

(1)		(2)		(3)	
(4)					

6

(1)		(2)	中央値		範囲	
(3)						

北海学園札幌高等学校　2018年度

◇英語◇

I

問1	[1]		[2]		[3]		[4]		[5]		[6]	
問2	[1]		[2]		[3]							

II

問1	A		B					
問2	②		③		⑤			
問3								
問4								
問5	1		2		3		4	

III

問1	A		B		C		D		E	
	F		G		H		I		J	
問2	1									
	2		3							
問3	1		2							
	3									

IV

問1	ア		イ	
問2				
問3	the Rugby World Cup is			
問4				
問5				

北海学園札幌高等学校　2018年度

◇理科◇

1
問1 (ア) (イ) (ウ)
問2 (エ) (オ) (カ)
問3
問4
問5
問6
問7
問8 番目

2
問1
問2 %
問3 g
問4 g

3
問1 g
問2 N
問3

4
問1 Ω
問2 J
問3 J
問4 %

5
問1 色から 色
問2 溶液D
溶液E
問3

6
問1 g
問2 g
問3 g

7
問1 (ア) (イ)
問2
問3 秒後
問4 km

北海学園札幌高等学校　　2018年度　　◇社会◇

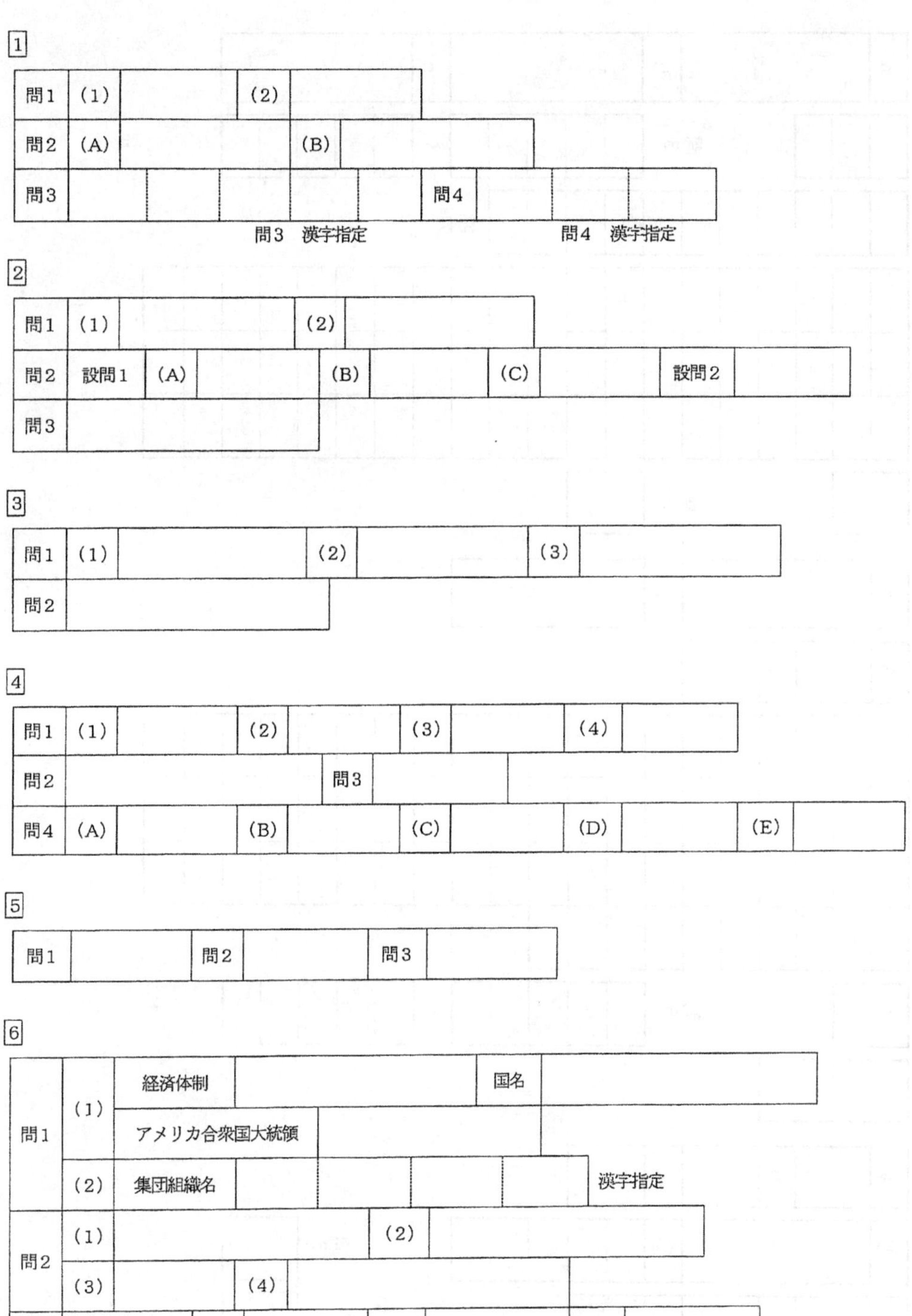

1

問1	(1)		(2)	
問2	(A)		(B)	
問3			問4	

問3　漢字指定　　問4　漢字指定

2

問1	(1)		(2)					
問2	設問1	(A)		(B)		(C)		設問2
問3								

3

問1	(1)		(2)		(3)	
問2						

4

問1	(1)		(2)		(3)		(4)			
問2		問3								
問4	(A)		(B)		(C)		(D)		(E)	

5

問1		問2		問3	

6

問1	(1)	経済体制		国名	
		アメリカ合衆国大統領			
	(2)	集団組織名		漢字指定	
問2	(1)		(2)		
	(3)		(4)		
問3		問4		問5	問6

◇国語◇

北海学園札幌高等学校　２０１８年度

1

問1　a　b　c

問2

問3　〜

問4　能力

問5

問6

2

問1　a　b

問2　A　B

問3

問4

問5　〜

問6

3

問1　a　b　c

問2　①　②

問3

問4　A　B　C

問5

大切なことはメモしておこうネ！

大切なことはメモしておこう ね！

T・G

MEMO

大切なことはメモしておこうネ！

T.G

高校別入試過去問題シリーズ
北海学園札幌高等学校　2024~25年度
ISBN978-4-8141-2693-4

発行所　東京学参株式会社
〒153-0043　東京都目黒区東山2-6-4
URL　https://www.gakusan.co.jp

編集部　E-mail　hensyu@gakusan.co.jp
※本書の編集責任はすべて弊社にあります。内容に関するお問い合わせ等は、編集部まで、メールにてお願い致します。なお、回答にはしばらくお時間をいただく場合がございます。何卒ご了承くださいませ。

営業部　TEL　03 (3794) 3154
FAX　03 (3794) 3164
E-mail　shoten@gakusan.co.jp
※ご注文・出版予定のお問い合わせ等は営業部までお願い致します。

2023年10月6日　初版